L'homme abstrait

HUGO DAPHNIS

ESSAI

© Titan-Atlante

à Maxime

Réflexions comprommettantes

Le doute à l'origine de mon raisonnement

Qu'est-ce qui m'arrive ?
Depuis des mois, des années, je m'efforce de concevoir et d'expliciter simplement et clairement une idée. Cette idée, enfin, j'en effleure maintenant l'essence. Et je faiblis...

Pourquoi ? Parce que j'ai sans aucun doute été aveuglé du danger immédiat d'une telle image, par un entendement un tant soit peu monstrueux, le mien. Un entendement de titan, un entendement de vieux, de pleutre...
Je n'ai pas vu quel péril menaçait ma cognition. J'étais bien trop fier des possibilités offertes par ma merveilleuse raison, à l'égard des sublimes structures régissant potentiellement les délires chaotiques de cette nature tellement envahissante...
C'est ainsi que je me retrouve confronté, de face et de visu, au pire piège qui ne s'est jamais présenté à moi. La fuite dans une absconse désespérance, l'image de ma perdition, ma mort... J'en ris encore !

J'en ris, parce qu'il faut bien rire de ce que l'on ne comprend pas. Ou plutôt de ce que l'on commence tout juste à comprendre. Une forme d'ironie est bien nécessaire dans de tels cas, pour fomenter sa compromission à l'élan vital...
Mais avant tout, avant de laisser place au rire réparateur, il faut oser attaquer de front l'âpreté d'un concept délibérément destructeur. Il faut encourager cette confrontation directe. Il faut agiter cet extrait d'esprit pour qu'il rende tout ce qu'il contient de probant, de véridique et de convaincant. Il faut l'agresser, pour réussir à s'élever enfin, et s'insérer entièrement dans l'espace incertain de notre courte vie...
Délire futile de celui qui croit encore en un sens général à tout ça...

Au moins toutes ces allégations ne semblent avoir qu'une réalité abstraite. Et je suis vivant. Et je peux concevoir mon entropie, mon agitation interne. Je peux expérimenter des divagations étranges. Je peux concevoir clairement la substance de ces soi-disant vérités inaliénables.
Ou du moins, tout me porte sensiblement à le croire...

Et voilà certainement la seule certitude que j'arrive désormais à cerner, la seule conviction que j'arrive à extraire de mon mélodieux parcours d'élucubration intense. Je suis vivant, et je compte bien en profiter le plus longtemps possible. Et je compte bien me servir de cet incontestable atout, pour m'attirer les bienfaits d'un bonheur inconditionnel et sublime.

Mais pourquoi alors, en ces temps réputés réservés à la jouissance des apports vitaux, est-ce que j'ose me poser pour écrire cet amas de propos prétentieux, bien trop fier encore, peut-être un peu trop fourni aussi, écrin d'un délire bien affûté ?
Ne ferais-je pas mieux de m'occuper en priorité de l'instauration des nombreuses et souhaitables occurrences de mon propre bonheur ?

Néanmoins, ce qui apparaît certainement, par delà les lignes alignées de mon écriture mécanique, c'est le fait indéniable que j'ai à l'esprit l'envie et le besoin de faire partager cette profonde progression que j'ai osée commettre dans l'extrait de la conscience humaine qu'est ma propre conscience.
Désormais la cause de cette reconnaissance devra toujours être élevée, de force s'il le faut, au pinacle de mes préoccupations !

Oui ! Je veux vous ouvrir l'esprit aux principales conséquences de la terrifiante révélation dont j'ai été l'innocente victime.
Oui ! Je veux vous amener à concevoir honnêtement et consciemment la valeur inopportune de la position de l'homme dans cet Etre, dont la possibilité d'apparaître ainsi, franchement, nous est tenue à l'écart par la mainmise terrifiante de la toute puissante nature chaotique.
Enfin, c'est à peu près ça ...

Finalement, je me mets lentement à croire en la destinée heureuse de mes sournoises constructions mentales.
Car il n'y a, me semble-t-il, aucune possibilité pour mon être de s'étaler dans le présent avec une sublime et suffisante ferveur, sans que mon corps cherche à introduire, dans toutes les consciences éclairées, la possibilité d'être du niveau supérieur à l'homme dans les strates de l'évolution, du Surhomme et de son abstraction résolument abstraite, la Surhumanité.
Quoi qu'en disent les installés, ceux qui ont réussi à introduire leur ego dans les rouages incontrôlables de la divine société actuelle, un tel ordonnancement d'idée mérite d'avoir sa place au sein des événements susceptibles de déclencher le prochain bouleversement social attendu...

Je me mets à rêver, enfin...

Aussi, disposé à l'extrémité de la branche maîtresse de déploiement de l'objet chaotique, incarné par les six milliards d'entendement actuellement et directement actifs, c'est un nœud qui se formera petit à petit pour changer l'axe de déploiement de cet objet.
Ce nœud puisera sa propre possibilité d'apparaître, ainsi fait, dans les cognitions qui auront reconnu comme valide l'intégralité des préceptes, dorénavant apportés par l'apprentissage de l'ouverture de pensée évoqué par cet ouvrage.

Voilà bien le ton prétentieux de celui qui s'imagine posséder les clefs de la somptueuse digue, renfermant en ses murs les flots merveilleusement illusoires du bonheur absolu !

Et si c'est bien là le fait d'un être illuminé par la croyance en le sens de la vie, cela ne vaut-il pas le coup de se martyriser un tant soit peu l'entendement pour permettre à ses merveilleuses prévisions d'avoir enfin lieu ici-bas ?
Se pourrait-il que cela soit d'ailleurs là le fait d'un prophète emblématique d'une fabuleuse aura...

D'accord.
Je m'emporte encore, encore un tant soit peu.
Mais comprenez-moi bien, je tiens là la substance probante de toutes ces années de recherche, la substance insidieuse qui corrompt à jamais toutes les opinions enfermées dans les dédales d'une prévisibilité à court terme...
Si un jour, quelques hommes seulement pouvaient avoir l'honnêteté de se reconnaître à la place véritable qu'ils occupent dans l'Etre, ils auront fait un grand pas en direction de la singulière, mais absolument honnête, approche du monde que je leur propose.
L'approche révélée de la sublime position inadéquate, en ces temps mémoriaux, de l'homme et de ses atours...

Enfin, il est clair qu'en ce jour commémoratif de près de deux milles ans d'illusions contenues, les constructions morales ne sont plus suffisantes pour voiler aux vues des entendements perfectionnés la sublime et monstrueuse vérité de leur existence.
Alors, petit à petit, un concept s'étale outrageusement devant les pupilles traumatisées de nos regards transposés dans la réalité évidente. L'homme n'est rien de plus que l'aboutissement hasardeux du déploiement intempestif de cet objet chaotique, dont le fonctionnement intime nous sera, semble-t-il, à jamais étranger. L'homme n'est rien de plus qu'un effet du hasardeux entrelacement de force qui provoque l'agitation dans la matière.
Mais alors, que faire d'autre si ce n'est chercher imperturbablement à faire surgir l'apparition d'un heur opportun et adéquat à son être propre ? Quelle autre raison peut-elle nous amener à vouloir par-dessus tout notre propre survivance ?

Il y a, lorsque se présentent posément à notre processus cognitif ces faits crus mais indéniables, une vue de l'Etre qui se déploie en souverain sur l'étendue de nos convictions : nulle gravité ne peut trouver justification dans les faits d'essence exclusivement matérielle et réelle. Pour sûr !
Cela conduit irrémédiablement l'être humain honnête et raisonnable à se détacher sensiblement. Détachement qu'il inscrit dans ses réactions face aux sensations incontrôlables, apparus tels quels sur la base d'une sensibilité au chaos.
Ce nouveau pouvoir, ce détachement bienfaisant, est l'une des bases à partir desquelles le bonheur absolu et entier risque enfin de paraître.

Si bien que ces errements, ces incitations au détachement de l'être humain par rapport à son environnement immédiat, sont les seuls bons outils utilisables par ce misérable mais fabuleux amas de matière ordonnée, pour parfaire l'élagage du chemin tortueux qui le mène sûrement vers un indicible bonheur.

L'homme demain, absolument et honnêtement conscient, le prétendant Surhomme, sera ainsi le manipulateur d'une intense et radieuse ironie vis à vis de sa terrifiante condition.
Il n'en sera que plus apte à rechercher, pour l'entretenir, le germe de sa pure jouissance de sa condition d'arrachement, arrachement d'un tout inexorable, arrachement d'un tout sublime, sublime par l'absence dans sa définition d'un ultime concept d'aboutissement dans la perfection.
Prétendre à la Surhumanité, prétendre à la clairvoyance de sa propre condition, sera pour l'homme à venir la chance et le moyen de parvenir sans encombre à un état où il connaîtra l'élévation durable de tout son être vers un pallier imaginaire mais arbitrairement fixé, le Surhomme.
Il éprouvera dés lors, du fait de cette élévation, les tourments hautement profitables d'une ivresse génératrice d'heureuses sensations.
Il connaîtra un bonheur, dont la merveilleuse définition feindra carrément de recouvrir celle de la perfection prétendument arrêtée.

Que de nouveaux concepts, plus compliqués et farfelus les uns que les autres !
C'est bien là le problème que je rencontre à la première lecture de *L'homme abstrait*. La sphère qui peut représenter le système original développé en ces pages ne présente aucune aspérité qui permettrait de s'y glisser posément.
Mais il faut bien commencer par un bout !
Dés lors que je répugne à tenter de vous faire la description géométrique et ordonnée des rouages inhérents à ce système novateur, par où débuter, en fait ? Plutôt que cela, j'aspire à vous offrir cette vue originale de l'Etre par la juxtaposition d'impressions fugaces, de considérations dont l'originalité prête déjà au concept développé un certain intérêt particulier.
Je vous propose, plus qu'une étude raisonnable du système découvert ici-bas, une flânerie à la frontière des illusions officielles, qui évidemment prônent, à l'opposé de cet ouvrage, l'encagement de la raison humaine dans les dédales d'accès épars à une jouissance convenue.

Je suis dorénavant près à admettre qu'un tel système n'est pas d'un accès aisé, surtout pour ceux chez qui l'attachement à un système officiel a fait fuir toutes considérations honnêtes visant à impliquer une reconnaissance vraie de sa propre condition.
Non, il n'est pas facile de reconnaître, objectivement, l'erreur sur laquelle nous avons bâtit l'échafaudage structurel, maintenant la vie à distance suffisante du gouffre métaphysique qui nous contient tous. Sublime considération absurde !
Mais j'ose penser, qu'en prenant appui sur les entendements vierges de quelconque opinion arbitrairement moraliste, une large révolution des illusions officielles est possible. Cela ne peut, qui plus est, qu'arriver relativement

rapidement, installant par cela les possibles fondations d'un profond et durable bonheur.

Ce bonheur reconnu sera la version définitive, pour un temps, du dessein de l'humanité en passe de connaître l'acescence saumâtre de sa conscience.

Mais alors, pourquoi hésiter ?

Pourquoi se fourvoyer dans des tentatives d'explicitation de concepts qui de toutes façons feraient mieux de rester approximatif pour demeurer le biais d'un bonheur fragile mais envié et attendu ?

Parce qu'il faut que, d'un élan commun à tous les hommes conscients, survienne l'aura fabuleuse des gens de peu de foi et de beaucoup de rêve, l'aura attendue, l'aura idolâtrée de la Surhumanité...

Ce que je perçois enfin comme fondamental à la possibilité d'être du bonheur, après le lourd et aventureux parcours cognitif que décrit ce livre, c'est le difficile équilibre désespérément requis entre les effets, chacun majestueux dans leur genre, de l'application dans la réalité de la raison et de l'illusion.

C'est en effet, en suivant une voie où s'expriment conjointement toutes les agitations prodiguées par les nombreuses références faites à la raison reine et à son opposé, l'illusion envahissante, que pourra s'ébattre au cœur des hommes, qui auront fait ce choix, le bonheur le plus massif.

Ce que cela signifie, en d'autres termes, c'est que le choix fait arbitrairement de dédier sa vie à l'application d'une morale, issue exclusivement des effets de la raison ou de l'illusion, est voué à un échec relatif quant à la palpation directe d'un heur des plus opportuns.

Au contraire, et c'est ce que tend à prouver l'étude officielle des civilisations passées, la participation à égale mesure, dans l'édification d'une éthique de vie, des effets de l'imagination et de la partie exclusivement raisonnable de l'entendement, conduit à la création d'un accès étendu à la jouissance, relative mais palpable, de la vie et de ses atours. Jolis atours en fait...

La quête de la perception honnête et claire d'un tel état naturel de fait vise à nous faire reconnaître que le bonheur se situe bien souvent sur la médiatrice qui coupe la droite reliant les extrêmes. En d'autres termes, c'est en choisissant le compromis que l'on peut espérer effleurer le bonheur absolu.

Mais cette réflexion, si elle est menée à son terme, ne risque-t-elle pas de mettre en péril tout l'échafaudage conceptuel édifié dans cet ouvrage ?

Il est certain que, si l'on cherche à appliquer posément cette loi à priori immuable, on se voit contraint d'endiguer toutes possibilités d'application rigoureuse d'un système unique quel qu'il soit.

Mais, si vous permettez à mon esprit joueur de faire irruption dans ce difficile état des lieux avant de commencer à diverger, le fait même d'énoncer la loi du juste milieu, cela n'implique-t-il pas une détérioration implicite du concept d'application rigoureuse ?

Est-ce que le fait de requérir à chaque instant l'intervention d'une troisième voie, se situant à égale distance des deux extrêmes, n'est pas de ce fait un extrême ? Et de ce fait ne requiert-il pas l'application d'un autre système situé à égale distance de ce choix et de son opposé ?

Voilà bien l'ébauche du paradoxe qui détient dans sa définition la possibilité de faire cohabiter la loi inconditionnelle du juste milieu, ainsi que ce système duquel je vais tenter de vous mettre en présence dans les pages qui suivent.

Et si je m'avance ainsi dans le travail de critique dont ce texte est redevable, c'est pour tenter par tous les moyens de lui trouver une faille, et me permettre ainsi de rentrer dans le droit chemin... Etrange aveu...

Car tout ceci, sous ses allures de création originale, ne fait que reprendre, pour les mettre à plat et ensuite les présenter à un public averti, les tourments et les peines que bien des hommes ont rencontrés dans leur construction mentale...

Mais...

Malgré tout cela, je ne sais plus...

Je ne sais plus si, en fait, je crois voir dans ces textes l'ébauche d'une quelconque utilité, quant à l'installation au cœur de l'humanité d'un puissant et intense bonheur. Je ne sais plus si dans ce dessein incroyable se trouve un quelconque intérêt.

Il y a tant d'attrait à se laisser bercer par les surprenants effets du chaos. Il peut être tellement agréable de s'abandonner aux remous provoqués par l'étalement à l'infini de cet objet chaotique...

Alors pourquoi encore faudrait-il se martyriser l'esprit, en quête d'une futile systématisation ?

Aujourd'hui, abandonné par mes pairs, je me torture et réfléchi à la constance de l'intérêt d'une démarche, quand tout s'écroule au fur et à mesure de son application. Je crois bien que je hais cette raison qui m'a mené là où je suis...

Je crois que, dorénavant, honteusement, je vais bien finir par me fondre dans la masse des entités qui s'agitent à la surface de cette planète grouillante de mouvements célestes. En fait, il va bien falloir que je prenne une décision, dont la teneur explicite s'avérera sans doute irrévocable.

Malheur à celui qui se donne les moyens de déchirer le voile des illusions complices d'une stabilité réconfortante.

Mais alors, où vais-je de si bon pas ?

Cela ne voudrait pas dire grand chose si, dans une langoureuse fièvre rédemptrice, j'osais répondre à cette question. Je vais où me mène mes pas, de l'autre côté, en enfer ? Je vais droit devant, sur le terrain dégagé mais miné de la libération consciente de l'être humain, face à tous ses artifices grossiers.

Je vais où me mène le chaos, terrible chose !

Et voilà que je m'emporte à de si futiles arguments que ma cognition, dans son ensemble, se retrouve un tant soit peu brouillée.

Ne devrais-je pas, ne serait ce pas là mon ultime mission imaginaire, construire au devant des entendements avides de vitalité une cité accueillante, heureuse de contenir l'élan le plus pure, vers une insistance à vivre des plus crues ?
Ne faut-il pas encourager la vie plutôt que par tous les moyens chercher à la rendre futile ?

Voilà comment, en ce jour radieux où votre masse neurale rencontre la mienne, par l'entrefaite de ces quelques lignes d'une écriture tellement naïve, je me tiens prêt à vous rendre compte de la découverte inventive qui me paraît être la plus censée en ces temps de doute absolu, l'ultime illusion officiellement affichée comme telle, l'illusion de l'avancée irrémédiable de l'homme vers le Surhomme et, parallèlement, de l'humanité vers la Surhumanité.
Quoi que vous en fassiez, que vous abandonniez cette sublime et profitable illusion convenue telle une charogne aux dents des monstrueux extrémistes, ou que vous vous en serviez pour édifier avec un tant soit peu plus de profondeur votre propre éthique de vie, il en restera toujours quelque chose d'intensément merveilleux, de grand et peut-être d'absolu.

Il en restera, qu'un jour, un homme s'est vu reconduire l'humanité dans le particularisme de sa condition.
Cet homme, qui a rêvé de l'affirmation de cette entité dans la spécificité de sa définition, a en cela soutenu de toute son énergie vitale le mythe de l'apparition irrémédiable et spontanée du Surhomme...

Du moins, c'est à peu près cela... je crois...

L'optimisme d'un système honnête

Ayant atteint la limite supérieure du déploiement de ma réflexion, et étant soucieux de ménager la raison que je supporte maintenant avec difficultés, je me retrouve prêt à vous rendre compte de l'avancée que j'ai effectué, finalement plutôt malgré moi, en un extrait de la conscience humaine.
Je vais, par la présentation des textes que m'ont inspirés mes recherches, vous exposer la structure d'un système de présentation de l'Etre, capable d'intégrer toutes les découvertes fondamentales récentes de toutes les sciences.
Ce système, je vous le livre comme il m'est apparu, au fil des pages.
Et à partir de l'instant où vous acceptez de vous prêter au jeu du délicat exercice de lecture auquel je vous convie, j'aspire à vous permettre de concevoir la plausibilité de l'idée précise contenu dans ce système, à savoir la nécessité de l'avancée du concept de Surhumanité, pour pallier à la limitation de l'évolution naturelle et à l'éventuelle dégénérescence de l'espèce humaine, elles-mêmes

engagées par le recours aux illusions, professées par les religions, voilà déjà plusieurs millénaires.

S'il est audacieux d'admettre détenir les clés d'un système complet, permettant de justifier chacune des découvertes scientifiques actuelles, c'est parce que nul n'étant jamais jusqu'à maintenant parvenu apparemment et clairement à s'affranchir des multiples contraintes institués par la religion, le problème a toujours été pris à l'envers.

Les hommes ont de tout temps essayé de découvrir empiriquement une justification de leur religion.

Et pendant des siècles, lorsque les concepts religieux n'arrivaient pas à se justifier dans l'évidence d'un phénomène observé, celui-ci et ses découvreurs étaient tout d'abord considérés comme diabolique, et ensuite bannis de la conscience collective.

Jusqu'au jour où, la religion ayant passablement obscurci son séduisant panache, les sciences ont pu se développer à l'encontre évident des enseignements de celle-ci. Dés lors, son domaine d'investigation réservé a pu intéresser les curieux de tout. Ceux qui, élevés à la lumière de l'hypothético-déductif, ont voulu précisément découvrir et palper l'ultime vérité de leur existence.

L'honnêteté intellectuelle aidant, les religions en général, et la religion catholique en particulier, nous apparaissent dés lors comme de gentilles fables, s'appuyant sur de trop complexes métaphores pour pouvoir apporter aux hommes les explications véritables, nécessités par l'exacerbation d'une conscience peu à peu révélée à elle-même.

Les préceptes enseignés depuis des millénaires par une religion, qui est apparue pour pallier aux déficits informationnels d'une époque concernant l'Etre et ses attributs, sont dorénavant dépassés par ceux qu'elle a permis de se développer, les préceptes scientifiques, en en rendant le souci aux hommes dégagés des questions métaphysiques.

Tel est l'état actuel de la conscience humaine.

Occupée préalablement à fouiller de toutes parts dans la matière avec l'aide de l'outil scientifique par excellence, la raison, elle se retrouve confrontée dorénavant à l'inadéquation des résultats de ses recherches, avec les concepts, derrière lesquels elle s'était protégée de l'abîme métaphysique, pour pouvoir s'y accomplir totalement.

Il est grand temps de réagir, et c'est d'ailleurs dans la continuité logique du déroulé chaotique des choses. Il faut réformer la morale judéo-chrétienne.

Réformer la morale judéo-chrétienne, c'est-à-dire repenser ses fondations, s'attacher à y adjoindre des correspondances avec les bases qu'ont mis à jour les derniers apports de la recherche scientifique à la somme des connaissances humaines.

Ces bases concernent en particulier les domaines de la théorie du chaos et de la biologie moléculaire. En effet, ces enclos sémantiques semblent nous apporter, justifiés un à un catégoriquement, des principes valides, dans notre système de pensée, pour ce qui concerne l'évolution de notre univers et le fonctionnement intime de la vie.

C'est en tirant au mieux parti de ces avancées récentes de la pensée humaine à propos de l'état de la matière, et en tentant d'en introduire l'essence dans un système suffisamment optimiste, là où la pure raison tendrait à faire fuir le chercheur vers le pessimisme au travers du nihilisme, que j'ai construit le système, dont le jeu de l'esprit « Entité-Dynamiques-Cycle » permet l'accès aisé et rapide.

Aussi, ce système permet-il aux hommes de réconcilier leurs convictions intimes avec l'irréfutable et impitoyable réalité scientifique. Il permet en outre l'honnêteté d'une quête effrénée du bonheur, reconnue comme la seule quête honnêtement justifiable aux yeux de ceux qui ont eu accès à cette reconnaissance effective des faits.

Ce bonheur vers lequel s'élance ce nouvel homme, celui qui effleure l'imprudence de la probité absolue, le prétendant Surhomme, passe par l'honnêteté de la reconnaissance de sa propre position inopportune dans l'Etre, et par elle seule.

Le système que je mets en avant repose en partie sur deux avancées fondamentales de la science des rapports que l'homme entretient avec l'Etre.

Il s'agit en premier lieu du lien qui relie l'abstraction d'une pensée et la matière palpable. Ici, la biologie moléculaire nous apporte un début de possibilité de systématisation de ce lien étroit qui existe entre une idée abstraite et son support matériel, le neurone.

Le monisme acquiert de la validité là où le dualisme en perd.

Et, dorénavant, la pensée humaine ne se révèle être qu'une sensation des changements moléculaires qui s'opèrent au niveau des neurones et des synapses. La pensée, dés lors, apparaît avant tout comme une dynamique, comme un élan actif, inscrit indubitablement au cœur de la matière.

Les conséquences que l'on peut extraire de cet état de fait sont nombreuses. Elles concernent à priori l'espace préalablement occupé par la religion, et qui n'a de cesse, dans son habituelle agitation, de s'en défaire, la métaphysique.

Par exemple, et en premier lieu, la mort, qui se caractérise par une dispersion relativement rapide de la matière, ne peut donc qu'engendrer un arrêt des facultés cognitives par l'entrefaite de la dissémination de ses parties, de ses sous-entités, subséquemment, une annulation de l'humanité en l'homme. La mort n'est donc pas un passage, mais bien un anéantissement de l'être.

De même, en second lieu, il est clair que lorsque l'on considère que c'est à partir d'un enchaînement d'événements ayant comme support la matière, complexe jusqu'à défier les lois de la programmation, mais indubitablement irrémédiable, que naissent des sensations appelées idées, il est difficile dés lors de parler sérieusement, et honnêtement, de libre-arbitre.

On ne peut pas imputer à cette chimère les actes qui sembleraient en découler.

Ce que chacun fait, dans ses actes, ce n'est qu'exprimer la réponse logique de son être à un certain agencement de stimuli. Aussi, l'intégralité de l'être de l'homme participe en fait à chaque instant, à chacun de ses actes, qui répondent ainsi mécaniquement aux aléas de la vie, matérialisés par l'origine de stimuli complexes mais définitifs.

La deuxième avancée caractéristique de la science, de laquelle il faut tenir compte pour tenter d'y ancrer solidement ce raisonnement, concerne l'évolution de l'Etre étudié au travers de la théorie du chaos.
Celle-ci nous renseigne sur la destinée que possède toute entité pour étendre son développement. Elle nous apprend que le seule mode de développement naturel, possible et en action est le chaos.
Il procède comme suit : le choix d'une possible branche de développement d'une entité se fait à la faveur d'un détail, qui peut être si minuscule, qu'il en devient invisible à l'échelle d'étude employée pour visualiser l'entité même.
Le développement de l'Etre est en cela logique et raisonnable, mais il s'exprime dans une apparence chaotique, du fait de l'absence apparente de cause visible, directe, aux phénomènes ayant lieu au cours de ce développement.

Cet amas de fait, dont la validité ne fait maintenant plus aucun doute chez l'homme honnête, nous apporte matière à saisir les raisons qui amènent les événements caractéristiques à être imprévisibles à long terme.
C'est en effet parce que le développement de l'Etre se fait sur un mode chaotique, donc un mode qui fait rentrer en ligne de compte des détails invisibles à l'échelle employée pour étudier le phénomène, que la prévision d'événements à long terme, donc la prise en compte de tous les acteurs du problème, est impossible.
Dés lors, l'homme est-il contraint de vivre en ne prévoyant les effets de ses actes qu'à court et moyen terme. Aussi cela lui procure-t-il le besoin et le devoir de toujours découvrir les effets de ses actes à long terme. Cette méconnaissance de l'avenir est finalement ce qui lui intime, avec force, l'ordre de vivre.

Autrement dit, cette imprévisibilité des temps à venir est largement vitale pour l'homme. C'est ce qui lui permet d'avancer dans le cours de sa vie, la conscience vierge et ouverte envers les événements inattendus et extérieurs à son être propre.
Si tout était prévisible à long terme, l'homme ne connaîtrait plus l'innocence instinctivement requise pour affronter les vicissitudes d'un parcours vital, encombré d'événements d'un abord néfaste à son être.
Mais cela ne veut pas dire qu'une action pourrait avoir ou ne pas avoir lieu. Il est certain qu'un déroulé même chaotique ne peut être qu'unitaire. Seulement du fait de la complexité des événements originels, il est hors de questions de pouvoir émettre une prédiction valide à long terme.
C'est cette imprévisibilité de l'Etre qui nous incite tous, heureusement, à provoquer notre survivance, pour nourrir notre curiosité et pour découvrir pas à pas ce que le déroulé chaotique de l'Etre a gracieusement préparé à notre encontre dans l'avenir.

Quelles conclusions peut-on, et doit-on en retirer ?
En premier lieu, comme les événements qui vont avoir lieu prochainement découlent de l'ensemble des événements qui ont lieu actuellement, et que nous,

hommes, sommes compris dans ce processus de création temporelle, c'est logiquement que nous découvrons ce phénomène, et logiquement qu'il va induire les prochains phénomènes que nous sommes contraints d'ignorer jusqu'à l'exorde de leur accomplissement.

En conséquence de quoi nous ne pouvons que révéler la réalité, ou plutôt nous sommes contraints de révéler cette réalité, mais nous ne pouvons l'induire dans un sens, ou bien d'une manière qui nous est encore inconnue.

Difficile révélation !

En second lieu, quoi que nous fassions, cela découle de tout ce qui nous a précédés. Nous agissons ainsi sous la contrainte de tout ce qui nous touche directement.

Ainsi, le reproche, par exemple, ne peut donc être honnêtement fondé que dans l'optique d'être une référence pour les hommes, y compris celui qui est la cause du reproche, dans le cas heureux où ceux-ci seraient dans l'état d'en assumer les effets pour l'avenir.

Les actes passés ne peuvent qu'avoir eu lieu, et de cette manière.

L'espèce humaine, comme tout ce qui est réel directement, se développe ainsi, malgré tout, indubitablement de manière logique en cela qu'elle ne pourrait pas se développer autrement.

Aussi le déroulé temporel se déploie suivant une progression unique. Il n'y a nulle d'autres possibilités.

Enfin, bien entendu, il est sérieusement dénué de sens de regretter un acte ou une action passée, en cela qu'elle ne peut avoir eu lieu de différente façon.

Regretter, c'est s'infliger un mal qui ne trouve aucune justification dans les faits qui le font naître. Alors, à moins de trouver du plaisir ou une utilité singulière par delà le mal qu'il procure, le regret est à extraire du panel des divers sentiments accessibles au prétendant à la Surhumanité.

Car voilà la véritable raison de cet ouvrage : inviter les hommes, consciemment et honnêtement, à prétendre à la Surhumanité.

Les inviter à préparer l'avènement du Surhomme et de la Surhumanité, entité post humanitaire dans la grille de l'évolution, humanité illusoirement et idéalement composée d'hommes tous conscients de l'inopportunité effectivement démontrée de leur position dans l'Etre.

Alors,

Ayant atteint un niveau de conscience que je me surprends de plus en plus souvent, si ce n'est à maudire, du moins à regretter, me voici contraint d'abdiquer mon intime espoir de voir spontanément surgir en chacun l'idée du Surhomme.

Je me suis ainsi donné comme tâche de faire naître dans vos consciences, vierges sur ce terrain, la révélation de la position inopportune de l'homme dans l'Etre, et ceci pour vous dégager des responsabilités qui vous font ignorer la plausibilité des concepts de Surhumanité et de Surhomme.

J'estime enfin mon travail achevé, et je me prépare à vous en rendre compte.

C'est de la fierté, mélangée adroitement à un nihilisme gangreneux, qui soutient chacun des actes engrangés par l'intervention de mon entendement. Et je ne peux décidément pas faire autrement.

Voilà pourquoi, je me tiens prêt à vous faire le descriptif précis du voyage extraordinaire que ma cognition a commis sous le total contrôle, j'ose espérer, de ma raison, dans les méandres inopinés de l'ultime révélation qui place l'homme et sa conscience aux confins d'un territoire ordonné par les effets du chaos géométrique.

Cela étant dit, et parce qu'il est hasardeux de croire que l'on peut comprendre toute la substance d'un discours sans en posséder les clés, je me propose de vous les offrir pour vous permettre d'orienter, dés le début, de la bonne et heureuse manière votre entendement...

J'entends par Surhumanité, ce vers quoi l'humanité doit tendre, un état de l'entité humanité choisit suffisamment parfait pour qu'il ne soit jamais atteint mais qu'il provoque en ses prétendants un élan de perfectibilité, une humanité de Surhommes, hommes tous conscients de la position inopportune de leur être dans l'Etre, hommes tous conscients de la vérité de l'unicité de l'intervention du chaos dans le développement de chaque entité.

La nature suit un déroulé chaotique, suit un processus de déploiement qui est le chaos.

La dynamique de déploiement d'une entité, qui se précise en choisissant une branche plutôt qu'une autre à la faveur d'un détail de faible taille à proportion de l'échelle employée pour visualiser le phénomène, se réfère sans arrêt au chaos géométrique.

L'entité est l'objet opposé à son contenant et à son contenu, pour l'étude. Tout objet du discours peut se prévaloir d'avoir à se caractériser de la sorte, en s'opposant à celle qui la contient, à l'entité supérieure, ou à celles qu'elle contient, les entités inférieures.

L'Etre est la faculté d'exister reconnu dans l'infinité d'entités qui composent la nature. C'est le propre de la substance entière, totale. L'Etre est unique parce que composé de tout ce qui est.

Puisqu'un système se construit à partir de postulats servant les élans que l'on veut voir provoquer par ce système particulier, on se permet arbitrairement de considérer qu'une entité, quelle qu'elle soit, subit l'assaut incessant des deux dynamiques mises en évidence par la prise de conscience, par un entendement, de l'existence de cette entité.

Cette arbitraire permission que l'on s'offre gracieusement, développe sa nécessité à partir du but originel que l'on s'est octroyé, et qui peut apparaître obscur pour de nombreux individus. De la sorte, c'est la méthode de fomentation de la place inopportune de l'homme dans l'Etre la plus aisée, la moins malhonnête à mon avis, et la plus ludique sans aucun doute…

Les deux dynamiques sont par analogie nommées dynamique parcellaire et dynamique tribale.
La dynamique parcellaire amène l'entité à se particulariser, à s'individualiser au centre de son environnement. La dynamique tribale, par contre, porte l'entité à se fondre, au contact d'autres entités du même genre, dans une entité supérieure.
Celle-ci regroupe un certain nombre d'entités semblables, pour une ou plusieurs caractéristiques, pour former un groupe d'entité.
Le cycle décrit les élans de la définition de l'entité au court de sa vie, de sa particularisation jusqu'à son anéantissement ou sa fonte dans une entité supérieure.
Par extension, si l'anéantissement d'une entité n'est pas validé mais que celle-ci disparaisse de la fenêtre d'étude ouverte par l'entendement qui la contemple, plusieurs cycles peuvent se succéder décrivant la naissance, la mort et la renaissance virtuelle de l'entité.
L'intégralité des cycles décrit l'Etre dans son entier.
L'étude de ce système d'intégration de l'Etre, novateur par la simplicité de ses vues, entraînera aisément la compréhension claire et franche de ce pourquoi il a été édifié…

Ainsi un élan se dessine à l'orée des consciences humaines, l'inopportunité de la position de chacun des hommes dans le cosmos, mis en avant par le caractère anthropomorphique de chaque entité, ou plus justement par le caractère trivial, ordinaire, de chaque homme compris en tant qu'entité.
Cet élan est bien celui attendu par l'entendement origine de la volonté d'ériger ce système dont le jeu de l'esprit « Entité-Dynamiques-Cycle » permet l'accès aisé. CQFD !

Cependant,
Cependant, je suis parvenu à un point particulier du processus cognitif raisonné, que j'emploie pour tenter de comprendre largement.
Cet ersatz de palier existentiel est l'espace où, en me reposant, je me demande en fait si tout cela, ce système précisément, est bien nécessaire pour inciter à la poursuite du travail que l'évolution a opéré sur la première molécule carbonée, pour finalement, au bout de nombreuses secondes de cette lente transformation, parvenir à générer l'espèce humaine.
Pour générer ce mouvement bénéfique au bonheur humain, on considère franchement que l'homme semble situé à un niveau apparemment stable de sa dynamique ascensionnelle dans les strates de l'évolution. Cet arrêt des dynamiques ascendantes pourrait trouver sa cause, là je suppute, dans les manifestations outrancières des sentiments inspirés par la religion au cœur des rapports humains.
Finalement, cela semble, d'un côté, se concrétiser par l'exacerbation du sentiment de pitié qui, par la naïveté de ses applications, va à l'encontre de la sélection naturelle. Et qui plus est, d'un autre côté, la normalisation des genres de vie

reconnus comme valide, qui ôte du déploiement de la branche humaine de la vie les possibles tentatives expérimentales pouvant potentiellement dégager une autre voie que celle actuellement suivie, contredit la pluralité naturelle, créatrice d'éventuelles réussites supplémentaires.

Et si je m'attaque ainsi, avec tant de témérité, à la religion, c'est que je pense qu'elle n'est plus nécessaire en ces temps d'exaltation des consciences. Son aura réconfortante, qui n'a d'autre fin que de voiler la vérité pour prévenir l'ultime désespérance des pauvres gens, n'a plus d'utilité chez les hommes actuels, que l'on imagine aisément suffisamment forts et fiers pour contempler l'absolu de face.

Sur cette petite planète insolite qu'est la Terre, détentrice de cette exception formelle qu'est la vie, l'homme demeure cette unique entité dotée de conscience de soi, et qui a le pouvoir d'exprimer une conscience démesurée de l'Etre et de ses atours.

Il vit avec ce terrible fardeau qu'il tente, par les moyens offerts par la fuite dans l'action, d'oublier à longueur de temps. Il recherche l'ivresse des sens pour ne pas avoir à se confronter au vide métaphysique qui le contient.

Ou bien alors, les plus faibles, les plus timorés ou les plus peureux, cherchent des réponses vides de réalité, sous les hospices d'une religion bornée à remplir d'explications ivres de naïveté le vide laissé par le travail de la conscience sur l'inconnu de l'Etre.

Il est venu le temps où tous ces moyens servant à voiler la vérité pure de nos existences ne sont plus de mise.

Les légendes, les mythes, ou toutes ces sortes de métaphores ne peuvent combler le trou que les consciences ont creusé dans la vérité obscure de leurs positions dans l'univers.

Il faut se rendre à l'évidence, la vie n'est qu'un aboutissement du déroulé chaotique de la nature. Et l'être humain n'est qu'un aboutissement de la vie. Il n'y a rien avant la naissance et après la mort, il n'y a que la vie pour exprimer son intime attachement au bonheur.

Car voilà le but recherché par l'humanité entière, le bonheur, l'heur le plus opportun le plus rapidement et le plus longuement possible, et ceci pour pouvoir jouir de ce qui nous est offert à l'unité, la vie.

Aussi, l'humanité, pour enfin prendre conscience de son indispensable avancée vers la Surhumanité, doit réaliser que la seule raison valide de prolonger l'existence de son essence est la quête d'un bonheur de plus en plus parfait pour chacun des êtres qui en font partie. Il n'existe rien d'autre, pour lequel ces êtres, les hommes, méritent de vivre.

C'est pourquoi, c'est honnêtement et en toute conscience des causes et des aboutissants, que nous devons dédier ces avancées notoires dans la compréhension de l'Etre, au travers des expériences auxquelles le déroulé chaotique nous confronte, à la quête effrénée d'un bonheur sans faille.

Et c'est là ce qui doit être l'ultime cause de la persévérance dans son être pour l'homme qui s'applique à survivre simplement, en adéquation avec sa nature d'entité consciente vivante.

La Surhumanité doit être l'image briguée de l'humanité par l'adjonction à sa définition de la conscience totale de la réalité de la position inopportune des hommes dans l'Etre. C'est à partir de cette ultime prise de conscience que se déploient enfin les nombreuses aptitudes renforcées à la vie, et bien sûre au bonheur, du prétendant Surhomme.

Ces aptitudes sont le produit d'un travail de sa raison sur les indices révélateurs de la particularité de l'existence introspective du prétendant à la Surhumanité.

C'est en prenant conscience de sa position extraordinaire mais incidemment inopportune dans l'Etre, que l'homme apparaîtra en Surhomme. Et s'il trouve la force d'en extraire les causes de sa survie, il se confortera dans son apparente Surhumanité.

Cependant, la Surhumanité ne sera pas qu'une partie de l'humanité qui aura réussi le difficile exercice de la conscience de soi au travers du tout infini et obtus. C'est le point ultime d'évolution de l'humanité entière, qui, dés lors, sera en possession de la conscience de la vérité de sa propre position dans l'univers.

Ainsi, c'est un but suffisamment éloigné pour qu'il déclenche une dynamique de reprise de l'évolution pour un temps suffisamment grand pour voir passer au moins une génération, la mienne…

Cette dynamique provoquera une élévation générale de l'état des entités homme, susceptible d'impliquer l'apparition d'un bonheur total et pluriel.

Il est donné comme évident que la question du bonheur des hommes ne peut que m'être posée dans la période de conscience de ma propre vie.

C'est pourquoi je fais la proposition aux hommes qui veulent tendre vers quelque chose de plus haut, qui veulent connaître un bonheur plus grand, de tenter l'expérience de l'aspiration à la Surhumanité, en acceptant de se prêter au jeu de l'EDC pour réussir à s'approprier la révélation de leur position inopportune dans l'Etre, et parvenir à s'imaginer ériger les fondations d'une humanité supérieure.

C'est par ce moyen particulier de reconnaissance honnête de la vérité, que l'homme pourra envisager l'Etre sous son vrai visage, et construire les bases d'une vie en commun différente de celle apportée voilà deux millénaires par la peur du vide métaphysique, et qui, s'appropriant le concept de la vie éternelle, a reculé jusqu'à le faire disparaître l'accès réel au bonheur concret d'une grande partie des hommes.

Maintenant que la science a apporté son travail de désacralisation et de rationalisation des phénomènes naturels, le temps est venu de fonder les bases de notre vie en communauté sur des vérités nouvellement découvertes, recadrant ainsi ces bases sur notre niveau de connaissance actuel de l'Etre.

Il est raisonnable, et dans la suite logique du déroulé chaotique, de s'avancer à reconsidérer ce que plusieurs millénaires de pratique ont rendu de prime abord incontestable.

C'est le développement d'une branche de l'expression du chaos qui va s'interrompre lorsque les hommes, d'un commun accord, décideront, après avoir reconnu l'inopportunité de leur position dans l'Etre, de croire en l'avènement de la Surhumanité.

La fin de la prépondérance de la religion dans la justification de l'existence des hommes sera le signe de l'imminente arrivée dans le giron des consciences humaines du concept d'humanité supérieure.

Et l'idée de ce concept ne pourra qu'inciter les hommes qui en auront conscience à tendre vers la perfection de leurs genres pour préparer virtuellement l'accession au rang d'entité existante du Surhomme, et effleurer enfin l'absolu d'un bonheur, si ce n'est total, du moins particulièrement élevé.

Il y a actuellement un décalage entre ce qu'on sait sur l'Etre et ses attributs, et ce qu'on voudrait qu'ils soient, perceptible au travers des religions et autres légendes.

C'est ce décalage qui porte à restreindre la perfectibilité de l'homme en impliquant celui-ci dans une dynamique d'emploi de certaines illusions à des fins protectrices.

L'homme, par exemple, qui se reconnaît détenteur de la vie éternelle, n'a dans l'absolu qu'à attendre les bienfaits prodigués par la reconnaissance par un géant anthropomorphique de la conformité de sa vie à la médiocrité reconnue.

Et par ce fait, il ne fait rien durant sa vie qui puisse faire progresser la perfectibilité de son espèce, vu son inaptitude à tenter l'originalité, créatrice de nouvelles données susceptibles de faire évoluer la morale, ou tout autre attribut de son être.

C'est cette probable dégénérescence annoncée qui est à combattre. Il faut que l'homme retrouve la volonté de puissance qui en fait un expérimentateur né. Il faut qu'il ait le courage de se tromper de moyens pour atteindre un même objectif, son propre bonheur. Il faut lui redonner l'envie de crever les écrans protecteurs de la morale en vigueur, pour essayer d'autres choses.

C'est ainsi que l'homme engrangera à nouveau sa dynamique évolutive ascendante. La nature faisant son choix dans les multiples possibilités qui lui seront alors proposées.

Car il est temps de sortir de la léthargie dans laquelle nous ont tenus enfoncé les religions. Il est temps de relever la tête, et d'avancer fièrement vers l'avenir que nous a gracieusement préparé le déroulé chaotique de l'Etre.

C'est par le choix entre diverses possibilités, diverses originalités, mises à l'épreuve de la réalité, de la vie, que l'évolution humaine pourra prétendre à la perfection approchée de près en près, et sera apte à présenter un extrait de son ultime niveau pour un temps donné, le Surhomme.

Le Surhomme et la Surhumanité sont finalement ce vers quoi l'homme et l'humanité doivent tendre si la prise de conscience de l'unicité catégorique de la vie a lieu.

Car, en prenant conscience du fait que la vie lui est offerte à l'unité, l'homme, en passe de se Surhumaniser, prétend la mener à son terme dans l'ascension durable et continue de son être. Ce qui lui procurera un bonheur inégalable.

Cette ascension ne sera valable que si elle entraîne par cela la perfectibilité de toute l'espèce, en offrant à l'Etre vivant matière à choisir dans la multitude des possibilités, celle qui sera la prochaine étape du devenir humain.

Il faut donc oublier la peur de mal agir, enseignée par la religion, pour retrouver les chemins de sa propre perfectibilité, et par extension la perfectibilité de l'espèce humaine dans son intégralité.

Le trajet que je vous propose de suivre est le même qui m'a conduit à reconsidérer les bases de la morale judéo-chrétienne.

Celles-ci me sont apparues très tôt comme dénuée d'une solidité absolue, et j'ai souhaité m'aventurer aux confins de ces fondements pour en tester l'aptitude à soutenir tout l'édifice forgé depuis deux millénaires sur le fer d'une crainte métaphysique.

Cette aventure m'a conduit là d'où peu d'hommes ont réussi à revenir. Moi-même, j'en suis revenu grâce au merveilleux dysfonctionnement d'un outil.

C'est pourquoi, ce à quoi je vous ai convié, si votre entendement vous permet de percevoir la substance secrète de ces textes, tendra à vous mener à la plus profonde désespérance si vous oubliez d'accéder au dénouement heureux de cette quête cognitive.

Seulement, je n'ai pas désiré vous offrir les moyens de justifier votre pessimisme naturel, au contraire, j'ai souhaité construire sur la base d'un fondement honnête, les fondations d'une possibilité de vivre dans le plus profond bonheur.

Cette quête a abouti sur un concept plutôt novateur, celui d'humanité supérieure, celui de Surhumanité. C'est à la fois honnête d'imaginer le niveau supérieur de l'humanité, en regard de tout le travail que l'évolution a effectué depuis l'apparition de la vie, et optimiste de l'imaginer être à notre portée.

Car voilà la particularité de mon acceptation du terme de Surhumanité, elle permet à tous ceux qui en éprouvent le besoin d'y prétendre.

Elle permet à ceux qui ressentent le rôle primordial joué par la continuité de l'évolution dans la possibilité d'apprécier les valeurs de l'heur positif, de s'immiscer consciemment dans un processus de reprise de l'évolution pour se permettre d'envisager accéder à un niveau d'être supérieur, et à ce qui l'accompagne, un bonheur relatif mais entier.

Il faut, pour que l'humanité entière ait accès à un profond bonheur, reprendre les chemins de l'évolution, nécessité par la reconnaissance universelle de la position inopportune, mais lascivement mobile, de l'humanité dans le cosmos.

A partir de l'instant où ce travail introspectif de la conscience, révélant la place inopportune de son contenant, est effectué, la liberté originelle recouvrée, il est permit à l'homme qui en est l'instigateur de s'appliquer à rechercher son propre bonheur au milieu des autres.

Et c'est par cela, en découvrant sa propre liberté d'effectuer des actes bénéfiques à son être, que cet homme va proposer à la vie un grand nombre de possibilité d'étalement là où la morale judéo-chrétienne en avait restreint le nombre.

En étant imprudent, en se permettant de faire des erreurs, en regard de ce que la vie choisira comme secteur de déploiement, l'homme nouveau, le prétendant Surhomme, disposera de la matière aux vues de la vie pour que celle-ci puisse choisir, par l'entremise du chaos, la voie de son étalement dans la réalité.

C'est ainsi que s'annonce l'indéfectible ambition de tout être humain, celle qui l'amène à survivre dans un monde chaotique, l'ambition de voir sa progéniture s'accomplir dans l'Etre à un niveau supérieur au sien propre.

Cette aspiration au bonheur inégalable de ses enfants est un indice sur la validité d'un système qui place le bonheur, par la reprise conséquente de l'évolution, au pinacle de ses préoccupations.

L'évolution s'inscrit indéniablement dans la suite de naissances qui apportent tous leurs lots de mutations bénéfiques ou non. Le tri se fait par la suite, en fonction des problèmes rencontrés face aux aléas de la vie, les plus mal lotis n'étant pas apte à trouver matière à se reproduire.

Cela se passe décidément de moins en moins comme il devrait. La morale judéo-chrétienne a compromis ce processus de perfectionnement du genre humain. Elle a développé et amplifié le sentiment de pitié chez ses adeptes, ce qui a remis en cause le processus évolutif des hommes en contraignant la vie à regarder de nouveau en direction des virtuellement inaptes.

De plus, elle a invité les hommes à vivre pareillement, dans une même douce torpeur libératrice des instincts les plus sauvagement contraint, dégageant ainsi l'Etre de toutes les autres possibilités de découvrir un nouvel axe de déploiement vital.

Ce qui fait de la morale judéo-chrétienne l'origine d'un mouvement contre évolutif notable.

L'évolution de l'homme, au lieu de se construire au niveau moléculaire sur le choix de gènes prometteur, se construit en fait, petit à petit, à un autre niveau, à un degré plus abstrait.

Le changement qui s'opère a lieu au niveau de la somme et la précision des connaissances enseignées au nouvel homme plus qu'à celui de l'évolution de ses gênes. Ainsi, c'est une évolution sur la teneur du contenu qui a lieu relativement rapidement. Le contenant lui ne change pas ou peu.

C'est un fait, comme tous les autres d'ailleurs, qu'il faut maintenant assumer consciemment, et réorienter dans une optique de bonheur maximal.

Les recherches concernant la génétique humaine permettent d'envisager par exemple une émulation de l'évolution naturelle par l'outil génétique contrôlé.

Pour ne pas à avoir à faire le choix impossible du retour en arrière, et conserver à l'altruisme sa place fondatrice des communautés humaines, et pour accélérer le processus naturel dans l'espoir d'y gagner en qualité d'heur, la solution peut éventuellement se situer dans les mains des généticiens qui ont le pouvoir de tirer vers le haut, d'améliorer le genre humain en organisant par exemple un ersatz de sélection naturelle. Pourquoi pas ? Qu'est-ce qui peut bien nous en empêcher ?

C'est ainsi, par l'organisation d'un eugénisme général appliqué à tous les groupes ethniques, que l'on pourra éventuellement recouvrer un accès à l'évolution, et par conséquent au bonheur total du fait de l'amélioration effective de l'être des hommes.

Il ne restera plus qu'à essayer d'oublier les préceptes dépassés, enseignés par la définitive religion, pour se permettre d'instaurer une nouvelle morale, une morale réformée, et enfin commencer une quête primordiale du bonheur réellement immédiat, pour envisager avec plaisir les quelques années qui nous séparent de notre propre anéantissement.

Ainsi,
Ainsi, la présentation des textes qui suivent n'a pour autre finalité que de vous conduire à la révélation de la place inopportune de l'homme dans l'être, et à l'intégration des buts et des moyens existants pour vivre plus heureux dans ce monde définitivement chaotique.

Car tel est le cas, et nous n'y pouvons décidément rien, le processus de déploiement de l'Etre est le chaos, et nous sommes compris, sans que nous puissions rien y faire, dans l'omniprésence de ce chaos.

Il est clair que le jeu de l'esprit préconisé par le système Entité-Dynamiques-Cycle ne repose que sur un travail intuitif de la conscience sur elle-même et sur l'Etre dans son entier. Mais cette intuition doit être guidée par l'éclaircissement qu'entend être ce livre à l'égard de la réalité.

Le début d'explications qu'il entend proférer à l'égard des attributs de l'Etre ne se conçoit validé que dans l'optique de faire évoluer la métaphysique des hommes vers une perception honnête des choses.

A chacun ensuite le droit et le courage d'emballer cela de mille et une façon possible afin de s'en servir comme fondation honnête à son éthique de vie.

Toutefois, deux points importants résisteront au dénaturement prodigué par l'emballage : tout d'abord la liberté absolue révélée par la prise de conscience de la trivialité de l'existence humaine au milieu du chaos, ensuite la volonté de reprise de l'évolution naturelle inculquée par l'acceptation des faits relatifs au déploiement de l'entité vivante au travers des âges.

L'accès à la vérité, que s'emploient à préparer les biologistes qui travaillent sur la relation étroite qui régit les rapports entre une pensée abstraite et la matière, sous forme de molécules carbonées, nous apporte le corollaire à la révélation de la place inopportune de l'homme dans l'Etre, à savoir que nous ne sommes que de la matière rendue consciente pour un temps donné.

Cette étrange vérité, que ces hommes attachés à leur domaine d'investigation cherchent à mettre en évidence, peut être fatale à des consciences exacerbée qui n'aurait pas eu accès aux projets constructifs faisant suite à cette désormais inévitable révélation.

Il faut donc, il en est encore temps, éduquer les hommes en les préparant à accepter l'évidence, dans l'optique d'un projet sublime d'avenir.

Il faut surtout les empêcher de régresser en fuyant du côté des illusions salvatrices et ivres de facilité, productrices de stabilité évolutive, et donc instigatrices d'une possibilité médiocre de bonheur.

Au contraire, il faut les entraîner à décupler les effets de leurs consciences pour qu'enfin ils pénètrent fièrement dans les territoires inexplorés de la Surhumanité, évidemment encore une illusion, mais cette fois-ci convenue et consciemment acceptée à des fins bénéfiques.

Pour que le troisième millénaire ne soit pas un millénaire jonché d'illusions traîtresses, cancers de la raison, il faut que les hommes soient consciemment convaincus de la chance qui leur est offerte d'accéder à un bonheur profond et parfait, en cultivant une reconnaissance honnête de leur position dans l'univers.

C'est dans ce cas, et simplement dans ce cas, que les hommes pourront vivre heureux avec la conscience au fait de la trivialité de leur être, menant leur corps à la recherche d'un heur des plus opportuns, le plus souvent possible.

Dés lors,

Dés lors, je vous invite à débuter la lecture de ces textes que j'offre à votre compréhension, et à voir si leur intégration peut vous permettre d'entrevoir la validité du concept de Surhumanité.

Si tel est le cas, vous aurez fait le premier pas vers une reconnaissance honnête de la position de l'homme dans l'univers, et vous serez prêt, j'ose imaginer, à faire le pari de l'humanité supérieure…

Du chaos, naît la conscience

La folie encensée

Il y en a quelques-uns, de ceux qui nous ont précédés, qui ont entrevu la réalité tragique de la position inopportune de l'homme dans l'Etre.

Certains ont refoulé cette terrible révélation au plus profond de l'entrelacement d'idées qui leur indiquait la valeur tangible de leur entendement.

D'autres, ont réussi à concevoir avec ironie l'irréfutabilité de ces faits, et l'ont inclus, de manière intentionnellement maladroite et naïve, dans l'édifice fragile de leur éthique de vie.

Enfin, une petite partie de ceux qui l'ont reconnu, ont prétexté leur place inopportune dans la réalité chaotique, pour se délester de l'accessoire proprement humain dont l'usage leur a permis cette sublime mais terrible découverte, la raison.

Ainsi, c'est principalement le propre de l'homme que de s'accomplir dans la fuite en avant, en amplifiant les effets de sa sentence, pour provoquer son propre anéantissement.

L'homme conscient, qui connaît un terrible sentiment d'impuissance, n'a de cesse de tout détruire, et lui le premier.

Ainsi, dans bien des cas, ce processus rentre en ligne de compte quand s'élèvent apparemment les prémisses de la folie.

La folie est la dernière des armures, que l'homme confronté à sa propre impuissance face à l'Etre chaotique, peut enfiler pour se protéger des germes de ce sentiment désespéré.

Le fou se retrouve libéré de la conscience de toutes les contraintes infligées à son corps par le despote chaotique. Il est alors libre des contingences inspirées raisonnablement par son entendement.

Et s'il n'était pas enfermé, si l'on ne le cachait pas des regards avides de compréhension de ceux chez qui la raison garde encore le contrôle, alors il pourrait devenir, heureusement ou malheureusement, un modèle vivant de liberté recouvrée…

Mais, afin de préserver ce qui fait l'homme en l'homme, à savoir sa conscience raisonnée, et afin d'éviter que ne lui vienne à l'esprit le désir de s'en échapper pour retrouver les étendues accueillantes de l'insouciance, on extrait de la sensibilité des hommes, ceux dont la définition rencontre celle de la normalité, leurs congénères chez qui la passion pour l'illusoire liberté a pris le dessus sur l'attachement à leur appartenance à l'humanité raisonnable.

On enferme les fous reconnus comme tel, et c'est peut-être un bien !

Seulement dans d'autres cas la raison, privilège de l'homme au cœur de l'Etre, est démise de son piédestal. Et ceux chez qui la liberté s'affirme en dehors de toute raison échappent bien souvent à l'enfermement.

Si l'on convient que ces hommes, libérés d'un pan de leur rationalité, puissent passer pour dangereux à l'égard des autres hommes par les conséquences de leurs actes, il est regrettable qu'ils soient libres d'agir à leur guise.

Mais si l'on considère qu'ils sont l'expression de la plus pure liberté qu'il soit possible d'imaginer exister, alors leur apparition, au dehors des murs d'un isolement complet, est justifiée pour la faculté qu'elle a de montrer aux hommes, qui la contemple, ce que l'effleurement de la liberté absolue permet d'envisager.

Il est clair que je parle là de ceux chez qui la folie s'exprime par une liberté de penser et d'agir, et non de ceux chez qui la folie conforte l'exclusion définitive du corps social.

En définitive, le propre de l'homme c'est sans doute d'accepter qu'une part de folie, un pan d'irrationalité, puisse rentrer en lice quand il s'agit d'agir sur son environnement pour l'amener à ressembler à ses propres ambitions. Il peut ainsi construire l'expression d'un idéal novateur, faisant avancer en cela l'évolution naturelle générale en lui proposant d'autres alternatives de croissance.

En tentant l'originalité créatrice, ces hommes qui ont compris les bienfaits d'une imprudence légitimée, présentent à l'entité vie humaine une panoplie de possibilité de déploiement.

En cela, ils provoquent d'autres alternatives d'accomplissement en son être de cette nature en quête de perfection.

Argumentation

Il ne sert à rien d'opposer catégoriquement et ardemment deux argumentations défendant deux vues différentes d'un même problème.

Si le débat est honnête, la différence de vue ne peut s'expliquer que par une intégration sous le même terme de deux concepts différents. Autrement dit, les prémisses, ce sur quoi repose le discours, ne sont pas les mêmes dans les deux cas.

Il faut donc mieux discuter du vocabulaire employé pour expliciter son argumentaire, au lieu de s'engager à défendre une opinion face à un opposant qui ne parle pas la même langue.

Deux êtres conscients qui sont portés à s'opposer, le sont dans un contexte qui, obligatoirement, fait référence à un a priori qui ne cherche pas à se formuler rationnellement.

C'est dans cet apriori, différent pour chacun d'eux, que réside la cause de leur mésentente. Ils ne sont pas d'accord sur l'acceptation d'un concept, duquel ils pensent tous deux détenir la véritable définition.

Cette différence de compréhension d'un ensemble de faits fait suite aux effets du chaos qui ont offert aux deux êtres deux vies formellement différentes.

Et même si elles furent en de nombreux points semblables, un détail amplifié par l'entremise de l'indéfectible chaos a pu se modifier en a priori, et se greffer sur la somme des connaissances accumulé par l'homme au cours de sa vie.

Voilà pourquoi, aujourd'hui, ce prémisse de l'argumentaire utilisé pour illustrer son discours est, pour l'homme qui le sous-entend, un fait qui n'a pas à être justifié pour acquérir la validité qu'il requiert.

Et voilà pourquoi, aujourd'hui, cet homme s'oppose à son double et n'aura jamais la satisfaction d'un accord de principe s'il ne revient pas en arrière.

S'il le fait, en cherchant la cause de son opinion, et en reconduisant son opposition sur ce détail, il fera heureusement surgir l'ostensible doute absolu.

Ainsi, chacun devrait s'interroger sur les justifications avancées par son entendement pour actualiser les prémisses de ses argumentations. On éviterait par cela bon nombre de discussions stériles, et on aboutirait tous à la tangibilité d'un état que la Surhumanité requiert pour le dépasser, le *doute absolu*.

De l'heureuse prévisibilité

L'un des plus grands plaisirs de l'homme réside dans l'occurrence d'une éventuelle corrélation entre la réalité du moment et une prédiction personnelle, une préalable projection dans l'avenir.

Lorsque le déroulé temporel s'accomplit en définissant un état déjà envisagé par l'être humain, alors celui-ci entrevoit la possibilité entière de nombreux bénéfices pour son être, et il y prend du plaisir.

Ce plaisir est le fruit de la rencontre de la profondeur de l'être individuel, impliqué dans un souci permanent de projection dans le réel, et de l'autre réalité, celle-là inquiétante et agressive de par l'amplitude importante de son hermétisme.

Ce plaisir est heureusement disposé régulièrement sur le parcours chaotique du corpuscule humain.

Ce dernier le recherche continuellement en essayant d'élaborer des projections de son être, qui puisse se révéler être en adéquation avec l'avenir du déroulé temporel, mais aussi en régulant ce déroulé par la répétition d'effet connu, telles les habitudes ou les cycles vitaux.

La réalité musicale est tributaire de cet état de fait.

Une certaine forme de jouissance plus intellectuelle que sensuelle, si différence il y a, s'exprime dans la reconnaissance d'états de conscience déjà visités dans les formes d'états rencontrés à l'audition d'une pièce musicale.

Plus encore, c'est vraisemblablement la tangibilité d'une construction mentale découlant des fréquences successives de la musique qui est à l'origine d'un sentiment de fusion de son être avec l'espace de l'autre réalité, qui, malgré cela, demeure passablement inconnu et sauvage.

Alors que la fréquence est déjà essentiellement prévisible, elle entraîne la conscience humaine à préciser une certaine forme de systématisation qui implique dans ses chairs son appartenance au chaos. Image d'une prévisibilité surprenante d'imprévisible...

Car, ce que l'être conscient retient de sa rencontre avec l'autre réalité, celle qui n'est pas lui, lorsque deux états concordent, lorsque qu'un fait d'essence incontrôlable semble s'aligner sur une prévision d'essence profondément individuelle, c'est un état de conscience révélateur d'une vérité fondamentale : Vivre heureux, c'est engendrer la prévisibilité dans l'Etre d'essence imprévisible.

Il faut donc, pour amplifier l'attrait de la vie, provoquer cet état de fait, provoquer la recrudescence d'occasion de ce type, provoquer des moments révélateurs d'un profond enchevêtrement de vérités obscurs et inutiles.

Il faut, dorénavant, appuyer la réalité effective de la condition individuelle dans l'Etre, multiplier les instants de fusions, de compréhension de la part de l'individu a l'égard du tout enveloppant, perfectionner ces instants, compliquer leurs structures pour en accroître leur pouvoir de persuasion.

En effet, plus la difficulté de rencontre vaincue sera importante, plus grande sera la joie de la réussite, et plus élevé en ressortira l'individu.

L'individu doit se persuader de s'introduire dans une recherche de la complexité tangible des entités afin d'essayer d'en prévoir les effets et d'en réapparaître le plus grandit possible lorsque ces essais sont transformés.

Surhomme sera celui qui aura réussi à se reconnaître dans la complexité absolue.

Encore

Le sentiment âpre de mon utilité
Viens cerner l'imagination féconde
Dont l'origine est dans mon entendement
Qui s'affiche seul devant tous

Il s'en est fallu de peu
Pour que d'homme je me transforme en ogre
Et que déchéance il me soit promis
A l'horizon de ma pensée

J'ai su heureusement résister
Et d'ultime chance pour eux
J'ai réalisé l'inavouable vérité
Un Surhomme naissant avant peu

Si je doute en ces temps immémoriaux
C'est parce qu'à l'aube naissante de la Surhumanité
Je me demanderai comment
Il y a pu avoir une perle d'absolu au milieu du chaos

Désespoir outrageant de mes pensées
Réaliser l'existence du néant
Pour se permettre de ressusciter
D'entre les aconscients

En une seule phrase réussir
A convaincre chaque homme en son sein
De la vérité qui nous engage
A substituer à l'homme-dieu le Surhomme

Je veux tenter la gageure
D'amener l'humanité à sa fin
Pour préparer l'avènement de la cité bleue
La Surhumanité

Pourquoi faudrait-il vivre
Si ce n'est pour rétablir l'évolution
Qui de l'ogre jaune nous a conduit
Aux tréfonds de la conscience révélée

Relevez vos têtes enfants terribles
Vous qui ne craigniez ni la mort ni la vie
Aiguisez votre regard sur l'absolu
Et validez votre volonté exubérante

Devenez les Surhommes
D'une humanité déliquescente ou du moins attardée
Qui s'avance vers ceux sans les voir
Qui annoncent sans le crier par-dessus les toits
Que l'humanité évoluera encore
Longtemps encore

Heureusement encore

Conscience et Chaos

Dans sa quête de la pensée pure, de l'absolu, l'homme a rencontré un obstacle apparemment infranchissable, celui de l'inutilité obsédante de ses actes.

Ce qui fait la non-viabilité de la vie consciente, c'est qu'elle implique la prise de conscience de l'absence de but réellement probant à la vie. L'Etre se déroule, en effet, irrémédiablement dans un sens, et tout le chaos qui se met en place n'est que le résultat logique des conditions initiales qui s'affirme.

Depuis le début, depuis l'origine, le chaos n'a été qu'en s'accroissant, et il s'accroît encore.

Mais alors quelle est la raison immédiate de la vie ? Celle de s'accroître et de se développer ? Mais pour quelle fin ? Doit-on en fin de compte s'imaginer cette fin ?

La puissance potentielle, qui excite chez l'homme sa prétention à vivre, tire son essence dans la nature imprévisible du chaos. Il ne lui est possible de vivre que parce que l'ensemble des événements probables n'est pas prévisible, du moins pour l'entrelacement de neurones qui fonde le simple entendement humain.

Faut-il finalement que nous refusions consciemment la connaissance absolue, potentiellement susceptible de nous apporter un regain de prévisibilité ? Ou bien est-ce justement le fait du chaos que de refuser de se laisser prévoir, corroborant par cela la nature dans la préservation de son ultime création, l'homme ?

Cela reste un fait indéniable que, si le chaos se répand à l'infini, tout ce qui est navigue donc dans un certain indéterminisme, de plus en plus conséquent du fait même de l'éloignement du point d'origine. Et l'homme dans tout cela n'est qu'un aboutissement momentané d'une branche du chaos, qui essaie de vaincre tant bien que mal l'inconscience du monde.

Mais l'homme n'a qu'une conscience approximative, ridicule, du monde. Conscience qu'il entreprend de renforcer avec peine.

La conscience humaine de l'Etre demeure dérisoire. Et c'est sans nul doute un bien car, si elle se développait, elle aboutirait sans conteste à la tangibilité partagée du paradoxe vital, à savoir que la vie se développe sur un mode d'autorégulation, que tout déploiement implique évidemment une régression du même ordre. La vie est certainement un déploiement de cet ordre...

La vie persévère dans son être pour la simple raison qu'elle possède dans sa définition sa propre puissance d'étalement. L'Etre vivant se perpétue car il est de sa définition de se perpétuer, et quand viendra le temps de l'anéantissement de la vie, sa définition s'anéantira avec elle.

Alors pourquoi existe-t-il une forme d'être qui se fourvoie consciemment dans l'existence, qui défend arbitrairement la notion de reproduction à des fins d'amélioration du genre, qui se pose pour tenter de s'approprier la connaissance légitime de l'univers ? Ce n'est peut-être juste qu'une question d'intensité et d'orientation de son exceptionnelle conscience de l'Etre...

Mais il semble que, pour maintenir un élan vital au sein de la communauté humaine, la conscience raisonnée se doive de conserver son caractère singulier, à savoir la forme approximative de ses tentatives d'explicitation de l'Etre.

Dés lors, issue du plus profond instinct de conservation, rentre en scène la fabuleuse fabulation.

C'est pour expliquer l'inexplicable que l'homme tend à créer des mythes fondateurs de l'humanité. C'est parce que nous nous trouvons dans l'impossibilité de comprendre rationnellement la véritable substance de ce qui est, que surgissent au secours de la raison humaine les préceptes imaginatifs de la religion.

Cela est-il souhaitable ?

Du fait de la non-viabilité évidente de la vie absolument consciente du vide métaphysique dans lequel baigne l'individu, et en vue de pourvoir au bonheur humain, il est en effet souhaitable de pallier ce déficit informationnel par l'invention d'une douce torpeur libératrice.

Et cette création sera d'autant plus efficace qu'elle sera acceptée par le plus grand nombre, la concorde des uns soutenant l'achèvement du doute des autres.

Ce qui confère aux grandes religions la légitimité qui leur manque !

Mais alors, si l'on enlève aux consciences en action l'envie de chercher à connaître une forme de vérité, que leur laisse-t-on comme espace pour se déployer ?

La conscience, comme tous les gains que l'évolution nous a laissés, est en passe de gagner en profondeur. Si l'on ne veut pas chercher à disparaître, et cela est impossible à vouloir délibérément, il ne faut pas que la conscience s'éparpille à la recherche d'une vérité que l'on ne peut décidément et heureusement pas atteindre.

Il faut la réorienter sur des tâches moins suicidaires.

Pour la persévérance du règne vivant dans son être, et pour l'écart du risque d'anéantissement dans la recherche brute de la vérité, il faut réorienter le labeur orchestré par la conscience humaine dans une voie plus sûre, à savoir la quête d'une possibilité d'heur le plus pur et le plus bénéfique.

C'est là la condition fondamentale de la bonne cohabitation de la conscience et du Chaos.

Raison et Spiritualité

Je ne sais décidément pas s'il faut chercher à rompre avec la nature chaotique, ou bien au contraire s'y complaire avec plaisir.

Cette question est pourtant celle qui va déterminer toute l'éthique de vie d'un individu.

C'est selon la réponse qui va y être apporté, que cet homme-là va tendre vers l'évasion des méandres chaotiques, en adhérant à de grands mouvements interhumains athées, ou bien la fonte dans la nature naturante, en excitant sa sensibilité religieuse. Soit l'athéisme, soit la religion.

Qui serait capable, ouvertement, consciemment, en toute conscience des causes et des conséquences, de choisir ?

Pourtant il faut choisir. Cela n'est pas concevable comme idéal de survie d'avoir à hésiter entre la vie raisonnable et la vie spirituelle.

Tous deux ont des chances de mener vers un bon heur du même ordre celui qui aura choisit. Mais l'homme qui se retrouve, en quête d'absolu, partagé entre l'un ou l'autre de ces choix de vie, connaîtra la désespérance la plus longue et la plus profonde.

Ce choix fondamental est celui qui a le plus d'importance dans un parcours cognitif vital. Seulement, bien souvent, il est effectué de manière inconsciente, alors qu'il requerrait au contraire toute la puissance en action de la conscience de l'homme, pour parvenir à extraire de son occurrence l'illusion de la vérité.

Et si ce choix n'était que l'événement de notre vie où la part du chaos, dans notre décision, deviendrait apparente ? Cela impliquerait qu'à partir d'un choix trivial d'orientation dépendrait l'intégralité de notre vie future.

Choisir la spiritualité ou la raison ne reposerait en fait sur rien de solide, une vague impression d'illusoire nécessité.

Beaucoup de rudes oppositions, de guerres déclarées ou froides, découlent de cet enchaînement. Elles dépendent de la raison minime, de l'effet de ce chaos, qui a fait, consciemment ou le plus souvent inconsciemment, choisir aux belligérants un jour l'une ou l'autre des deux solutions au problème, à savoir à quoi dédier sa vie, pour quelle raison accepter de vivre.

Le choix s'est présenté ainsi : la vie spirituelle, le détachement des valeurs terrestres vers les illusions de valeurs plus hautes, célestes, ou bien la vie raisonnable, attachée aux choses réelles, avec l'illusion, encore une fois, d'en sentir la trace.

Beaucoup d'affrontements reposent sur l'opposition violente de ces deux choix vitaux. Beaucoup sont dû au fait qu'il n'y a définitivement aucune possibilité de compréhension de l'adversaire chez les partisans de l'une ou l'autre de ces éthiques de vie.

Les deux sont convaincus, et c'est heureux, de la légitimité de leurs choix. Ils vont dédier toute leur vie à ce système, heureusement pour eux qu'ils en sont convaincus ! Le doute dans ce cas là n'a pas sa place, ou bien seulement à titre d'aparté sentimental...

Maintenant, est-il possible de concilier la vie spirituelle et la vie raisonnable en une forme simple de morale réformée ?

Je pense qu'à partir du moment où la prise de conscience du processus qui mène à faire un choix est faite honnêtement, il devient impossible de flatter son entendement en persistant à croire en l'évidente prédominance de son propre système sur l'autre.

A partir de là, un nouveau système, une morale réformée, s'impose définitivement.

Mais comment arriver à intégrer dans une même morale le refus et l'acceptation des préceptes chaotiques de la nature ?

Une solution apparaît dans le fait de penser honnêtement le problème de la place de l'homme au cœur de l'univers.

En lui offrant exactement les mêmes attributs qu'à toute autre entité, on déprécie instamment ses actes et ses choix. On lui rend sa liberté originelle, et on remet à la place qui leur convient la portée profonde de chacune de ses actions.

Par cela, libéré des contraintes impliquées par la gravité de ses choix, l'homme peut vivre conscient de sa place dans l'Etre, et se concentrer sur son propre bonheur.

Et s'il continue à se battre encore pour des idées arbitraires, c'est, par ironie, parce qu'il faut bien s'occuper...

De la conscience

La vie se développe sur un mode chaotique visant son propre accomplissement dans la réalité.

Ce mode spécifique produit une perfectibilité tangible qui mène le vivant vers l'expression d'une complexité, dont la perfection étreint une dimension fractale de plus en plus élevée.

La perfectibilité suit en cela son cours inexorablement, mais la perfection arrêtée est une vue de l'esprit, une réalité évidemment inaccessible à l'entendement humain, comme à toute autre entité vivante en passe de s'améliorer.

Si bien que l'entendement humain se doit *dorénavant* de considérer la perfectibilité à sa juste valeur, à savoir tel le principe fondateur de son être.

Ainsi il peut espérer progresser consciemment vers un palier supérieur et inaccessible, un état élevé dont la définition trahit le dessein original, celui d'être le modèle universel de l'être humain, le Surhomme.

Cependant, la connaissance entière et absolue du paradoxe de la conscience humaine, conscience du chaos, conscience de la vulgarité de sa propre possibilité d'être, est forcément tentatrice d'anéantissement intellectuel.

La vie consciente n'est pas viable.

Surgit alors, au détour d'un délire savant, un problème important, sans doute crucial, à savoir que si la connaissance intime de la possibilité de son être, la conscience absolue, est pour l'homme l'aboutissement futur d'une branche du modèle géométrique fractal total, schématisant en cela le processus vital, en considérant vraisemblablement qu'elle n'est pas acceptable en tant que telle pour favoriser la vie, alors comment concilier cela et un élan de perfectibilité vers un état de plus en plus impropre à la survie ?

A une certaine échelle, l'exemple de l'aboutissement humain est une tentative indubitablement révocable, et de fait, en complète contradiction avec les espérances de continuation éternelle de la vie humaine consciente.

A une certaine échelle donc, la tentative de perfection humaine reprend, pour la même dimension fractale, les essais et les choix liés à l'évolution de l'entité vivante.

En fait, en considérant qu'il n'est que l'aboutissement momentané d'une perfectibilité, l'homme honnêtement conscient de l'Etre ne peut se résoudre à considérer son éventuelle stabilité, dans les strates évolutives, que finalement comme un aparté momentané.

La conscience humaine, conscience de son être opposé à l'Etre total, excite ainsi la propre tentation de l'autodestruction de la possibilité introspective de cette conscience.

Paradoxe infernal !

Titan

Je ne veux pas croire que je vais retourner au néant après ça
Mon ami n'est pas du néant
Il y a quelque chose de sublime qui subsiste
Un constat de fierté d'être encore vivant

Une imagination de puissance
A fait surgir la sueur du guerrier au coin de mon regard
Comme une redécouverte de mon état de Titan
Je vis

Je deviens homme comme je pleure
Je permets la quête de mon plein droit
Et je lève une armée pour combattre
D'un seul tenant tous ceux qui désespèrent
De peur de faire le mal
Comme l'éclatement de l'âtre du vice
A l'aube, d'un seul tenant

Je revendique
La peur de nuire
La honte de faire
Le sentiment de puissance guerrière
Mais jamais je n'aurais le courage
De regretter

Des milliers de pieux dressés vers le ciel
Attendent avec impatience le temps venu
Où le méchant dieu daignera descendre
Pour proclamer de veule voix
Mais avec adresse pour les veules femmes
Que l'âme est une voyageuse avertie
Qui s'enferme un temps dans les méandres des chairs
Avant de s'envoler furtivement vers des cieux plus accueillants
Empalé, il reniera sans cesse
En sentant sa posture inadéquate
Implorera le retour au néant plutôt que l'éternel retour
Et l'éternelle torture se muera en liberté passée
Simplement

Alors les hommes seulement pourront saisir du poing leur haine
Et danser comme des fous
De la plus raisonnable des danses
Celle qui n'implore ni les hauteurs ni les basses fosses
Seulement procure au corps
Cette agréable ivresse
La volonté de puissance reconnue et seule idolâtrée
Car elle seule est égoïste tentation

La force des enfants dieux
La cruauté des rêveurs
Qui ressentent l'impulsion de la création
De la genèse de la vie

Je n'ai voulu jamais plus qu'aujourd'hui
Vivre éternellement !

Lutte naturelle

Quel avenir est envisageable pour ceux qui auront fait le choix de rompre avec la nature chaotique ? Il est certain que le combat sera rude, et que la nature tiendra tête jusqu'à la fin.

Dés lors, la bataille qui s'engage résidera en un lieu, la nature, et opposera l'entendement concerné à cette même nature. Cette lutte pour la scission interne de la nature, pour l'apparition d'une entité supplémentaire, pour la mitose intra-naturelle, sera par cela démonstration intense de puissance.

Pourquoi devons-nous mener ce combat à son terme ? Car il est dans sa nature que l'homme envisage de rompre avec elle. Il est de son devoir d'entité en passe de se dénaturer, de chercher par tous les moyens à produire la fission de sa définition d'avec celle du tout, de s'individualiser à outrance.

Aussi, ne nions pas l'existence d'un élan dénaturant qui s'emballe suivant les inflexions du chaos, et qui semble suffire à mener l'homme vers les terres inexplorées de la conscience absolue de l'Etre.

Jouer avec cette dynamique interne de chaque homme peut être utile à l'amplification des effets de l'évolution de l'espèce humaine. Ainsi, pour peu qu'on la sache dominante, elle peut s'exprimer dans chacun des actes inspirés par la conscience révélée de l'Etre et de ses atours.

Une lutte naturelle s'engage alors, lorsque l'homme est en passe de se Surhumaniser, une lutte ou s'oppose la détermination de l'homme de rompre avec les affects de la nature chaotique et la propension de celle-ci à garder dans son giron une des relatives réussites de la persévérance en son être qui aspire tant bien que mal à se maintenir, l'homme.

De toute façon rien n'existe en dehors de la nature, ou tout au moins tout porte à le croire.

Mais l'homme n'en a que faire de cette vérité apparemment indubitable. Il a tout à gagner à tenter de sortir de ce malstrom qu'est la réalité chaotique, plutôt que de s'y soumettre et de s'y noyer.

Et c'est tout à son honneur de regarder vers le haut et de vouloir surplomber, contrôler ce chaos.

« S'il y a un Dieu, comment supporter de ne l'être pas ? » se demandait Nietzsche, et bien en acceptant qu'il n'y en ait pas, il est encore possible de s'imaginer pouvoir prendre la place qui lui reviendrait de droit, en s'extrayant du chaos, en prenant de la hauteur pour instamment tout regarder fonctionner.

Car c'est d'un point situé hors du système que l'on peut l'étudier.

L'homme ne peut qu'accepter momentanément de ne pas comprendre le système dans lequel il est. Il doit toujours lui subsister un espoir de connaître absolument l'Etre. Et c'est l'objectif vers lequel il doit tendre, pouvoir expliciter simplement l'univers...

L'homme qui cherche à être Dieu, recherche une position à partir de laquelle il va pouvoir constater la nature perturbée du dispositif naturel, et pour cela tente de lever la tête au-dessus des aléas de la réalité.

A partir du moment où il y parvient, il arrive à comprendre la substance du fonctionnement de l'idéal vivant, il s'imagine être dégagé de toutes les incidences de la réalité sur sa vie, il est assimilé à un dieu, il est Surhomme. Il s'est ouvert à la révélation de la position inopportune de l'homme dans l'Etre.

Dés que l'homme a intégré cette découverte, il est prêt à construire un monde où la primauté revient à l'honnêteté des consciences, un monde où les illusions sont reconnues comme telles et perdent ainsi la valeur sournoise de leur signification subjective, la Surhumanité.

Ainsi, d'une lutte inégale entre la nature et sa créature, s'accomplit l'ouvrage absolu de la morale réformée. Le Surhomme, dont la conscience est totale, ressort de cette rixe interne à l'Etre, et s'avance pour édifier, pierre après pierre, l'absolu de sa morale, une cité vivante et sublime, l'espoir Surhumain...

C'est la lutte naturelle qui conduira l'homme aux portes de cette cité radieuse.

C'est en exprimant son désir intime de briser le rapport de cause à effet qu'entretient la nature avec l'être humain, peine perdue, que la conscience de l'homme grandira et envisagera la Surhumanité comme dernier lieu d'expression de ses actes avant le vide du néant.

De l'imagination

L'homme a besoin de toute l'étendue de son imagination pour oser s'avancer dans les méandres obscurs de l'avenir de la réalité. Il se doit d'user de cette imagination pour palier au déficit informationnel révélé à sa conscience par la confrontation de son corps et du chaos.

C'est par le secours de l'imagination que l'homme parvient à se créer un contexte favorable à son émancipation. En définitive, l'imagination de l'homme contribue pour une bonne part à son humanité.

Mais usant d'imagination, l'homme a tendance à glisser vers les facilités corrélatives à l'emploi de fantasmes. Il a tendance à oublier la portée concrète de son imagination, et à se fourvoyer dans la pratique de l'illusion.

Car l'imagination se doit d'être au service d'une vue consciente de l'Etre. L'imagination doit servir la compréhension du monde. Elle est ce qui permet, par l'entremise de l'expérience, d'avancer dans la connaissance subjective de sa niche environnementale.

En effet, l'imagination de structures cherchant à intégrer plusieurs aspects de l'Etre, structures nécessaires à l'élaboration d'un système, est indispensable à la connaissance du monde. Ces structures étant automatiquement, dés lors, confrontées au réel par le fait même de l'expérience.

Malheureusement les illusions prennent souvent le pas sur cette vérification empirique des travaux de l'imagination.

Les illusions sont le cancer de l'imagination. Elles sont la conséquence d'une paresse intellectuelle qui court-circuite le processus de vérification, processus indispensable à une esthétique honnête de pensée.

L'homme peut néanmoins vivre heureux en se plongeant à corps perdu dans les fantasmes. Alors pourquoi devoir contrer définitivement cette facilité à vivre ? Pourquoi combattre les illusions ?

Il faut arriver à extraire du processus de la pensée humaine toutes traces d'illusions. Et ceci pour permettre au corps de l'homme de percevoir des indices relatifs à la constitution et au fonctionnement de l'Etre, donc d'accroître sa conscience étendue.
Car être conscient sous-entend d'être prêt à recevoir et à intégrer les évidences concernant la structure globale de l'Etre. On ne peut être absolument conscient en cultivant ces parasites de la conscience que sont les illusions.
Et la conscience de la réalité de l'Etre permet, j'ose encore le croire, d'y puiser matière à édifier de la plus intense façon son propre bonheur.

Dorénavant, il faut que les hommes puissent vivre à l'abri de l'emprise des illusions. Il faut les inciter à se dégager de ce manque à comprendre, pour permettre à l'imagination de se concentrer sur la fabrication de structures vérifiables, structures aboutissant à une meilleure approche du phénomène chaotique.
L'homme se doit d'oublier ses illusions au profit d'une utilisation plus rationnelle de son imagination, à savoir la découverte de nouvelles structures exprimant l'Etre dans toute son unicité et sa complexité.
Ainsi connaîtra-t-il l'aptitude à la construction des fondations des possibles occurrences de bonheur bénéfiques à toute l'intégralité de son être.

La conscience exaltée

Des actes engrangés par l'accession au réel de sa volonté d'entreprendre, il en est chez l'homme qui dépasse les autres par leur banalité. Dormir, manger, copuler provoquent en cela des instants probatoires d'une trivialité avenante.
Ces actions expriment pourtant l'attachement de l'homme à tout l'exceptionnel de son appartenance déphasée au règne animal.
Il n'y a rien de plus normal que de manger, mais prendre conscience de l'intégration de la matière pour constituer et conforter son être amène à se poser la question définitive de la persévérance de l'être dans son devenir.
La matière qui nous compose est assujettie à la future utilisation de sa définition pour composer d'autres entités, dans d'autres temps. L'homme est composé de matière qui, malgré son apparent repos momentané, reste en perpétuel mouvement.
De la matière qui provient d'un bœuf, d'une carotte ou d'une orange, et qui ira former d'autres entités à venir par la suite.
Et cette matière se retrouve consciente d'elle-même, consciente de l'Etre, par un heureux concours de circonstances.
Et cette matière, après un court séjour en l'homme, va retourner à la terre, va devenir poussière carbonée. Et cette poussière va retourner dans le cycle du vivant, immanquablement.

Si bien que quand est évoqué le souvenir passé d'un homme dont l'importance est dans la définition, il n'est fait appel qu'à la trace qu'il a laissée dans la mémoire collective.

Mais il a autant d'importance matérielle que n'importe quel quidam mort lui aussi, une trace dans l'humus. Il ne peut y avoir ici aucune notion réaliste de conscience active par delà la mort effective de l'homme.

Finalement, la conséquence, qui mérite qu'on la retire expressément de cet amas de probabilité, en vient à caractériser l'homme conscient par sa liberté d'action.

L'homme conscient peut tout faire car il sait n'être que pour un temps.

L'homme conscient est libre absolument d'agir car il connaît la valeur éphémère de sa vie. Seules peuvent refréner ses pulsions, la crainte de punitions élevées par le système légal à l'encontre des esprits libres des astreintes apportées par les religions.

Et c'est sans doute un bien car s'il n'était jamais puni, l'homme conscient de sa liberté originelle pourrait tout admettre faire, tout se permettre, affranchi des contraintes imposées par la construction morale de la société.

Seulement voilà, le système législatif existe. Et l'anarchie n'a pas court. La vie, qui s'exprime au travers de cet artifice, a choisit les attributs de son mode de développement dans l'intention de persévérer durablement.

Les règles qui s'expriment dans toutes les situations de la vie en société corrompent heureusement nos libertés initiales, en érigeant des lois et surtout en érigeant une morale, permettant ainsi d'instituer relativement de la continuité au cœur des rapports humains, ordonnés dans la société.

La vie en société implique l'application d'une déontologie générale, sensible au travers des lois en vigueur.

Et ceci pour parfaire l'équité entre les hommes, ou plutôt pour favoriser les plus adroits dans le système en place au détriment des plus forts. Les plus adroits, c'est à dire normalement ceux qui sont les plus aptes à effleurer la conscience absolue de l'Etre.

L'égalité n'est alors qu'un vain concept qui trahit l'état de fait qui pourrait exister entre ceux qui ont plus ou moins conscience de leur état, et les autres. Le pouvoir est ainsi offert à ceux dont la conscience est la plus âprement développée.

Mais le système a des failles. Car rentre en jeux la notion d'action, qui permet à l'inconscience de réapparaître à la surface. L'action dans le travail ou le loisir permet à l'homme de s'oublier, d'oublier sa conscience de l'Etre.

L'action fait vivre l'homme dans l'ignorance des concepts révélés par sa conscience. Et cet oubli permet l'acceptation sans bornes des règles de morale enseignées par le système législatif ou religieux, en oubliant de les fonder sur leurs bases ancrées dans le processus qui mène les hommes vers leur propre bonheur.

Nous n'avons accès à la conscience de l'Etre qu'à de trop rares instants, si ces instants existent. Et nous n'avons de cesse d'essayer de les faire s'amenuiser par l'entremise de l'action.

Alors qu'il faudrait au contraire essayer honnêtement d'être continuellement, à jamais conscient, et ceci pour permettre la justification des lois au travers de l'exercice de notre liberté originelle restreinte.

C'est alors que l'on pourra vivre consciemment et honnêtement sa position de citoyen, et se conduire durablement sur les traces de la Surhumanité. Cette dernière pourra s'ériger en conquérant de l'humanité, dégageant par cela les preuves des limites de cette humanité inconsciente.

La Surhumanité doit être le futur envisageable pour l'humanité, sans quoi elle sombrera dans une irrémédiable déliquescence.

La conscience piégée

Il y a, dans la vie inconsciente, un élan qui perdure par delà les années, une dynamique ascendante qui a du mal à s'identifier au sein d'une conscience de l'être, une sorte d'élan vital inconscient.

Que va devenir cet élan quand la plupart des consciences seront devenues acérées ? Il est permis de penser que la nature va trouver un moyen de perdurer dans son être sans, c'est à espérer, privilégier la classe la moins consciente de l'humanité.

La nature va devoir composer avec le fait que la conscience, extremum de l'évolution, n'apporte pas les éléments nécessaires à une survie de l'organisme. La vie consciente n'est pas viable.

La nature se devra donc d'orienter l'entendement humain de façon à ce que la conscience soit réhabilitée dans une optique de viabilité. En d'autres termes, l'homme devra concentrer l'objet de sa conscience sur ses aptitudes à vivre, sur les dynamiques vitales propres à son espèce.

Ce qui caractérise les dynamiques vitales propres à l'espèce humaine est sans doute un niveau d'intégration situé à mi-chemin entre l'action et la réflexion, une idée de l'action qui a pour particularité de prévoir dans le temps les modalités d'application d'un acte.

Et la conscience qu'on a de ses actes n'a que peu de rapport avec la conscience de l'Etre total. C'est peut-être bien la solution ! La conscience, tout en s'accroissant, va s'orienter sur les actes, sur la justification des gestes et des intentions humaines. La conscience de l'Etre, elle, va être mise de côté.

C'est en fait d'une conscience décalée que risque de se munir l'homme de demain, une conscience amputée d'un grand pan de son identité, une conscience ramenée dans les dédales d'une prévisibilité hissée au rang d'honneur par des hommes avides de vitalité !

Illusions salvatrices

Quand je serais maître des lieux auxquels j'aspire
Je serais libéré des contraintes temporelles
Et nul ne pourra plus me croire mauvais
Et nul ne pourra plus me croire que mauvais

La pluie est ma limite
Quand elle est là je m'emporte
A de rugueuses pensées austères
Il n'y aurait rien de solide sur quoi s'appuyer avant de relever la tête

Alors que j'espère encore
En l'innocente réussite sordide
De mes projets d'avenir
L'instauration d'une sublime cité brûlée vive

Mais ai-je raison d'espérer
Alors que c'est indigne d'un Surhomme
Espérer non pas
Vouloir simplement

Vouloir que chaque homme soit conscient
De sa position inopportune dans l'Etre
Et que cela lui serve pour nourrir
Ses ambitions célestes

Car dorénavant l'homme connaîtra
La place véritable à affecter
Aux hydres des illusions
Fameux utilitaires de la vie humaine

Il saura comment différencier
La vérité du mensonge
Mais s'enorgueillira encore et toujours
De l'illusion salvatrice

Manifeste

Etant donné que, pour exister, une entité doit conforter sa particularité, c'est-à-dire ce qui en fait une entité distincte des autres, l'homme devra, pour ce faire, viser le paroxysme de son originale conscience raisonnable.

Etant donné la nature chaotique de l'Etre, c'est-à-dire la tendance naturelle de l'univers à se développer suivant des cassures, privilégiées par l'occurrence de détails de faible taille en regard de l'échelle employée pour visualiser le phénomène, l'homme, pour fomenter l'élévation de tout son être afin d'effleurer le bonheur absolu, choisira de provoquer une inflexion du chaos en prenant la décision de le contrôler.

Aussi choisira-t-on, pour vivre dans le plus grand bonheur possible, de concevoir la position de l'être humain dans le monde avec la plus honnête des consciences concevables.

L'homme actuel sera considéré, avec toute l'honnêteté requise, comme l'aboutissement momentané de l'application de l'évolution sur un effet du chaos, la vie.

La nouvelle prétention affichée des hommes apparaîtra donc comme la visée du palier supérieur de l'humanité dans les strates de l'évolution, la Surhumanité.

Cela étant, l'homme qui sera capable d'une telle conscience aura adopté les caractéristiques du prétendant Surhomme. Il reconnaîtra, comme étant leur origine, l'intervention du chaos dans toutes les modifications de l'Etre.

Il concédera n'être qu'un effet du chaos rendu conscient pour un temps donné. Il admettra sa place inopportune dans l'Etre.

A partir de cette reconnaissance originelle, le prétendant Surhomme pourra construire l'intégralité de sa nouvelle éthique de vie, la morale réformée.

Cette nouvelle morale sera tenue pour réformée, car elle tiendra pour origine la morale lentement édifiée par les apports du judéo-christianisme à l'éthique humaine.

Elle décrira donc point par point, la réfutation ou bien la justification des postulats et des conclusions résultants du profond désir d'inscrire des règles de survie dans ses moyens d'action, exprimé par l'être humain au travers de son histoire religieuse.

Le premier axiome de cette morale réformée, admis comme tel afin d'en justifier hautement l'existence, sera l'illusion du sens de la vie, reconnue comme la seule illusion nécessaire et indispensable à la construction d'une éthique.

La définition de cet axiome autorisera la description des formes et des effets de cette nouvelle approche de la vie en communauté qu'entend être la morale réformée.

Mais c'est en opposition à cet axiome, à savoir en identifiant le non-sens apparent de la vie, à partir de là où l'honnêteté d'une conscience ouverte sur les faits probants aura conduit le prétendant à la Surhumanité, que sera composé la suite de déduction logique qui formera la structure complexe, mais définitive, de ce nouvel apport à l'histoire morale humaine.

En premier lieu, la quête d'un bonheur plus ou moins conséquent, mais toujours tangible, sera présentée comme l'unique élan amenant l'homme à agir. De cet élan primordial sera admis, comme conséquence directe, l'intégralité des actes humains et des actions découlant de ces actes.

En second lieu, du fait de son apparente unicité catégorique, le déroulé temporel chaotique de l'Etre sera présenté comme une suite d'événements nécessaires et indispensables, dont seule l'imprévisibilité en rendra la connaissance digne d'intérêt.

En d'autres termes, c'est l'imprévisibilité à long terme du chaos, et elle seule, qui sera reconnue comme seule offrant finalement à l'homme la dynamique qui l'incite à vivre.

En troisième lieu, d'après sa définition, qui fait du développement global chaotique de l'Etre une entité unique, se dévoileront les incidences de cet axiome sur les parties de la morale relative à la construction psychique personnelle.

D'abord, la dynamique vitale sera reconnue originellement axée sur le plaisir de la découverte des événements, produits du chaos, dont la nature non prévisible accroîtra la jouissance de celui qui en aura prévu l'existence.

Un extrait de la conceptualisation ordonnée du jeu primordial proposé à l'être vivant humain sera donc l'émission de prévisions sur l'avenir, qui, lorsqu'elles rencontreront l'écho de la réalité effective, et valideront les plans édifiés à cet effet, seront du plus grand effet bénéfique sur la construction de son propre bonheur intime.

Enfin, il faudra accepter la réalité de notre condition. Il faudra accepter le mode de déploiement de la vie, qui s'étale suivant une procédure chaotique, qui s'applique à réguler simplement son avancée.

Car si nous cherchons à faire œuvre de pitié désordonnée, en prolongeant la vie jusqu'à n'en plus finir, en permettant la survie au-delà de toute espérance, nous contredisons point par point la dynamique évolutive qui nous a menés là où nous sommes.

Conséquence de quoi, nous incitons à la perpétuation de la vie là où il n'y aurait pas lieu de le faire. Il faudra bien, évidemment, mourir un jour…

Evidemment, d'autres conclusions pourront être tirées de ces trois postulats, qui viseront à parfaire l'attitude mentale des prétendants à la Surhumanité.

Ainsi, par exemple, du fait toujours de l'unicité évidente du déroulé temporel de l'existence des êtres, directement réels, les regrets et les reproches seront redéfinis dans l'optique de l'institution honnête de la nouvelle morale réformée.

Les regrets, tout d'abord, seront extraits du panel de sentiments accessibles aux prétendants Surhommes, car regretter un acte ou une action, qui n'aurait de toute façon pas pu se produire de différente façon, c'est finalement s'infliger un mal inutile.

Ensuite, les reproches seront précisés en vue de faire clairement un exemple du cas présent pour prévenir les cas futurs.

Ils ne seront justifiés que si le sujet des reproches, ou les spectateurs de ce reproche public, sont aptes à appréhender la nécessité d'un tel acte, en fait pour se donner l'impression d'intervenir subjectivement dans le déroulé temporel de l'Etre.

C'est pourquoi il faudra s'employer à expliquer la justesse d'une telle démarche, qui mène à reconsidérer celle de la morale en vigueur actuellement.

Aussi, commence à apparaître clairement l'apport que peut être l'application de cette morale aux relations humaines, au cœur de notre société actuelle.

Elle aura pour conséquence principale d'amener les consciences à renforcer leur accès à une reconnaissance honnête et vraie de leur position inopportune dans l'Etre, d'essence bien entendue chaotique.

Cette reconnaissance est en outre indispensable à l'anéantissement du mal-être apparu chez une certaine catégorie de la population, en réaction à l'inadéquation de la morale judéo-chrétienne avec l'avancée considérable, entreprise par la recherche scientifique, à l'égard d'une connaissance directe de l'Etre et de ses attributs.

Dés lors que cette reconnaissance a eu lieu, il est en fait impossible d'accepter les préceptes enseignés par la morale judéo-chrétienne comme autre chose que ce qu'ils sont réellement, à savoir les tentatives dorénavant vouées à l'échec de faire correspondre une fable d'origine obscure avec les évidences, peu à peu révélées dans le temps, d'une réalité intransigeante.

C'est pourquoi, choisissons arbitrairement de dédier notre vie à la participation à l'élaboration future, et plus que probable, d'une nouvelle entité, dont la venue est inscrite dans la définition de l'évolution naturelle.

Nous aurons alors moins de chance de nous tromper.

Cette entité, appelons-la Surhomme, puisqu'elle sera supérieure à l'homme dans les strates évolutives.

Dés lors, la nécessité de la suite logique de toutes les morales, qui se sont révélées finalement être inadéquates, se fait ressentir. L'institution d'une morale dite réformée devient la seule issue possible.

Elle s'appuiera finalement sur la reconnaissance honnête de l'intervention du chaos mathématique dans la justification de l'être humain, et sur la prise de conscience de sa propre position inopportune dans l'Etre par un homme nouveau, à la conscience accrue, qui court derrière la perfection de son être, le prétendant Surhomme.

Cette morale novatrice préfigure l'émergence d'un nouveau mouvement, qui aura pour unique fin le passage de l'humanité dans sa suite logique, au regard du travail de l'évolution pendant des millénaires sur les espèces.

La Surhumanité, humanité faite de Surhommes, faite d'hommes dont le champ d'investigation de la conscience aura été largement étendu et précisé, devra être l'avenir tangible du genre humain.

Les hommes, qui auront accepté l'intention de ce mouvement comme unique dessein, seront appelés prétendants Surhommes, et connaîtront un bonheur des plus complets, du fait de l'élévation de tout leur être vers un palier supérieur.

Encore faut-il convaincre suffisamment d'hommes de sa justesse, pour que cet élan puisse débuter…

Brutalité intrinsèque

A l'intérieur d'une espèce, comment concilier la défense de sa définition et les élans dénaturants qui nous poussent à la surpasser ?

Le chaos géométrique dans toute l'ampleur de son déploiement est un jour parvenu à provoquer la persévérance active en son être d'une entité distincte.

Cette entité, cherchant simplement à persévérer, s'est éprise de perfectionnisme inhérent à la progression par générations successives.

Elle s'est développée ainsi, et peu à peu, quand le chaos s'est réinstallé dans cette organisation complexe de cellules, le perfectionnisme originel s'est transformé en instinct.

Puis, lorsque la complexité a atteint un niveau suffisant pour que le chaos géométrique puisse s'exprimer à chaque instant au travers de ce système nerveux, est apparue, un grand bouleversement encore, cette merveilleuse et si terrible conscience.

Mais la conscience contient en sa définition un effroyable paradoxe. Tout d'abord conscience de soi, l'objet d'étude de cette entité dénaturante s'est progressivement dérouté pour s'appliquer à la niche environnementale, le monde puis tout l'Etre.

Et une conscience qui s'applique à n'étudier que la place inopportune de l'homme dans l'Etre ne peut qu'inciter à la privation, du corps qui la contient, de sa propre activité.

Ayant conscience de l'Etre, pour peu que la raison fasse son travail, certains de ceux chez qui l'instinct de découverte a été plus fort que la crainte de l'inconnu ont vite compris la substance du fonctionnement intime de cet Etre.

Certain, effrayés et désarçonnés devant l'ampleur et la réalité d'un tel effleurement de probité, ont choisi de s'écarter à jamais de cette découverte. D'autres, encore, ont décidé de nier cet état de fait afin de chercher à retrouver une vie innocente et heureuse.

Jusqu'au jour où, quelques-uns de plus impétueux ont décidé d'aller jusqu'au bout, jusqu'aux implications de cette révélation, terrible révélation, qui place l'espèce humaine à l'extrémité d'un développement axé sur celui du chaos géométrique.

Alors que faire, dés lors que ces faits probants sont présentés honnêtement aux vues de l'entendement ?

Il serait totalement compréhensible de vouloir abréger les longues secondes de conscience de cette histoire sordide mais tellement ordinaire et naturelle.

Ou bien encore, il serait si bénéfique à son ego qu'un homme, conscient de cet état de fait, parvienne à enrayer ce nouvellement ostensible déploiement en attentant à la régulation interne modérée de cette nature expressive.

Seulement, l'anéantissement viendra suffisamment tôt, et il reste encore le temps de s'amuser pour jouir de ce qui nous est offert à l'unité, la vie.

Alors choisissons, pour ne pas subir les effets actifs de la régulation du système naturel, de prolonger l'action de la nature en toute entité vivante.

Choisissons raisonnablement et honnêtement de poursuivre le travail de l'évolution sur le règne animal. C'est ainsi que nous aurons un accès au bonheur facilité par l'adéquation de nos vœux avec la volonté cachée de la nature à l'encontre de ses entités, qu'elle incite à la perfection de près en près.

Tant est si bien que la tentation intime du Surhomme, l'entité qui aura sa place après celle de l'homme dans le classement de l'évolution, reste le plus sûre moyen d'atteindre honnêtement, consciemment, et raisonnablement les prémices d'un bonheur assuré.

Comment se fait-il, qu'en ayant conscience de cette réalité, certains préfèrent encore ne pas instaurer les réformes que cela engage, et s'appliquent à essayer de revivre naïvement, petitement ?

Il est aisément concevable que, dés lors que la révélation de la place inopportune de l'homme dans l'Etre a commencé à se laisser effleurer par un entendement plus effilé que la moyenne, une peur atroce ait pu faire fuir le chercheur vers d'autres rivages plus accueillant, ceux des illusions vitales par exemple.

Mais cela n'explique qu'en partie le phénomène qui incite les hommes conscients à s'en remettre à une douce et voluptueuse illusion pour continuer à vivre. La peur n'explique pas tout.

La réalité, qui expliquerait ce retour conscient aux illusions passées, après la découverte de l'ultime vérité, est celle de ceux qui ne trouvent pas de moyens adéquats de faire rentrer ce nouvel amas de connaissance, qu'exploite l'élan vital, dans la possibilité de vivre heureux.

En d'autres termes, c'est l'absence de sens probant à une réalité ombrageuse qui amènerait l'homme à se concentrer sur de folles illusions, et ceci pour lui permettre de clore son espace temporel de vie de la plus heureuse des façons possibles.

Faut-il modifier cette fuite consciente dans l'absurdité ?

Au moins pourrions-nous tenter d'élever des illusions en adéquation avec les connaissances nouvellement emmagasinées par des chercheurs de vérités inaccessibles…

Monstrueux cristaux

Alors que nous considérons, bien entendu, la raison comme l'exception humaine dont il faut sans cesse étendre le domaine d'application, un phénomène monstrueux nous rappelle la simplicité excessive de cette assertion.

En effet, l'organisation régulière, parfaite, de ses atomes nous amène à penser que le cristal s'inspire pour son édification du même élan qui conduit la part humaine en l'homme, la raison.

A voir l'application de cet élan, que l'on imaginait être précisément l'exception humaine, dans un ordre, qui est inférieur par sa complexité à celui du genre humain, l'ordre minéral, on serait tenté de remettre en cause toutes les allégations proférées à l'égard d'une éventuelle exception exclusivement humaine.
Alors comment réagir face à cet état de fait indiscutable ?

Ces cristaux devraient nous amener à considérer que les éléments constitutifs de l'être humain sont déjà présents hors de son genre, et que l'exception humaine consiste seulement en un adroit et exceptionnel agencement de ces éléments préexistants.
Aussi l'être humain semble se retrouver privé de son seul privilège. Il n'en sort d'ailleurs que gagnant à nouveau en trivialité engageante, initiatrice d'un recouvrement de sa liberté originelle.
En fait, du fait de l'amoindrissement de ses différences d'avec le reste des entités, l'homme se retrouve héritier de caractéristiques d'une trivialité avenante, qui le situe pour une plus grande part dans la norme édifiée par la nature pour définir tous les étant de l'Etre.
Ce qui, finalement, a pour conséquence de le dégager du joug des responsabilités, en le destituant de sa parure de fils aîné de l'évolution face à une figure de créateur potentiel. Il n'en sort que plus libre.

Mais en parallèle à ce gain conséquent, une perte du même ordre modère sa satisfaction. Ainsi, ce que l'homme gagne en liberté, il le perd en fierté en regard de ce qui lui semblait être son extraordinaire position dans l'univers.
Ne pouvant plus se considérer comme une exception formelle et catégorique de la nature, l'homme voit ainsi sa volonté de puissance, l'élan à l'origine de son désir de pénétrer la Surhumanité, s'affaiblir dangereusement.

Il faut donc que cet homme adopte une conscience de la réalité légèrement décalée, pour se permettre de recouvrer l'essence même de sa dynamique ascensionnelle.
Ainsi, il faut qu'il concentre tout d'abord les faisceaux d'investigations de sa conscience sur le moment du développement de l'objet chaotique total qui a vu se créer la première des consciences de l'Etre, et ceci pour en saisir toute l'originalité.
C'est de la sorte, lors de cet instant, d'importance catégorique et monstrueuse sur ce qui en constitue la suite logique, que se situe l'exception proprement humaine.
Cette conscience infiniment développable en puissance, et dont le champ d'investigation va du plus profond de l'être intime jusqu'à l'univers dans son entier, est ce que l'homme a de plus surprenant et de plus extraordinaire.

Ainsi, en acceptant de légitimer la raison comme une part active de la définition de l'Etre, et en accordant à sa conscience l'intégralité du contenu de sa valeur d'exception, l'homme intensément conscient, le prétendant Surhomme, préservera l'honnêteté de son propos tout en renforçant le premier des gains de sa définition, à savoir la liberté absolue et originelle recouvrée, découlant de la médiocrité de sa propre occurrence.

Il y a dans l'organisation géométriquement régulière des atomes constituant le cristal comme une outrageante révélation sur la place occupée par la raison dans le développement chaotique naturel de l'Etre.

Cela a pour effet, et c'est définitivement un bénéfice à notre humanité de conforter l'absolu de notre doute, qui s'exprime en la majeure partie des allégations qui peuplent nos investigations cognitives à l'égard d'un Etre, qui semble se voiler de surcroît à mesure que nous levons un coin du voile.

Le doute absolu, qui s'installe aux abords des considérations sur la place de notre être dans le cosmos, se conforte à mesure que notre conscience se perfectionne.

Aussi, annonce-t-il l'ambition de la nature à notre égard : assurer pour une conscience acérée la prédominance sur d'autres modifications de l'entendement, appuyant ainsi à la persévérance en son être de notre essence.

La conscience de l'homme est ce qui détermine plus que tout son être, dans l'exception que représente sa condition, dans la nature chaotique de l'Etre total.

La raison, elle, n'est qu'une composante habituelle de l'Etre. Ce postulat justifié corrobore d'ailleurs l'appréciation de l'Art qui fait de sa jouissance l'instant privilégié ou la conscience découvre son adéquation avec l'Etre d'essence chaotique.

L'Etre enfermant dans sa définition les attraits du raisonnable et de l'imprévisible décrit en cela profondément, et avec rigueur, son essence chaotique. La juxtaposition d'effets réguliers, donc incités en priorité par la masse visible des événements, et d'effets d'apparence hasardeuses, donc incités en priorité par des éléments minimes en regard du phénomène entier, est la marque principale de la définition de l'Etre.

Le chaos peut être ainsi définit.

L'entité bleue

L'ode au Surhomme naissant
Prologue

Le Surhomme est une entité qui mérite qu'on la décrive avec la plus grande subtilité, parce qu'elle incarne le meilleur de la substance originale de ce qui fonde l'humanité en l'homme.

Cette entité, que son essence sensiblement divine rend idéale, devrait pour sûr être l'ultime dessein conscient de l'espèce humaine.

Au demeurant, elle reste cet idéal abstrait, compris par trop peu d'hommes pour devenir un parangon commun.

L'entité Surhomme, en définitive, ne connaît pas la place qu'elle mérite au sein des consciences humaines. Son sublime dessein de guide pour la nouvelle humanité naissante, la future Surhumanité, n'influence pas encore le traitement qu'elle subit de la part des nombreux entendements ouverts et réceptifs à ce concept novateur.

Il faut donc faire naître au cœur du plus grand nombre de cognitions la tentation de la Surhumanité, cette humanité idéale constituée d'homme tous conscient de leur position inopportune dans l'Etre.

A dessein de faire jaillir un embryon de Surhomme au cœur de tous les hommes, l'Art exploite la part humaine de l'être humain, sa conscience, de manière paroxysmique pour en faire le principal moteur de son existence.

Quel sublime accès partagé au bonheur, que d'entraîner l'étincelle vitale de chaque homme à intégrer un être doté d'une conscience exceptionnelle !

L'artiste, au travers de sa technique, fait vibrer en phase l'ultime révélation de sa propre condition d'homme et l'esthétique plastique, dont l'essence demeure particulièrement chaotique.

En cela, l'artiste peut être d'une utilité substantielle pour mener les hommes vers un plus grand bonheur, par la restitution de leur liberté originelle, en leur enseignant adéquatement l'inopportune position qu'ils occupent dans l'Etre.

En unissant adroitement l'honnêteté de sa propre conscience aux effets du chaos qui l'a fait naître, l'artiste promulgue, à qui veut l'entendre, la vérité de sa propre condition d'homme, abstrait par les nombreux élans que peut lui développer sa propre possibilité d'être.

Dés lors, en en faisant l'offre au passant, l'artiste se sert de l'esthétique du processus d'expression de sa propre révélation pour faire de l'œuvre un vecteur de la capacité qu'il a d'apparaître en Surhomme.

Pour y parvenir, l'homme qui a entrevu la potentialité de se Surhumaniser, entendra professer sa découverte, en s'accomplissant dans des actes qui lui permettront de s'imaginer, et de faire imaginer, des concepts abstraits, possibilités d'accès élargi vers une conscience largement étendue.

Ainsi l'homme, qui ressentira profondément l'incidence de la révélation de sa condition d'homme, s'accomplira dans l'Art ou la merveilleuse recherche fondamentale. Car ce sont finalement les deux seuls domaines qui permettent à l'homme qui s'y plonge d'édifier, pour lui-même et pour les autres, des concepts novateurs, originaux et abstraits, susceptibles d'entraîner les consciences dans une reconnaissance véritable de l'Etre et de ses atours.

L'Art, plus que la recherche fondamentale, permet à son auteur de s'ébattre aisément aux confins des effets de sa conscience. Celle-ci étant rendue malléable par la liberté de pensée offerte par l'ultime révélation.

L'Art est en cela fondamental à toute tentative d'émancipation des consciences, rattachées jusqu'alors à une réalité tangible et relativement directe.

L'Art permet au passant d'étendre son acuité sensible sur d'autres pans de la réalité effective d'un concept. L'Art l'incite à orienter sa conscience dans une direction que celui-ci n'a jamais, jusqu'alors, envisagée.

L'Art paraît ajouter à la liberté de l'être humain, qui s'y intéresse, une possibilité de s'étaler dans l'autre attribut, l'autre dimension, en daignant concevoir l'approche particulière de l'extrait de la réalité présenté à ses vues.

La poésie, en cela, permet de faire glisser l'entendement du lecteur à la frontière de concepts abstraits qu'il n'aurait jamais été tenté de découvrir autrement.

Elle met à disposition de l'auteur toute l'acuité du lecteur en le dégageant des barrières qu'il érige entre lui et l'œuvre quand celle-ci met en avant un concept trop novateur, une idée excessivement originale.

La poésie permet l'accession de la conscience à des noumènes inédits en faisant appel à la tentation du beau, à l'attirance de ce qui retranscrit le chaos en phénomènes tangibles et fixés.

Alors que le sentiment d'impuissance, que va faire naître en l'homme la terrible révélation de sa place inopportune, est difficile à concilier avec la morale actuellement affichée, la poésie permet de faire glisser l'entendement des lecteurs potentiellement artistes sur l'âpreté d'un concept apparemment déplaisant.

Elle favorise l'ouverture des dédales de l'entendement aux faveurs de la beauté arbitraire de l'exposition harmonieuse du concept, quel qu'il soit.

La présentation des idées novatrices sous cette forme est le meilleur moyen de concilier l'honnêteté du propos et l'accès aisé à l'idée défendue en ces termes.

L'homme qui étale ainsi toute l'épaisseur de son âme, en faisant acte de poésie, de même que cet autre qui intègre chaque concept ainsi présenté à l'attention de sa cognition, construisent des phénomènes imaginatifs de pensée, au moins pour un temps, qui les font apparaître plus humains.

Ainsi l'artiste et le passant se retrouvent, dans une même dynamique d'accès à plus d'humanité, dans un élan vers la sublime Surhumanité.

Voilà ce que recherche l'Artiste qui a eu vent de la révélation de la place inopportune de son être dans l'Etre.
Et par son art il peut dorénavant prétendre accélérer l'ouverture des consciences aux faits fondamentaux, ceux dont la révélation peut aussi être incitée par l'exercice d'un entendement sur la structure du système ludique Entité-Dynamiques-Cycle…

C'est dans cette optique que je livre à vos vues les poèmes qui, disposés aléatoirement au cœur de la réflexion, la rendent plus aimable et d'un accès moins obtus. Voyez si leur intégration peut vous aider à comprendre le sens tellement paradoxal de ce système, dont l'EDC est l'empreinte laissée dans le sol de mon argumentaire.

L'édification d'une œuvre d'art, si elle veut rencontrer l'approbation esthétique de la grande majorité des hommes qui en seront les contemplateurs, doit se faire suivant les règles dictées par le chaos. Ces règles sont paradoxalement simples.
Elles déterminent l'objet de l'œuvre comme étant dirigé, de manière à ce que son évolution rencontre des phénomènes particuliers, d'apparence imperceptible, qui tendent à lui imposer une parcelle de développement, catégoriquement différent. Et ceci tout en conservant un développement apparemment justifié.

L'artiste, dans le déroulé temporel de son existence, s'accapare cette détermination des choses en commençant bien souvent par copier la nature et le chaos qu'elle incarne, en particulier dans la peinture.
En modélisant le chaos qui s'exprime au travers des aspects impérieux des décors naturels, l'artiste ne fait que retranscrire l'essence même de ce chaos, à savoir ce développement qui brusquement change d'orientation suite à un événement d'apparence minime.
Mais l'artiste peut aussi, plus tard ou directement comme dans le cas du musicien, créer en tenant pour lieu d'expression du chaos, exclusivement son propre entendement, qui, à partir des sensations dont il est le récepteur, laisse posément le chaos s'insinuer en lui.
Dans ce cas, l'artiste traduit aussi ses propres sensations du monde réel, mais il se sert, en cette occurrence, de plusieurs de ses sens pour les combiner et en élaborer la structure décharnée du chaos, dont il va imprimer l'essence dans son œuvre.

Dans la peinture ou la littérature, l'artiste peut faire le choix d'introduire dans son œuvre, une proportion plus ou moins grande d'inspiration du chaos par sa propre sensibilité.
Pour la musique, le choix est plus ténu. L'artiste qui se contente de reproduire l'assemblage se son ambiant ne pourra qu'enflammer difficilement un auditoire.

Alors que la perfection de la reproduction d'une vue réelle, ou la reconduction de descriptions réalistes, peuvent être attribuée à un peintre ou un écrivain génial. Encore que pour le cas de l'écrivain, rentre en ligne de compte une dimension supérieure, celle du fond éclairée et précisé par la forme.

Toute la valeur que nous avons jusqu'alors attribué aux œuvres d'art est tirée à priori de deux interprétations de l'œuvre, tout d'abord la difficulté d'exécution, la dextérité que son édification demande, ensuite, la forme et la quantité des sentiments que fait naître l'œuvre en nous.

On peut, dés lors que l'on est sensible au phénomène précis ayant lieu à la création d'une œuvre d'art, exprimer la valeur de cette œuvre en d'autres termes.

L'implication de la personnalité propre de l'artiste dans l'œuvre créé, peut se prévaloir d'être la base d'un nouveau système d'évaluation d'une œuvre d'art, plus prompt à traduire le travail introspectif de l'artiste, et donc son travail sur l'objet de la compréhension de l'Etre.

En jugeant la valeur de l'ouvrage d'un artiste sur l'intensité du travail effectif mené par sa conscience sur la réalité de l'Etre, il sera possible de jauger ses qualités, en regard de celles requises pour l'éducation des consciences proposée par la recherche de la Surhumanité.

En admettant que pour qu'une œuvre d'art rencontre la compréhension du public, il faut qu'elle retranscrive de la plus fidèle des façons le chaos qui l'a inspiré en l'entendement de l'artiste, il devient aisé de comprendre pourquoi des bâtiments, ou tout autre objet, édifiés sur la base de la raison absolue, qui par définition va à l'encontre du chaos, soient intégrés comme des éléments inesthétiques, contraignant le décor les contenant à la profonde laideur.

C'est un fait indéniable, les phénomènes issus d'un travail exclusif de la raison ne sont pas intégrables positivement par un entendement naturel. C'est pourquoi les idéologies issues des exploits de la raison pure ont échoué.

C'est pourquoi un système original ne peut drainer les foules que s'il comprend dans sa définition des éléments injustifiables, et qui n'ont d'ailleurs pas à être justifié pour valider le système en question.

L'expression du chaos, ici recherché, est en effet composée adroitement d'une juxtaposition d'éléments qui peuvent apparaître, à l'occasion, comme si la base de leur édification était la raison.

C'est pourquoi le système Entité-Dynamiques-Cycle s'appuie sur le concept du Surhomme, et que des poèmes ou des textes lyriques s'étalent, éparses, au cœur de son étude imparfaite.

Ces apartés révèlent en outre un autre aspect de la quête désespérée de ma véritable condition d'homme.

En effet, cette quête veut apparaître entachée d'un doute maladif, d'un doute qui recherche sa propre perfection, d'un doute qui voudrait apparaître absolu. Et ce doute traverse, en en réglant l'écoulement, les textes qui suivent. Il y fait régner la perfection de ses attendus.

C'est là en quelque sorte la validation qu'il manquait à ce système, le doute absolu élevé au rang de sujet d'étude.

Quiconque voudra, par l'intensité sensible d'un discours, provoquer l'adhésion des foules à son propre système, devra s'adjoindre la plastique d'une écriture chaotique, dans le meilleur sens du terme.

Voilà pourquoi s'interpose à ce traité de morale réformée l'extrait de ma gageure personnelle qu'entretiennent ces textes lyriques.

Il faudra bien que leur contenu rentre en résonance avec l'idée générale délivrée dans ce livre, pour que je puisse, enfin, clôturer ce ramassis d'objectivité abstraite par l'idée d'un optimisme forcené.

Si, toutefois, un doute monstrueux transparaît de la lente évolution tangible de ces textes, c'est la faute d'une trop importante probité maladive qui m'entraîne sur les landes desséchées de la profonde perplexité.

Qu'importe les conséquences légitimes sur la viabilité d'un tel système en vous, mais je reste convaincu que la route qui mène à la vérité de l'Etre poursuit une ligne, qui semble se dédoubler à l'infini, pour finir en fin de compte unique à l'approche de son but.

C'est pourquoi j'offre ces textes à votre compréhension, non pas pour vous apprendre la vérité toute nue, mais pour vous inciter à reconnaître un développement et son contraire dans tous les obstacles qui se présenteront à vous au court de l'accomplissement de votre immortalité.

Car telle est la force qui vous mènera à la clairvoyance de votre condition d'être exceptionnel par sa possibilité en devenir.

C'est ainsi que s'ouvre à vous la potentialité de vous accomplir dans l'existence d'un être d'exception, à jamais unique.

Vivez le plus heureux que vous pouvez, c'est ainsi que vous userez à bon escient de cette sublime et terrible vie dont il vous est offert la jouissance à l'unité.

Ainsi vous tendrez de la plus agréable des façons vers la si désirable Surhumanité.

Avant la morale

La ferveur contenue

Dés lors que l'on regarde honnêtement en direction de l'histoire passée, on ne peut être insensible à la valeur chaotique de son développement, qui s'étale en suivant des inflexions dirigées par de simples hommes, exceptionnels par la réalité de leurs actes, mais triviaux par la réalité de leur être.
La vérité est que, sur cette planète bleue perdue au milieu de milliards d'amas d'étoiles, un concours de circonstance a fait que l'activité du chaos s'est concentrée en ce point remarquable de l'univers.
Sur ce petit grain de poussière de l'immensité impensable, est apparue une entité originale, une entité dont l'essence prédestinait la logique de ses futurs développements. Cette entité, la première cellule vivante, a été à l'origine d'un bouleversement fabuleux.

Voilà que quelque temps après, la descendance de cette entité, perfectionnée et multipliée, qui pour un temps porte un regard compatissant sur sa propre condition, se présente alors comme l'aboutissement fixe de toute cette longue quête de perfection.
Dés lors, l'homme entend s'afficher avec les attributs de la limite supérieure du processus évolutif.
Comment est-il concevable, qu'après de si longues secondes d'évolution, l'homme fasse preuve de cette arrogance, apparue au niveau palpable des sentiments abstraits, en regard de sa délicate mais triviale position dans l'Etre ?
La religion est bien entendue, au détour de sa naïve élévation, à la source de cet incompréhensible élan d'orgueil emphatique. Elle a su créer, au cœur de son serviteur, l'écrin d'une reconnaissance flouée d'un être anthropomorphe parfait, et qui tendrait donc à prouver que l'homme, auquel il a prêté la forme, touche à la perfection lui aussi.
Alors que ce n'est évidemment que concours de circonstances !

Qu'il en soit ainsi ! Et d'ailleurs nulle autre possibilité n'aurait pu avoir occurrence. Tel est l'état de la conscience humaine au point où nous reprenons le flambeau. Et, pour exciter notre prétention au bouleversement, il faut que cela change.
Pourquoi ? Parce que c'est au travers de l'évolution que l'homme en passe d'atteindre un autre palier connaîtra la possibilité d'un heur extatique. Si l'humanité organisait ses ressources autrement qu'en accord avec une illusion castratrice et

stabilisante, elle pourrait évidemment effleurer de sa conscience l'absolu d'un bonheur tangible, ancré dans le processus évolutif.

Il faut donc que cela change, que des illusions implicitement consenties soit élevés comme telles. Il faut que l'homme prenne conscience de la véritable réalité de son être, disposé délicatement au centre d'un tumulte chaotique prodigieux.

Il le faut, sinon la ferveur originelle qui agite notre cognition risque bien de retomber, lasse, chez les plus avancés de nos semblables.

Considérant son propre anéantissement, consciemment et délibérément réglé, comme une accumulation de facilité, le nouvel homme, la tête à nouveau relevée, décidera, comme dans un jeu, d'affronter de face l'inébranlable et parfois difficile réalité, et prolongera sensiblement la continuation de sa vie.

Ainsi de l'anéantissement des illusions traître, métaphores d'une réalité implacable, le prétendant à l'élévation de son être ressortira grandit, et acquerra de la force pour asseoir son propre bonheur au milieu d'un décor finement ciselé, celui de sa niche environnementale, toujours inspirée par le quasiment divin chaos.

C'est ainsi que l'homme prétendra se replonger dans les délices de l'évolution.

L'homme défaillant

Désespérance absconse de mon inutilité
Je devrais mille fois plutôt qu'une
M'en remettre au chaos maître des lieux
Mais je ne peux pas

Alors que je m'avance à pas de velours
Dans les méandres ironiques de la raison
Je pense ailleurs comme il se doit
Et ne m'en remet plus qu'à mon entendement
Pour ajuster et coordonner tout cela qui vit

Un soir viendra la réponse tant attendue
Il ne sera plus question de se révolter contre
Cela même qui un temps m'a amusé
Un temps trop vite éloigné, tout contre le temps

Alors je ne serais plus rien
Qui vaille qu'on s'intéresse à son traité d'infortune
Et pareil à des milliards de pensées perdues dans le canal de la vie consciente
Je m'enfuirais vers le néant véritable

Je veux
Que jusqu'à ces temps méritoires de ma disparition
Un temple de la vie heureuse soit construit
Pour moi et mes semblables

Pour autant qu'il soit possible d'envisager un autre que moi
Le chaos, seul dieu recommandable
Mais insensible aux prières des veules femmes
S'accomplira dans mon anéantissement

Parce que tout s'emboîte comme un enfant à sa mère
J'ai l'illusion de la perfection du Surhomme
Si la reprise de l'évolution humaine est engrenée
Celui-là viendra remplacer l'homme défaillant

Et ce jour plein de gloire où un enfant viendra
Annoncer l'exaltation des consciences de l'Etre
Annoncer la fin des animaux mystiques
Et l'avènement de l'être sublime par son attachement
A l'honnêteté et à la transparence des vues de sa position dans l'Etre

Levez-vous enfants du Surhomme
Conçus en avance sur leur concepteur
Réveillez-vous, sortez des songes de quelque dieu que ce soit
Et notez bien votre appartenance au règne du chaos

Et puisqu'il en faut un premier
Moi, créateur de mon obscure raison
Je me lève et m'avance pour vous annoncer
L'imminente arrivée de la procession à la gloire du chaos conduite par
Le Surhomme

Le rêve, l'imagination et la raison

L'homme a pour nature de cultiver de nombreuses illusions, qui, si ce n'est par la quantité mais par la qualité, nuise à sa définition d'être en quête d'évolution.

C'est parce qu'il rêve quelques heures par jour, et qu'il construit alors des concepts qui peuvent dépasser de beaucoup la réalité effective des choses, que l'homme est avide de faits surnaturels qu'il entretient dans l'illusion.//
Il ressent le besoin d'agrémenter l'espace qui le contient d'interventionnisme intentionnel. Pour justifier sa présence, il fait intervenir des concepts que la raison ignore, mais que la sensibilité de l'homme rend nécessaire en regard de la conscience de l'inopportunité de sa position dans l'Etre.//
Car l'homme opposé au néant qui l'entoure, se protège en opérant un glissement de la raison vers l'illusion. Il devient mythomane.//
Et c'est la timide ouverture de la conscience au phénomène métaphysique qui est la cause d'un tel glissement.//
L'homme érige une protection entre lui et l'inconnu, en tentant d'expliquer la réalité par des thèses gratuites mais fortes en productions sentimentales. Et tout ceci car l'inconnu ne correspond pas aux prétentions acceptables par un être en quête de justification.

Le rêve est le moteur de ce glissement. En rêvant, l'homme expérimente toutes les approches d'un problème d'interprétation rencontré. Il jauge la compatibilité du monde connu et de sa nouvelle théorie. Il juge de la validité de cette théorie en regard de ce qu'il connaît.//
C'est pourquoi un déficit informationnel est à l'origine de toutes les légendes, des religions, de tous les dogmes. Et c'est pourquoi le rêve a une connotation positive.//
C'est lorsque la conscience joue en dehors de l'emprise de la raison qu'elle est la plus prolifique en concepts originaux. C'est en rêvant, en osant certaines idées déraisonnables, que l'homme construit, pierre après pierre, son propre système intime de compréhension, d'intégration de l'Etre.

Cette méthode de façonnage du système intime de chaque homme est justifiée lorsque la raison prend le relais de l'imagination pour valider ce système.//
Lorsqu'elle ne le fait pas, du fait qu'elle n'y est pas entraînée ou bien qu'elle ne trouve pas de matière pour le faire, le système expérimenté dans le rêve a tendance à déboucher sur une monstruosité de la raison qui tend à justifier petitement des propos honnêtement injustifiables.//
D'où la floraison de légendes et autres contes qui parsèment le contenu culturel de l'humanité, de beaucoup de travaux de l'imagination hors du contrôle de la raison, de nombreuses illusions.

Lorsque la raison tente après coup de justifier, et non de valider, des propos bâtis par l'imagination sur le modèle de l'explicitation de l'Etre, cela débouche en général, si l'approbation des foules est présente, d'abord sur une nouvelle secte, ensuite sur une nouvelle religion, s'il y a adéquation de ce système avec la morale en vigueur.

C'est en effet la correspondance des préceptes enseignés avec l'éthique de vie à la mode qui détermine si le passage de la définition sectaire à celle de religion a bien lieu.

Comme le nouveau système est en rupture avec l'ancien, il s'agit de celui d'une secte. D'où le passage obligé par la définition sectaire d'une future religion qui tend à s'installer pour relier les hommes, et qui commence par les séparer.

Tout cela pour exprimer la nature semblable des religions, des sectes, des légendes et des fables, à savoir le résultat d'un travail de la conscience en dehors de l'emprise de la raison, un produit de l'imagination sur lequel peut venir se greffer une tentative de justification fournit par l'entendement au travers de l'expression de cette raison idolâtrée.

C'est au court des périodes de rêves que l'entendement produit ces délires imaginatifs en cherchant à combler une lacune à propos de la compréhension du monde.

Et c'est par l'entremise du constructivisme propre au chaos, pour peu que l'humanité connaisse une carence métaphysique, qu'une idée imperceptible s'enfle et débouche sur la majesté d'une religion apte à fomenter l'unification des intentions d'un groupe d'hommes.

Il est positif pour l'homme que l'imagination fasse son travail de recherche de nouveaux concepts quand ceux-ci sont à la suite vérifiés par la raison sur le critère de leur conformité à la masse des connaissances actuelles.

Autrement le résultat monstrueux, qui en découle, nuit à l'évolution de l'honnêteté de la conscience. Cette nuisance, qui est le fait en particulier des religions, retarde l'arrivée du plus beau rêve de l'homme, raisonnable, honnête et conscient…

Chaos mathématique

Je ne sais si c'est la peine de voir ainsi
Mourir tous ceux qui un temps ont vécu
Entre l'illusion de l'immortalité et la fierté des êtres humains
Autour de leur raison recouvrée

J'attends avec véhémence le jour où viendra
Le temps des fondations, le temps de l'âtre du vice
Le Surhomme sera dans l'air du temps
Et ses fils aussi

Mais malheureusement je doute éperdument
Que les hommes soient assez forts pour que
Surgisse la passion de la supériorité
Que vers la cité bleue ils s'avancent

Pourtant ils ont tout à y gagner
L'heur le plus opportun leur est proposé
Pourront-ils l'atteindre en tendant la main vers
Leur si brillant avenir dans la Surhumanité

Comment arriver à faire comprendre à ceux
Qui dédient leur vie à la contemplation de leurs bouches
Et qui implorent au cours de toutes les journées
Qu'arrive le temps du bonheur pour les leurs
Sans rien y faire pour bien sûre !
En se laissant porter par le chaos qu'ils ignorent

Ceux-là sont déclarés ouvertement inapte à
Pénétrer dans les flots nourris de l'humanité supérieure

A moins qu'ils ne décident de renier ce à quoi ils ont
Dédié leurs vies entières
Ce à quoi je doute car il serait indécent de s'apercevoir
Qu'on a vécu dans l'illusion absolue

Non, laissons ceux-là de côté
Et portons nos consciences vers d'autres problèmes
Intéressons-nous à la fondation de notre propre liberté
Notre liberté d'hommes conscients de leur position dans l'Etre

Et il faut que nous comprenions
Où se trouve notre avantage à être aimé
Dans les landes du chaos mathématique on fera
Douter les pauvres d'esprit qui volent au secours des hommes

Notre liberté est totale
Du fait de la ridicule et effective probité
Qui naît d'une morale souillée
Par deux mille ans de délire

Croire à la réalité du chaos seulement
Mais ne croire EN rien...

Le paradoxe libertaire

La liberté ne se conçoit que dans la traînée d'un indéterminisme nécessaire. Elle requiert toute l'illusion de la discontinuité du déroulé temporel des choses. La liberté est en cela elle-même une illusion, du reste bénéfique à tout l'être de l'homme qui la conçoit comme valide.

C'est un concept abstrait, qui ne prend corps qu'en étant suggéré au niveau d'un entendement. C'est un concept gratuit, salutaire, en un mot : humain. Il n'est pas question de liberté pour l'animal et pour la chose.

Qu'en est-il, honnêtement, de la liberté pour la conscience de l'homme ?

Ce concept apparaît comme absolument nécessaire du fait de la dimension requise pour se permettre de passer de la cogitation d'un souhait intime à son application concrète dans l'action. Ainsi la liberté est cette chimère qui perdure pour permettre à la vie consciente de s'étaler.

Car la vie, seule, consciente n'est pas viable.

La liberté, dont l'illusion corrobore entièrement la dynamique qui mène à l'instauration des deux modèles de religion actuellement usités, aboutit finalement sur une grossière manipulation des esprits : la vie après la mort.

Car il n'est pas pensable d'être libre tout en acceptant d'être anéanti au bout du compte.

Pour parvenir à tirer vers le haut les aptitudes à la vie des hommes, alors qu'ils sont plongés dans un vide de sens réel, les religions apportent matière à entretenir l'illusion de la continuité de la vie après la mort.

C'est pour prolonger l'illusion de la liberté, qui n'est pas valide si elle n'est pas continue, et pour modérer insidieusement ses effets, que les religions officielles ont délibérément assujetti cette liberté à l'éventualité d'une prolongation effective de la vie après la mort, prolongation dont la nature est déterminée par la proportion du bien reconnu comme tel sur la vie actuelle.

Cette grandiose illusion a eu pour effet direct de freiner la volonté de puissance en l'homme.

Le bouddhisme l'a en fait en partie annihilée, alors que le judéo-christianisme l'a raisonnablement réorientée vers des tâches ne touchant plus aux fondements cruciaux de sa légitimité.

Ce qui finalement a servi les sociétés judéo-chrétiennes en leur permettant d'accroître leur pouvoir sur la matière.

Alors pourquoi le moment est-il venu de réformer ces morales tant bénéfiques à l'émancipation des peuples face à la nature, en permettant de la contrôler dans le cas du judéo-christianisme, en permettant de s'en détacher dans le cas du bouddhisme ?

Il faut réformer la morale car elle se retrouve visiblement en inadéquation avec la somme des connaissances amassées sur l'Etre et ses attributs, que la réorientation de la conscience vers leur quête a permis de mettre à jour.

Il devient donc maintenant nécessaire de créer une morale adéquate pour pallier à l'absconse désespérance qui résulte de la prise de conscience de l'inadéquation de la morale en vigueur actuellement avec la réalité dorénavant connue de l'inopportunité de la place de l'homme dans l'univers.

Du concept

Il est indispensable, si l'on veut caresser la chance de pouvoir connaître un instant d'adéquation entre son être et l'Etre, de chasser des méandres de sa conscience une certaine forme d'ironie.

Mutation de l'instinct primaire de conservation, l'ironie est un réflexe de pusillanimité, qui consiste à construire autour de soi une muraille protectrice, pour s'isoler à jamais du concept apparemment obscur qui s'expose aux passants.

L'homme ironique a peur de l'inconnu, mais plus encore, il refuse cet inconnu, cet incompris, ce déraisonnable apparemment. Il recule en lâche, détourne son regard ignorant et s'enfuit en rampant vers le semblant de lumière qui révèle, pour le rassurer, la petitesse de sa conscience.

Cet homme, dans son petit cercle de lumière, est comme un animal en cage qui refuse l'inconnu, trop faible et trop peureux pour ronger ses barreaux et recouvrer sa liberté, il s'abandonne à son sort et cesse définitivement de vouloir vivre consciemment.

Au contraire, l'homme qui ne cesse d'amplifier l'étendue de sa conscience, qui s'efforce d'amenuiser ses instincts primaires hérités de ses lointains ancêtres, pour espérer s'introduire dans les castes supérieures, l'homme qui s'oppose violemment aux effets stabilisants de sa condition d'être, qui cultive la pureté d'une dynamique ascendante, cet homme mérite de recevoir de ce moment du système le bonheur absolu d'une élévation de tout son être vers un inconnu lumineux, un instant d'adéquation entre son être et l'univers.

Ce moment particulier du système est la rencontre de la conscience de l'homme avec le concept sibyllin.

A ce point particulier du temps, l'homme habile, et ambitieux d'atteindre l'humanité supérieure, va entrer dans une mécanique consciente de curiosité et de virginité intentionnelle.

Il va contraindre sa conscience raisonnable à accepter le concept en son entier comme une entité compréhensible virtuellement, une entité intégrable en puissance.

Dés lors, l'introduction d'une ponctuation en désaccord avec la raison individuelle, au cœur du système d'agencement des concepts reconnus valides par la raison, va provoquer la fracturation du système, l'anéantissement des certitudes, le surgissement du doute absolu, la re-tangibilité du néant.

La tangibilité du néant pour la conscience du Surhomme.

Ce concept est offert par l'artiste à lui-même et au passant.

Il révèle l'art conceptuel comme pouvant être l'instigateur d'un mouvement original d'amplification de la conscience humaine, d'un moment d'adéquation entre son être et le cosmos, qui possède le pouvoir, s'il est reconduit au cœur du plus grand nombre, de mener le genre humain vers les sublimes portes de la Surhumanité.

Encore faut-il que l'homme, passant aux côtés de l'œuvre conceptuelle, daigne se violenter sérieusement, avant d'atteindre un semblant d'extase absolue.

Humanité d'enfant

Voile incandescent qui me remonte sur les yeux
Et brûle mes paupières closes
Laissant poindre le jour au travers de la peau traumatisée
Pour me permettre de voir la sublime cité

Je l'ai déjà connu en songe
Mais maintenant que je peux la contempler
En me fiant au chaos irréversible et tenace
J'ose pleurer

Il est des lieux qui révèlent au plus profond de soi
Toute la tendresse qu'on peut avoir face à l'humanité
Humanité d'enfant, humanité de conte
Telle était l'homme avant sa refondation

Et les illusions se sont dispersées
Laissant poindre le jour au travers de la conscience traumatisée
Visible, le monde en a gagné en cruauté
Mais aussi en véritable révélateur
Hurlement

Perdu dans l'immensité obscure de la raison
La terre s'est réveillée avec la gueule de bois
Elle s'est décidée à survivre avec ses hôtes
Autre part que dans l'entrefilet des rêves et des démons

Mais n'est-ce pas indispensable
Pour la survie de l'espèce
De fomenter des légendes et des contes
Pour aider à s'accepter dans le monde

NON
Je ne me suis pas remis à croire en la nécessité de ces illusions
NON
Je ne crois pas en la désespérance d'absolu

Je veux pouvoir imaginer une cité bleue, un antre magique
Où les illusions seraient reconduites et expulsées
Hors de ses murailles infranchissables
Qui protégeraient les hommes des maléfices intemporels

Je ne suis donc pas capable d'imaginer une place sans avoir recours aux métaphores
Je ne suis pas mieux qu'eux les donneurs de leçon
Le doute surgit, la perle de mer échouée sur ma joue
Je vais résister
Jusqu'à quand ?

J'ai heureusement confiance en ma parole
De toute façon je n'ai rien à perdre
Tout ce que je fais ne parviendra à m'exister au-delà de ma mort
Et je vis pour un temps encore

Une certaine idée de l'Etre

L'idée que je tente de cerner est la base idéale de toute la structure existentielle de la substance ; l'idée d'un contraste paradoxale des forces, des dynamiques de l'existence ; l'opposition fondamentale comme instant privilégié de persévérance de l'Etre.

C'est l'idée fondamentale de la transcription biologique de la substance par la conscience que supporte mon corps.

L'homme, entité fondamentalement prisonnière de sa conscience, ou bien conscience prisonnière d'elle-même, malmené entre son besoin de l'autre comme élément identique, et l'autre comme élément différent, veut à la fois rejoindre l'intégralité de la substance comme élément indistinct de cette unité et s'individualiser brutalement, s'arracher du reste.

La religion est la conséquence directe de la prise de conscience de l'instinct de conservation.

Elle découle des effets de l'imagination qui sont apparus pour contrer l'anéantissement programmé par le développement outrancier de la conscience.

Seulement, la seule différence fondamentale entre l'homme et les autres entités connues, semble-t-il, est la conscience de l'Etre. C'est donc, en allant malgré tout peut-être à l'encontre des prérogatives naturelles, ce qui doit être cultivé chez l'homme en vue d'en accroître l'humanité.

N'ayons pas peur de la génétique productive, au contraire encourageons-la, puisque c'est elle qui va pouvoir corriger la stagnation évolutive de l'espèce humaine prodiguée par la religion et une certaine idée de la vie en communauté, et ceci, sans toucher aux valeurs adoptées de l'altruisme.

La science de la génétique est le substitut exclusivement souhaitable de l'instinct de conservation.

Une démarche imaginative recouvrée

Dorénavant la nature profonde de l'homme sera portée au pinacle des préoccupations de la communauté. Sa propre conscience de l'Etre sera encouragée, dans une émulation chaotique totale...

L'homme ainsi apparu sera appelé Surhomme. Et Surhomme il restera jusqu'à la prochaine mutation de ses prérogatives, les états de conscience.

Bien entendu, il ne faut pas provoquer le ralentissement de l'évolution à quelque niveau que ce soit, comme l'a fait le judéo-christianisme par sa considération néfaste de la nature aboutie de l'homme. Au contraire, il faut encourager l'évolution, la mener vers un point toujours plus haut.

L'évolution est ce qui nous détermine dans l'Etre. Elle est ce qui nous permet d'espérer en l'avenir de l'humanité. L'évolution est notre propre puissance, à vivre, à persévérer dans notre être, à nous étaler dans le chaos.

Ce qui élève toute la force de l'homme conscient, et tout son désespoir, c'est l'intime conviction qu'a cet homme de pouvoir influer sur le déterminisme de son existence. Il connaît un jour en effet, la révélation de son propre pouvoir envers les contingences de l'Etre total, la volonté.

Et cette révélation va le mettre tour à tour dans un état de désespérance totale, du fait de l'indéterminisme tragiquement requis, et dans celui de puissance reconquise sur le travail orchestré depuis des millénaires par certaines religions, et qui tendrait à prouver que la volonté est assujettie au jugement sordide d'un géant anthropomorphe.

C'est ce dernier état qui est profitable pour celui qui le connaît. Il va permettre à cet homme d'imaginer influer positivement sur tout l'obscur sentiment de dépendance qu'il a à l'encontre de son inopportune position.

C'est cette puissance révélée qui va pouvoir être à l'origine de son profond désir de pénétrer en la Surhumanité.

Cette puissance révélée va le poursuivre dans chacun de ses actes futurs. Elle va être le déterminant de sa volonté recouvrée. C'est sous l'emprise de cette puissance reconquise que l'homme va oser imaginer les fondations d'une cité d'un bleu sublime, les fondations de la Surhumanité.

Mais que faut-il faire pour que le plus grand nombre ait accès à cette révélation ?

Pour que d'hommes, ils envisagent l'illusion de se fondre en le Surhomme, il faut élever leurs entendements vers les sommets de la sensibilité à la connaissance de l'Etre. Il faut, en d'autres termes, les amener à rechercher la vérité de leur existence.

C'est ainsi que, devenu sensible à l'importance du phénomène ayant lieu en eux, ils pourront effleurer de l'esprit la réalité de leur vie, la révélation de la puissance virtuelle de laquelle ils sont investis.

C'est uniquement en amenant les hommes à être conscient d'eux-mêmes et de l'Etre que la prochaine étape pourra être envisagée. Mais il faut qu'ils surpassent l'affliction infligée par cette révélation douloureuse.

Il faut leur apprendre à vivre consciemment, et l'apprentissage de cette nouvelle vie ne peut se faire que si la révélation de cette vérité désarmante devient le but officiel de l'adolescence.

Si tel est le cas, que d'adolescent le passage à l'âge adulte soit aussi le passage à l'âge conscient, on pourra attendre de l'humanité adulte qu'elle soit le point ultime de conscience inachevée avant le passage à la Surhumanité.

C'est à cette condition d'élever l'humanité vers les affres de la conscience, que le Surhomme sera rendu possible et que l'ultime étape de l'évolution aura été franchie.

L'évolution animale aura été reconduite des méandres de la nature sauvage dans l'entendement imaginatif humain, et elle sera réapparue au plan réel de la vie sur terre.
A ce moment précis où l'évolution aura repris, ou l'homme aura perfectionné ce qui en fait sa définition, à savoir la conscience de l'Etre, recommencera un cycle dont l'orée sera heureuse, et ou l'ultime déploiement sera renvoyé dans un avenir d'autant plus lointain que le saut aura été grand.

L'heur Surhumain

L'homme, génération après génération, évolue.
Faut-il rechercher, dés lors que l'on a conscience de cet état de fait, le bonheur que tout homme entend connaître à des fins personnelles dans l'éternité qui soi-disant s'annonce ? Alors que la définition de cette éternité ne peut évidemment que contrer l'élan évolutif. Imaginer voir cohabiter tous les êtres humains immortels à différent niveau d'évolution dans un espace enchanteur étant ridicule. Mais, évidemment, le bonheur relatif à son avancée ne sera jamais tributaire d'une déception...
Non, il ne faut pas rechercher un quelconque bonheur subtil dans cette voie ! Du moins j'ose le penser...
Il faut, sans aucun doute, dorénavant rechercher ce bonheur, simplement au cœur de la vie qui nous est offerte d'user à l'unité.

Le bonheur apparaît telle une hydre farceuse à chaque fois que l'homme est amené à s'élever dans les strates de la conscience positive de soi.
Dés que la conscience humaine se retrouve dans un état plus haut, meilleur quant aux conséquences qu'il génère, le bonheur paraît aux yeux de l'homme qui le conçoit ouvertement. Il est important de considérer toute la valeur primordiale que la conscience engrène dans la reconnaissance du moment heureux, de l'instant de bonheur.
Le bonheur se détermine sur l'amplitude du changement opéré au niveau de la conscience de soi. Le bonheur, ou le malheur, ne sont que des attributs de cette conscience. Ils n'apparaissent qu'à condition d'une opération de la conscience sur son être propre.
C'est pourquoi, alors que pour un être doté d'une conscience étroite la vie peut se révéler être d'une platitude infinie, pour un être à la conscience acérée, la vie gagnera en relief et en amplitude d'émotion.
Elle gagnera ainsi en intérêt, et donc se prêtera mieux à l'intensification de sa propre continuité.

Cependant, ce qui tire dans le temps la vie des simples animaux est la quête d'une jouissance directe des affects de la vie. Manger, jouer, dormir, voilà tout ce qui les rattache à la vie, et c'est peut-être, sinon le meilleur, du moins le moyen le plus direct de vivre heureux...

En découvrant les affres de la conscience, l'homme s'est mis en défaut de la simplicité des plaisirs de la vie. Il a en effet perdu la majeure partie de sa potentialité interne de jouissance de la simplicité des apports vitaux en apprenant à fomenter l'élévation de sa conscience.

Finalement, la recherche du bonheur dans la conscience absolue de l'être ne peut aboutir que dans la reconnaissance consciente des bienfaits prodigués par la nature chaotique.

Et le but ultime, le bonheur absolu, est une fin qu'on ne peut chercher à atteindre que par l'ultime quête des bienfaits prodigués par l'accroissement de la potentialité effective de sa conscience.

L'approche conceptuelle de la vérité

Ciselure tempérée sur ma gorge
Et qui n'a d'autre dessein que d'abolir la crainte de l'ivresse

Lointain vœu le plus chéri
Ivre de naïveté et ivre de candeur
Vivre ainsi comme une bête sans gêne
Repus d'autres broutilles, toutes plus intensément inutiles
Ensemble elles forment, seules, l'armature de l'existence humaine

Aimer plus que tout, de la plus pure insolence

Etant apparu au milieu des animaux moraux
Tant que la seule issue se conforte simplement
Et que d'ordinaire il me soit offert de la condamner

Elevant les hostilités brutes
Carnage carmin de leur innocence
Rictus érigé face à l'adversité
Instincts maintes fois transgressés, maintes fois rejetés dans la plus épaisse mélasse
Tautologie de la pensée pure vers l'absolu

Prières concassées au moulin des antiquaires
Alertées par les cris des traumatisés
Rajoutent des rimes incertaines pour les temps à venir

Greffe inattendue des vérités nouvelles
Un homme s'en est allé vers la fuite en avant
Il a produit tout ce qui se peut exister
Longeant de loin une longue traversée de la mer en furie
Liée aux mages comme à leurs illusions déjà pressenties
Armures élevées face à des armes non conventionnelles
Un feu grandissant va permettre la stupeur
Mille fois plutôt qu'une seule
En revenant à son point d'origine

Sale comme celui qui longtemps a vécu dehors
Emprunté de gloire éphémère
Rapide et précis comme la vérité
Pêle-mêle, il le dira encore plus
En revenant de la dissolution de mon esprit, je suis encore en vie

Dieu, empire, émulation

Dieu est la somme de toute la méconnaissance qui s'installe aux espérances du fonctionnement de la raison humaine.

Il se dégage des méandres des imprécisions. Il s'ébat aux confins des irrégularités de la précision cartésienne. Il se cache là où l'esprit humain se perd en conjectures, en produits de l'imagination.

Il n'est pas de songe plus absolu que la définition de Dieu.

Alors qu'un extrait de divinité naît d'une indétermination, la raison se repose alors sur les ultimes agissements de l'imagination. Le seul recours envisageable est celui qui fait du hasard chaotique l'origine de la possibilité d'être du détenteur de l'imagination raisonnée.

En fait, l'invention du concept divin est la conséquence de l'impossibilité depuis toujours pour la raison de systématiser l'intégralité du réel.

Dieu a été inventé par un esprit en mal de raison absolue. Il s'est révélé être rapidement indispensable, comme concept, du fait de sa nature même, à savoir la relation intime qui existe entre lui et l'irrésolution croissante de la question ontologique.

Il est dorénavant nécessaire de réaliser enfin la véritable nature de Dieu, son origine délibérément imaginative, et ceci pour pouvoir insidieusement l'ôter de nos raisonnements d'animaux dotés, pour l'exemple, d'intelligence développée.

Car enfin, il est évident que découlant de nos amas de connaissance concernant l'Etre et les relations que nous, extraits de cette substance, entretenons avec lui, la raison qui nous fait à tel point nous présenter comme l'ultime aboutissement d'un développement vers le haut, ne peut que nous amener à accepter que Dieu n'est pas.

S'il est si difficile de l'admettre que de tout notre corps transparaît l'illusion de son illusion, alors il est un fait irrémédiable, nulle Surhumanité naissante n'est réellement envisageable actuellement.

Et il est probable que celle qui naîtra le fera dans une toute autre conscience de l'Etre.

Ce n'est qu'après avoir finalement ôté de son processus de raisonnement l'ultime possibilité d'un être supérieur outrageusement unique et grandiose, que l'humanité en viendra à entrevoir sa possible retranscription en Surhumanité.

Dieu n'a jamais été ailleurs que dans l'esprit d'hommes, dont le sentiment d'être abandonnés à eux-mêmes, extraits d'un tout parfait, prévaut sur toute autre affliction.

Instabilité

C'est face à l'adversité que l'homme peut connaître des instants de bonheur extatique incomparable. Le bonheur présent est à la mesure du malheur passé.
C'est pourquoi pendant les guerres, le romanesque des situations fait ressortir les possibilités d'un indescriptible bonheur quand le bien fait une timide apparition.
Alors serait-il possible de vouloir que ces temps difficiles soient à nouveau d'actualité pour effleurer de la conscience le bonheur de se voir infliger un moindre mal ?
On peut prétendre savoir que le bonheur le plus complet doit obligatoirement, et pour le renforcer, être précédé du malheur le plus profond, et se mettre à douter volontairement de la valeur irrémédiable de cette assertion.

Au lieu de cela, les hommes en commun ont choisi la stabilité. Et ce n'est pas par recherche d'un bonheur modeste et tout en longueur, c'est plus par peur du mouvement désordonné.
Car tel est le cas actuellement dans notre société, un bonheur médiocre est étalé sur toute la longueur de la vie, entrecoupé seulement par des fléchissements, des inflexions vers le haut ou le bas, dans le tableau fade de l'heur moyen.
La stabilité, la monotonie des passions ont remplacé les structures atypiques des sentiments des anciens temps. Les hommes en commun ont prisé la monotonie d'un seul niveau de plaisir, ils ont élagué ces moments de bonheur et de malheur intense.

Ce n'était pas encore le cas, quand, par exemple, lors de la révolution française de 1789, ou lors de la révolution russe de 1917, les hommes qui y ont contribué ont ressenti, de par le progrès énorme qui s'opérait sous leurs yeux et par leurs bras, un immense élan qui les a cantonnés dans la joie et l'allégresse.
Le malheur relatif qui a suivit chacun de ces deux exemples s'est opposé au bonheur rencontré dans leurs mises en œuvre. Mais finalement, le souvenir de la jouissance passée n'est-il pas préférable au son monocorde de la monotonie ?
Les peuples qui ont participé à ces mouvements inter humain intenses ne connaissent-ils pas le souvenir heureux de leurs actions passées ?
N'est-il pas préférable pour l'homme de connaître des instants de bonheur extatique pour se forger des souvenirs qui tiennent lieu de refuge spirituel, au lieu de vivre une valeur monotone de son heur le plus opportun soit-il ?

A partir de la réponse affirmative donnée à ces questions, une nouvelle ligne de conduite politique peut être instaurée.
En effet, le sentiment que tout ce qui est doit tendre vers une exaltation de la conscience par la force de son rendu, inspire à la politique plus de vigueur dans les bouleversements qu'elle doit opérer. Un monde en déséquilibre devrait être la finalité brute de toute politique.
Chassons la stabilité, et glorifions au contraire la mouvance créatrice de passions les plus ambitieuses.
Ainsi on aura restauré les dynamiques créatrices de sentiments intenses chez l'homme.

Il ne s'agit pas de revenir à une barbarie des sens et des actes, mais d'imaginer les moyens, dans une relative stabilité réconfortante, de provoquer le bonheur le plus intense tout en sachant qu'il sera accompagné, de près ou de loin, par un malheur du même ordre.

Et tout cela pour redonner aux hommes l'intérêt professé par la vie à l'encontre des pensées et des actes humains.

Est-il possible d'imaginer une société viable, qui chercherait à décupler les passions humaines tout en maintenant auprès d'eux une relative stabilité ?

J'aime à penser qu'un grand mouvement inter humain peut encore survenir pour renforcer les affections des hommes qui l'encouragent. Ce mouvement serait, pour la génération actuelle, fécond en effets positifs.

Ce mouvement inter humain, dont la nature reste à définir, offrirait aux jeunes hommes actuels matière à préciser l'objet de leur existence.

Délires futiles d'enfant

Il y a longtemps déjà
Vivait en harmonie avec l'éther
Une entité cosmologique intense
La prémonition de l'installation définitive du pur état de soi

Au cœur de l'autre système, en son sein
L'autre théorie d'épandage de la misère
Les atours de sa correspondance personnelle
Ont fait trembler d'autres certitudes impénétrables

Gageure exponentielle de mon ennui
Il se porte à propos pour de la consistance
Comme s'il avait trop englouti
De terres inexplorées

J'ai rêvé de l'imminente apparition
D'un sortilège au-delà du réel
Un sortilège qu'un dieu aurait jeté
Sur l'épaisse couche de ma conscience ressuscitée

Encore faut-il que je ne sois pas seul
Pour m'opposer des sentiments supérieurs
A mes délires futiles d'enfant aux rêves inexplorés
Car il est difficile de rêver quand on vit au-dessus

J'espère intensément en l'instant palpable de mon propre anéantissement
J'espère qu'il sera à la hauteur de mes opinions passées
Quand venaient à moi
Toutes les promesses en un monde salvateur

Je me mets à percevoir
Les tremblements d'une cité ocre, d'une cité bleue
Qui se prépare à accoucher
D'un monstre terrifiant mais qui sais séduire

Hors les murs de mon lieu de villégiature
S'agitent les précurseurs de la révolution
Sordide
Qui va tenter d'introduire un homme en son sein

Jet hors d'atteinte
De mon pied rieur qui s'éprend de sa liberté recouvrée
Et qui force les palinodies
Dans l'éloge de la contradiction

Serais-je le seul pour qui
Ce besoin fourni a surpris l'acuité
Quand des siècles de romance ont altéré
Celle des dieux

Mais qu'y puis-je, moi, encore
Retourner au néant après ça...

Prolégomènes à toute morale réformée

La morale actuelle, la morale judéo-chrétienne, se doit d'être réformée car elle ne satisfait plus aux particularités des nouvelles orientations de la vie consciente.

Elle aurait tendance, en effet, à amener les hommes à organiser leurs vies afin de provoquer l'instauration imaginaire, après leur mort, d'une possibilité d'être suffisamment heureuse. Pour cela, elle contraint la liberté originelle de l'homme à s'étouffer pour laisser libre cours à un semblant de bonheur médiocre.

L'homme, sous son emprise, restreint son originalité, n'ose plus braver les interdits, n'ose plus tenter l'impossible, et ceci de peur de mal faire.

Heureusement la morale judéo-chrétienne perd de son pouvoir, instamment divin, sur l'esprit des jeunes hommes à venir. Elle se retrouve donc dépossédée des entendements sur lesquels elle pouvait encore exercer toute sa puissance.

Et ceux qui rentrent ainsi dans la vie, la conscience vierge, libre des contingences moralisatrices de la religion, ont besoin d'un nouveau système de valeur, autre que celui, fortement incité par la répression, du système législatif, sur lequel asseoir leurs actes conditionnés par l'intégrité de leur être.

La morale réformée pourrait devenir la tentative de ce nouveau système.

C'est en considérant l'adéquation, le rapport complice, qui peut exister entre une entité, les dynamiques qui y sont arbitrairement ancrées, et le cycle qui semble en décrire le développement, que l'on reconstruira la structure d'une morale adéquate et opportune.

Dans ce contexte, l'homme sera considéré comme une entité triviale, animé des deux dynamiques complémentaires, décrivant un cycle majestueux, de sa naissance jusqu'à sa mort.

L'entité homme sera ainsi comparée de fait à toutes les autres entités. Ce qui lui conférera le statut privilégié d'être (d'entité) conscient, pouvant avoir conscience de sa position dans l'Etre, et pouvant être consciemment en quête de son propre bonheur.

Aussi l'homme en ressortira-t-il libre absolument, libre de penser mais aussi libre d'agir.

Aussi, l'ultime dessein de l'humanité sera de pénétrer en la Surhumanité, humanité composée d'être tous conscients de leur position dans l'Etre, conscient absolument de l'unicité de l'intervention du chaos dans la genèse de leur vie, humanité susceptible d'entraîner l'apparition sans doute d'un bonheur absolu, du fait de l'élévation de l'être de tous ceux qui y auront pénétrés.

Dés lors, la seule et unique fin que se donneront ceux qui auront eu accès à cette révélation, sera d'atteindre les prémices de l'avènement de cette sublime Surhumanité.

L'homme est une entité triviale. On considère qu'il subit les assauts incessants de deux élans antagonistes et complémentaires. Les dynamiques, individualiste et tribale, régissent ainsi, dans l'illusion consentie, le développement du cycle que décrit l'entité homme.

L'entité communauté humaine connaît le même dessein.

C'est la mise en vis-à-vis de la communauté humaine et de l'homme qui va décrire les particularités de la morale réformée.

Le bien et le mal, notions tenant des traditions, seront remodelés pour parfaire l'élan créatif et majestueux de la Surhumanité. Ils prendront, de fait, toute leur signification de choix subjectif, dans les limites d'une approche moraliste de cette Surhumanité.

L'homme est enclin, à s'individualiser face aux masses agissantes, comme à se fondre dans cette masse. Il est animé de deux élans antagonistes qui modulent l'essence de sa personnalité.

Pour parvenir à un état où son heur sera le plus opportun possible, il faut aider cet homme à asseoir sa particularisation, tout en le maintenant dans un groupe solidaire. Les élans sous-jacents à ces aides devront être confortés pour lui permettre d'accéder à un certain bonheur.

C'est par l'encouragement de ses particularités en action, en portant au pinacle de sa conscience ce qui fait de lui un être différent, indépendant et particulier, et en nourrissant son besoin d'immersion dans un groupe promis à se développer, que l'on rendra l'entité homme apte à construire les fondements de la Surhumanité.

L'homme, ainsi établi, sera prêt à entrer de front dans les territoires inexplorés d'une certaine conception novatrice de la vie.

La société, les hommes en communauté, devront aider chaque homme à s'individualiser, à se particulariser dans le groupe social. En échange de quoi, cet homme rendra à la société les effets bénéfiques de son individualité par l'intermédiaire du travail produit par la propre persévérance dans son être.

L'équilibre sera atteint, quand l'individu trouvera dans la société le moyen de se particulariser, et la société trouvera en l'individu matière à exister, à conforter son être.

Les deux dynamiques internes de l'individu pourront ainsi se réaliser pour le bien-être de l'entité homme et de son entité supérieure, l'entité communauté humaine.

La société ainsi fondée, pourra retirer de cette démarche tous les bienfaits, tous les apports positifs, constitués par l'individualité révélée et mise en commun de chacun de ses membres.

Et les individus pourront retirer de sa fondation, tous les bienfaits relatifs à l'aide apportée par cette nouvelle société, à l'égard de leur dynamique parcellaire.

Une certaine idée de la vie

Il est intéressant, pour aider à la compréhension de la vie de l'homme, de la considérer arbitrairement tel un jeu.

Le jeu est, en effet, une occupation humaine qui reprend, pour les sublimer, les mécanismes à la fois chaotiques et raisonnables (ce qui n'est pas antinomique) de la vie. Il positionne l'acte humain au milieu d'un complexe agencement de probabilités et de certitudes. Leurs fonctionnements sont finalement largement les mêmes.

Dans sa vie, l'homme tente éperdument d'assouvir ses désirs, par des actions effectives, à plus ou moins grande échéance.

Et c'est la confrontation de ses appétences les plus intimes avec les interdits de la société, avec ses lois, qui provoque la mise en relief de la vie de l'homme, qui se satisfait alors de l'apparition de tout l'intérêt du jeu.

Et cela fait partie des règles, l'être humain opposé à l'être de la communauté ne peut qu'en admettre les fondements, sinon il s'expose à des représailles de la part d'autres hommes qui organisent cette collectivité.

La vie se présente dés lors comme un grand badinage, où l'objectif à atteindre est le bonheur pour son propre compte, l'enjeu étant la libération partielle des contraintes engagées dans l'acte, l'effleurement d'un ersatz de liberté, indispensable à toutes tentatives d'intégrer le jeu.

D'autre part, un élément fondamental assoit sa persistance en vue d'agrémenter le jeu d'un supplément de piment. L'amour tire son origine dans la biologie. Il ne s'agit, pour tout dire, que de l'affirmation d'un instinct, de la mise en pratique d'un effet de la mémoire génétique partagé par tout être humain. L'amour n'est qu'un moyen que la vie a trouvé pour se perpétuer, pour se conforter dans son être.

Mais il est le moyen le plus aisé de parvenir au bonheur, de parvenir à l'extase de l'heur le plus agréable.

Alors que faire de l'amour sinon l'employer à nous faciliter l'accès à l'état agréable du bon heur ?

Le jeu idéal peut consister donc, à l'occasion, en l'appropriation des conséquences biologiques de l'amour sur son propre corps, pour atteindre la joie d'un accomplissement conscient dans l'acte amoureux.

S'affirmer comme un être organique, évoluer dans cette optique de pénétration de l'objet biologique, vivre en tant qu'animal humain, est ce vers quoi il est possible de vouloir tendre pour atteindre l'extase vivante, l'heur le plus extatique, corrélation d'une activité organique.

Vivre amoureux, c'est s'affirmer dans la conscience de la jouissance de son être organique, c'est vivre naturellement la conscience abstraite de l'universalité.

Vivre amoureux, c'est accepter inconsciemment que la nature exprime son instinct de propriété à l'égard de l'une des parties de son être, c'est accepter l'asservissement de toute sa structure aux prérogatives naturelles.

Mais tout ceci pour connaître l'expression la plus parfaite de ce qui peut nous inciter à vivre, le bonheur au travers du rapprochement naturel de deux êtres.
Alors pourquoi pas ?

Il existera bien d'autres occasions, en bien d'autres temps, d'approcher l'imaginative impression de lentement se séparer des prérogatives naturelles...

Horizontalité

Je rêve que l'antre de Tristan
Le Surhomme aux milliards d'yeux bleus
Soit à ma portée d'homme solitaire et infime

Et que dans son absolue révélation
Outrancière comme il se doit
Il parle du bonheur comme d'un sceau

Heureux seront les hommes qui
Comme moi auront flatté l'âtre étincelant
Des prémisses de la Surhumanité

Je voudrais que tout ceci soit écarté
D'un songe révélateur
De la plus profonde de mes envies
Et qu'il s'étale au réel comme un chat

On ne pourra jamais me reprocher
De n'avoir pas essayé de ramener mon songe d'absolu
Au niveau de la difficile réalité

Et si j'envie les seigneurs
Qui de leur doigt ont fait un pays
C'est à cause de leur charisme originel
Et de leur sublime force d'entrain

Euphorie d'un instant tellement dénaturé
Qu'il est par-dessus tout apte à rentrer dans l'enclos
Où se reposent les traiteurs d'ordre

Je
Ne veux pas qu'un dogme puisse apparaître
Aux frontières de ma cité bleue
Et qu'un lien s'incarne pour les castes inférieures
Dans les petits rois d'une indicible royauté

Chacun peut prétendre entrer de fierté et de grâce
Dans les landes saphir de l'inconnu qui se révèle être un inconnu charitable
Car il accueille tous ceux qui veulent briser les chaînes
De leur appartenance au...

Voilà bien toute la force d'une dynamique ascendante
Qui s'élance à l'assaut de deux milles ans de peur
Et d'espoir en ce qui n'est pas

On ne peut pas ressusciter les morts sérieusement
En opérant une dynamique de l'espoir
Et intenter un procès au devenir humain
Qui s'élance dans toutes les brèches ouvertes
Par le besoin de connaître
Qui qualifie l'homme dont la conscience est apte
A s'ouvrir sur d'autres horizons, des horizons purs, des horizons bleus

Les illusions captives

Je ne sais pas si la perte des illusions sera pour l'homme un progrès inéluctable.
L'homme, par essence, n'a de cesse de se créer des structures explicatives valides pour toutes les énigmes dont sa progression dans la vie le met en contact, et cela débouche le plus souvent sur des délires imaginatifs producteurs d'illusions.

Il est évident que cette méthode d'analyse fonctionnelle de l'Etre a porté ses fruits.
Ce n'est que depuis peu que l'homme entend progresser dans la connaissance par une méthode rationnelle d'hypothèses et de déductions. Il a pourtant bien évolué durant les quelques millénaires qui ont précédé cette prise de conscience du progrès estimé, apporté par le raisonnement hypothético-déductif.
Si ce n'est pour la célérité des découvertes fondamentales, l'avancée raisonnable n'a pas apporté à l'homme matière à évoluer vers un plus grand bonheur.

En fait, si la pensée raisonnée a fait réaliser un bond important dans les modifications de l'être humain, c'est pour la conscience de l'Etre.
L'apprentissage de la réalité, au travers des grilles de pensée promulguées par le diktat de la raison, a été un élan émancipateur pour la conscience préalablement révélée, dont il a précisé l'objet. La conscience s'est retrouvée libérée de toutes les contingences castratrices des religions et autres dogmes, et intéressé à un objet insaisissable, l'absolu.
Tout cela aurait été parfait, si la raison impliquait de surcroît l'honnêteté de la conscience révélée envers sa position

Mais si l'on dissimule à l'entendement l'importance du mouvement émancipateur de la conscience, dirigé par la raison reine, que reste-t-il de l'implication de la force de cette libération dans la recherche du bonheur ?
Les peuplades, qui fondent toute leur éthique de vie sur la base d'illusions non consenties, n'effleurent-elles pas un bonheur plus grand et plus complet que nos peuplades habituées à la relative prééminence de la raison sur toute autre fonction de l'entendement ?
La vie consciente absolument est-elle un bien fondé pour atteindre un bonheur extatique, est-elle tout simplement viable ?

L'humanité connaît actuellement, après la chute des idéalismes fondés sur la domination de la raison, la recrudescence d'un sentiment sensiblement mystique. N'est-ce pas la preuve que l'homme a besoin d'habiller l'Etre de toutes sortes d'apparats censés lui donner sens ?
La religion monothéiste est un de ces apparats, elle promet un avenir radieux ou tout ce qui est retrouvera sens auprès d'un être incarnant la vérité du sens absolu. Voilà bien une fonction intime des illusions, rendre sens à tout ce qui est dans l'Etre.

Si l'on veut, un jour, effleurer l'idée d'une Surhumanité incarnée extraite des délires imaginatifs d'une conscience vivante, il faut arrêter de décrire l'Etre en usant de métaphores.

C'est en effet le problème récurrent de toutes les descriptions illusoires promulguées par les religions ou apparenté. C'est en ayant recours à ce procédé linguistique qu'une religion tentera de fournir à l'homme matière à un bonheur sans failles.

Ce procédé ne requiert pas toute l'honnêteté nécessaire pour une telle tâche. Du fait que la métaphore ne donne aucune indication de son existence, elle mène l'homme sur les terrains mouvants de l'erreur d'interprétation.

En fait, l'utilisation d'une métaphore dans une description objective de l'être et de ses modifications caresse l'intention de faire prendre l'image pour la réalité. Et c'est toute la malhonnêteté du procédé.

Débarrassé de son contexte de création, la métaphore passera pour la réalité du concept, et introduira l'homme qui en aura accès dans l'erreur de son interprétation.

L'homme ne sachant pas qu'il s'agit d'une métaphore confondra l'image avec le concept originel.

C'est pourquoi l'utilisation de métaphores doit être réservée aux fables présentées ouvertement comme tel. Cela permettra enfin à l'homme, d'approcher la vérité improbable des concepts exposés à sa cognition, et ceci dans une vaste étude sans artifices de l'Etre, et de se former à la conscience absolue, concept illusoire mais tellement bénéfique à l'espèce humaine...

La terrifiante essence du sentiment amoureux

Aux lendemains d'une ère bestiale
Imprudente tenue
Le réflexe de la vie
L'accouplement comme un leurre

L'honorable tyran ne permettra pas
Qu'en ses murailles deux être se touchent
Autrement que pour instituer
L'ultime génération

Capitulation de la bévue animale
Honorez votre condition de dieux
Persécutez votre organicité
Et prononcez votre foi en le Surhomme naissant

Après de rudes rixes anxieuses
Libérés des instincts idolâtrés de vos ancêtres
Vous serez accueillis en maître par le roi de céans
L'éphèbe asexué, qui rit plus que ne pleure

Malgré cela
Evidemment un souhait de cavalier impuissant
Qui ne vit plus que pour démontrer
Qu'il est l'extremum de l'homme en travers

Un jour vous reviendrez sur vos pas
Et sur vos ultimes actes vous jetterez
Un regard froid et impartial
Qui saura extraire la véritable sève
De cet amas de gesticulations inutiles

Alors, enfin, vous oserez savoir
Ce qui réellement compte dans ce monde
Le bonheur comme dernière fin
Le bonheur qui s'enroule autour des attendus

Mourant, vous implorerez sans cesse
Pour que revienne les instants passés
Parce qu'à l'orée du néant reconstitué en vous
Vous prendrez peur

Seulement si
Vous n'avez pas eu à l'égard du chaos
Toute la tendresse qu'un enfant a pour sa mère
Ou une mère pour son enfant

La création, bien des fois
Au détour d'une multitude d'occurrence de tous types
Se confond avec le créateur
Et parviens à tromper même les entendements acérés
En leur parlant comme à des dieux

Ruines

Ce qu'il y a de plus déroutant en Grèce, depuis longtemps, c'est la juxtaposition désordonnée de symboles de la grandeur extatique passée et de traces omniprésentes de la religiosité actuelle.

Il est difficile de comprendre comment une civilisation, aussi avancée en ce qui concerne la spécificité de l'illusion du sens de la vie, a bien pu dégringoler ainsi vers les ténèbres d'une absconse survie matérielle affichée.

Car il est clair que la Grèce d'aujourd'hui n'a plus rien à voir avec la grandiose civilisation antique qu'elle a été. Au regard de l'antiquité, elle semble même rongée d'un mal pernicieux, qui amène ses habitants à survivre petitement.

Et cette gangrène morbide semble être apparue en parallèle à l'arrivée dans les contrées helléniques de la subversion monothéiste.

En annihilant le fragile équilibre régnant entre la matérialité du corps et la spiritualité des arts, le monothéisme a projeté le peuple hellénique dans les profondeurs d'une attitude désinvolte et prostrée face à la complexité, croissante apparemment, de la vie.

Les anciens grecs avaient établi leur société sur des bases solides qui était suffisamment ancrée dans un imaginaire fécond pour qu'elles ne puissent pas entraver la bonne marche du bonheur profondément fondé.

En fait, les anciens grecs tenaient pour acquis la place idéalisée de l'homme dans l'univers, ils en retiraient une ironie, protectrice des tourments issus des vicissitudes apportées par l'étalement du déroulé chaotique de l'Etre.

L'expression d'une gravité redondante, à l'égard de la position dite majestueuse du fils d'un seul dieu, dans le jardin fructueux dont la jouissance lui est offerte par ce père si emprunt de paternité, s'oppose intensément au détachement indiqué par la multitude de divinités, qui débarquent, une à une, pour résoudre cette préoccupation face à un certain type d'adversité.

Alors que le polythéisme implique un détachement manifeste, à l'égard de l'adversité rencontrée par ceux qui ont décidé d'y dédier leur vie, le monothéisme suscite chez ceux-ci l'apparition d'une gravité intense dans l'approche qu'ils ont de la vie humaine.

En clair, les fervents adeptes d'un monothéisme fort se construisent une illusion plus grande encore, et bien moins bénéfique, que celle acceptée par les polythéistes, l'illusion de la faute originelle, proprement humaine, de laquelle découle l'ensemble des déboires rencontrés dans une dure réalité, et dont la cause à l'origine est un acte mauvais prodigué par la femme ancestrale.

Les polythéistes, eux, vivent grandement.

En déléguant leurs angoisses aux effets de simples actes d'une cohorte d'êtres imaginaires, qui peuplent la nature idéalisée de leurs entendements, ils se permettent de vivre, dégagés du désarroi originel sans avoir à se rendre coupable de quoi que ce soit.

Si, comme je suis de plus en plus souvent amené à penser, les hommes ont besoin d'une religion pour parvenir à extraire de leur être la dynamique qui les fait vivre, ne vaut-il pas mieux choisir une religion de l'action, de la lutte et de la danse, au lieu d'une religion de l'ascèse et du pardon ?

Le polythéisme a ceci de supérieur au monothéisme, qu'en faisant naître des passions au sein de la communauté des dieux, il provoque, il agite, la perception bénéfique qu'on les hommes de l'Etre.

Ceux-ci reconnaissant en les dieux leurs travers et autres défauts, il n'est plus question de diaboliser ceux dont les actes inspireraient de les écarter de la société. Au contraire chaque homme qui agit, au lieu de se morfondre de sa triste position de descendant du coupable originel est, à l'égal des dieux, toujours plus intensément humain, même si ses actes peuvent déboucher sur son éviction de la société.

Chaque homme est, dans ce cas, habilité à faire usage de toutes ses pulsions pour concrétiser une option originale, pour vivre sa vie.

Il est ainsi, plus que libre, dégagé des possibles tentatives de la morale de castrer ses instincts puissants, heureux de pouvoir agir, heureux de tenter l'originalité créatrice.

Il vit alors dans les hauteurs de ses possibilités parce qu'il vit de tout son être.

Délicieux ennui

*Mon ennui ne transparaît qu'au travers de
Ma langoureuse envie de clôturer
De terminer, de mettre fin
A cette aventure qui m'a tant usé*

*Un jour prochain, plus proche encore
Viendra l'anéantissement de ma volonté
Celle qui m'a tant servi, et qui me sert encore
A repousser l'échéance, sublime, monstrueuse, valide*

*Pourquoi est-ce que j'accepterais
Je me plierais au bon vouloir de ceux qui
Dans leur inconscience ne veulent rien d'autre
Que vivre avec des illusions
Mais vivre*

*Si moi aussi je parcours la quête de la félicité
C'est que je n'ai aucun doute sur
La formulation de l'évidence même des attentes humaines
Vivre non pas
Plutôt vivre heureux*

*Et pour vivre ainsi nul besoin de vérité
Nul besoin de raison, nul besoin d'absolu
Un seul souhait, le plus intime
Des instants de bon heur qui s'élève vers les cieux*

*C'est pourquoi en ces temps d'occupation intense
Si un seul être a le temps de ses attentes
Sans doute il ne résistera pas longtemps
A l'engloutissement du néant alentour*

*Et il n'aura jamais l'honneur d'apercevoir
Dans l'autre, bien occupé
La sorte d'image transposée qui fait plaisir
Celle de sa raison partagée*

*Ainsi mal en a pris à celui qui
S'est aventuré aux portes de la raison abstraite et absolue
Il va le payer de sa vie
Avant l'heure qui aurait pu
Lui être auparavant et de manière concrète prévue*

*Je ne sais plus rien de ce qui
Fait vivre ou mourir les gens
Mais la preuve insidieuse et pure
De mon être particulier
Me lance jusqu'à me pousser à souhaiter
La résurgence de mon propre et désolant ennui*

Le juste équilibre

Avant d'élaborer l'armature structurelle de quelconque morale, il faut chercher à établir le rapport entre la raison et l'imagination que l'on veut voir appliqué à l'éthique recherchée.

C'est ainsi que, ayant à l'esprit les divers essais tentés dans le passé, nous nous trouvons en l'état de défendre qu'une part d'illusion puisse prendre part dans les projets officiels de la morale ainsi élaborée.

Un juste équilibre entre le rationnel et l'irrationnel peut ainsi apparaître comme le fondement d'une morale dont le bonheur pour tous sera évidemment l'ultime finalité.

L'entendement humain, malgré son apparente attirance des effets étonnants de l'application de la raison sur certains aspects de la réalité, ne peut apprécier formellement les conséquences froides de l'intervention despotique de la raison dans de nombreux domaines.

Et c'est surtout vrai dans ceux ayant une implication importante dans les aspects esthétiques des éléments du parcours vital de l'individu.

En d'autres termes, l'homme ne peut estimer positivement ces éléments de sa niche environnementale qui font appel, pour leur construction, à une raison froide et sans exception.

En fait, l'homme a besoin du recours aux illusions, pour se sentir, en sécurité, protégé des aléas du chaos derrière ces barricades, ces armures de la compréhension que sont les créations irrationnelles.

Si bien que nous prenons conscience de la valeur indispensable des illusions pour effleurer de l'entendement un profond bonheur. Il faut donc en tenir compte au moment de la création des prémices d'une morale réformée.

Mais à partir du moment où nous avons conscience de la nécessité de la présence de certaines illusions au sein des fondations de la nouvelle morale, ces illusions ne changent-elles pas profondément de définition ?

A partir du moment où nous consentons à la présence opportune de ces illusions, ne venons-nous pas d'en épurer l'essence ?

La définition de ces ersatz d'illusion, comprenant qu'elles soient toutes consenties officiellement comme telles, permet d'en faire de nouvelles entités, honnêtement présentés aux entendements, et qui par cela perdent leur valeur d'attributs traîtres de la raison.

Au contraire, elles deviennent ainsi les garants d'une honnêteté affichée envers la position inopportune de l'homme dans l'Etre.

Ainsi, en acceptant consciemment la réalité de ces illusions, et en n'oubliant pas d'en informer les étudiants, on aura réussi la difficile gageure d'obtenir, à partir d'un juste équilibre entre le rationnel et l'irrationnel, les fondements d'une vue honnête de la condition humaine, susceptible d'entraîner les hommes, qui choisiront d'y participer, dans une quête effrénée d'un profond et durable bonheur.

Aussi est-il indispensable d'éduquer les consciences pour qu'un tel état de fait devienne plus que plausible, probable, et qu'une nouvelle morale ressorte de cet amas de conjecture.

Et qu'enfin la recherche d'un bonheur complet puisse apparaître, non pas comme un des éléments corroborant les effets d'une morale résignée, mais comme la seule et unique quête devant être reconnue comme telle.

Le doute absolu

La Route abrupte

Doute extatique et infâme

Je m'étais avancé trop en avant dans ces contrés dangereuses, dangereuses par la libre pensée qui y avait cours. Je m'étais laissé porter par la vive attente de l'unique vérité, celle du temple.

Mais malgré la douce impression de m'être fourvoyé dans l'inacceptable, je savais qu'il était trop tard pour faire demi-tour.

Jusqu'à maintenant personne n'était venu à ma rencontre, seulement jusqu'à maintenant. Car au moment de mon doute extatique, s'avance vers moi un être que je décide de lier pour toujours à ce désordre mental qui m'habite pour un temps.

Il s'avance vers moi.

Les guenilles qui le recouvrent à moitié semblent vouloir me raconter son histoire passée. C'est un ancien religieux qui me parle maintenant.

« Sais-tu ce que tu comptes faire maintenant que tu as tout fait pour anéantir l'homme ?

Tu as tout organisé pour enlever à l'homme son plus grand allié, sa propre puissance de vie. Tu le laisses seul et désespéré. Depuis l'instant où tu lui as révélé la stricte vérité, tu lui as ôté sa plus grande source de bonheur, la seule. Depuis ce jour, tu as enlevé à l'homme ses illusions.

Tu as voulu faire table rase de toutes les structures imaginatives sur lesquels l'homme avait durablement basé toute son esthétique de vie. Les délires de l'imagination au secours du vide métaphysique se sont révélés être inadéquats dans ton nouveau système.

L'homme s'est retrouvé en contact direct avec la triste réalité, l'infâme réalité. Mais qu'attendais-tu de cette confrontation ?

Il n'est pas certain que tu ne t'attendais pas à un tel résultat. Mais tu as pris le risque d'anéantir la volonté de puissance de l'humanité entière.

Maintenant tout va se reconstruire comme avant. Que de temps perdu ! Et pour quel résultat ? Seuls restent ceux qui ont eu la chance de ne rien intégrer, ceux chez qui la volonté de vie était la plus forte, les non-conscients.

Car la conscience s'est révélé être le plus atroce des moyens d'anéantissement qu'il soit possible d'imaginer. La conscience pure de la condition humaine est la pire des armes contre l'être humain.

La vie consciente n'est pas viable.

Maintenant que tu as découvert cette absurde évidence, et que tu l'as définitivement mis à l'épreuve de l'expérience, que vas-tu faire ? »

Devant un tel être, il est des actes absurdes qui vous viennent aux mains. Comment oser affronter de visu un tel démonstrateur ?
L'erreur absolue avançant le fait de la démesure de l'objet convoité, j'ai peine à imaginer un autre objet titulaire de toute ma volonté d'action. Mais je réponds à mon âme.

« J'ai tenté de mettre en accord, dans le bonheur, les illusions et la si triste réalité, j'ai peut-être échoué. Mais que peut-on me reprocher ? Certainement pas d'avoir modifié l'état de fait. Peut-être de l'avoir mis à jour. Mais comprends-tu que cela devez arriver ?
La conscience des hommes n'a eu de cesse d'élargir le cercle de ses objets de connaissance. Arrive le jour où elle lève enfin le voile sur la si pénible vérité, la place inopportune de l'homme au milieu de l'Etre.
Et tout ça pour assouvir mon besoin primaire de particularisme, la première dynamique...

Maintenant que tout est dit, il est encore temps de reconstruire quelque chose de nouveau à partir du vide reconnu comme tel. Erigeons les fondations d'une cité bleue, berceau de l'humanité supérieure naissante. Préparons l'arrivée imminente de la Surhumanité, humanité enfin devenu conscient.
Car l'aube de la Surhumanité est dorénavant en marche, à partir de l'instant où l'humanité entière s'est réveillé de l'engourdissement qui l'a tenu durant tout ce temps, l'action dénuée de sens.
La conscience de l'Etre, enfin révélée, permettra à cette nouvelle humanité de prétendre à l'Olympe sur terre.
La Surhumanité sera, dans un futur proche, le summum de l'humanité consciente révélée à elle-même...»

La force abstraite

Je veux déduire de l'ensemble de mon œuvre une esthétique viable.

En avançant au plus profond de ma raison, j'ai découvert l'antre d'une réalité définitivement inopportune, et elle m'est restée collée aux pupilles de l'entendement.
Cet antre n'est autre que la vision d'un avenir peu glorieux, un avenir fait de fantasmes élaborés en arguments irrévocables, un avenir méprisables et sans aucune référence à l'Absolu.
Alors pourquoi continuer à survivre de la sorte ?

La force abstraite qui m'a conduit à tant redouter la trivialité est la même qui en ce jour maudit m'amène pas à pas à jouir de l'absurdité de l'Etre, absurdité pour une conscience apte à reconnaître les traces de l'immensité infinie. Mais qu'y puis-je, moi qui ne suis en tout et pour tout qu'un amas de chairs putrescibles ?

Il se pourrait qu'un sursaut d'instinct de conservation me fasse pénétrer dans l'archipel sordide des multiples folies humaines. Mais je résisterai autant que faire se peut. Je ne veux pas donner raison aux ennemis intime de la raison, à ceux qui sans sourire prétendent lever le doute sur la continuité des consciences.

Je suis donc condamné à errer dans les méandres de ma conscience révélée au monde des hypothèses.

J'ai cru apercevoir une cité radieuse, une cité bleue, écartelée entre le bonheur d'être l'ultime cache du Surhomme et la sordide impression d'être à la rencontre de deux délires. J'ai cru l'apercevoir la belle, la sublime cité de saphir.

Mais mon œil avait élaboré tout cet amoncellement de force positive sans le secours de ma raison, et mon orgueil a été rapidement brisé par les affres d'une réalité bien moins optimiste.

En outre, la notion de Surhomme, dont la venue était attendue depuis si longtemps, s'est heurtée au désir initial de l'espèce humaine, à savoir l'heur le meilleur dans l'instant immédiat.

En adoptant absolument les excès de cette dynamique vitale, comme autant de leurres métaphysiques, l'homme s'est définitivement éloigné de la simple possibilité d'accéder un jour aux bases annonçant l'imminente arrivée de la Surhumanité. De fait, celle-ci nécessite préalablement l'exercice d'un labeur qui ne se reconnaît aucune occurrence dans les vues intimes des hommes vivants.

L'homme voit ainsi reculer sa propre possibilité d'accéder un jour au niveau du Surhomme, au niveau du demi-dieu incarné.

Alors que s'annonce un avenir trivial et mort-né, j'estime être le seul encore assez fou pour espérer l'annonce de l'érection des fondations de la cité bleue, celle qui abritera les enfants qui deviendront avec l'âge de vrais Surhommes, de vrais hommes conscients absolument de l'Etre.

Je le dis et le répète, il faut espérer que la nature de l'homme renferme en son cœur le germe d'une humanité supérieure, et que ce germe sera dans peu de temps apte et prêt à se développer.

Il faut croire en l'avènement d'un homme conscient de son environnement et des doutes qui régissent le fonctionnement de l'Etre, un Surhomme capable d'intégrer le vide métaphysique et d'en extraire une force nouvelle, une force abstraite.

Dés lors, lorsque le plus grand nombre d'êtres humains aura intégré cette dynamique, apparaîtra au cœur de l'humanité un nouvel homme, supérieur par sa conscience élargie à tout le processus chaotique.

Ce Surhomme n'aura de cesse d'enseigner aux autres les clefs de la Surhumanité. D'une humanité décadente, on passera ainsi à l'immense bénéfice d'une humanité supérieure, à la Surhumanité.

Découleront de ces temps glorieux où l'homme cédera sa place au Surhomme, des flots remplis de l'heur le meilleur et le plus opportun.

L'appel

J'étais assis simplement chez moi. J'avais la conscience distraite par la communion de mon corps et de l'espace qui l'enveloppait.

Doucement, mes pensées tournaient autour de moi sans vraiment me toucher.

Je crois que dans la solitude qui glissait tout contre mon âme, je n'avais pour autre but que d'exister en cet endroit, en cet instant (chez moi, la promiscuité du lit et de la table alourdit le cosmos pour ma seule perception). J'étais seul et j'ai entendu un appel soudain.

Une immense fissure s'est ouverte, déchirant le sol juste devant moi. J'y ai cru reconnaître une invitation à déserter. Mon image transposée m'a demandé d'annuler le charme.

J'ai voulu me jeter dans ce trou pour corriger toutes les valeurs floues, incertaines et répugnantes qui m'entouraient de beaucoup trop près. J'aurais eu à mes cotés un outil, j'y serais parvenu, peut-être un peu trop vite.

Je suis là pour décrire ce que j'ai vu et non pas l'infâme épaisseur de mon âme. Je peux crier maintenant devant ce qui m'effraie. Je peux toucher, sentir ce qui m'entoure, construire des soi-disant probités qui m'amusent encore.

L'appel reviendra encore souvent et je l'attends.

Une vague s'approche de la côte en tirant à elle toutes les choses éphémères qui se produisent alors. Elle s'approche encore indemne, puis les rochers la déchirent et enfin elle s'allonge sur le sable.

Je suis sur le sable en face de la matérialisation de la trace qu'elle a laissée dans mon esprit. L'un des rochers se fissure encore et de l'eau paraît.

L'appel est toujours là.

D'après lui il faut que j'y mette fin, maintenant, simplement.

L'Eloge De la Contradiction

Je suis immortel. A ma connaissance, tous les hommes sont immortels.

La prise de conscience d'une absence momentanée de conscience fait suite à l'instant où l'individu recouvre justement sa conscience.

La perte de la conscience est l'anéantissement de l'humanité dans l'entité homme, cette conscience recouvrée au moment de la reconnexion cohérente de l'être dans son entourage (en sous-entendant que la cohérence soit l'effet intrinsèque de la conscience) réhabilite l'entité déshumanisée en tant qu'homme.

Ainsi, la conscience de l'homme ne peut comprendre son anéantissement que rétroactivement.

Ma mort m'est intégralement étrangère.

Je suis immortel.

Qu'est ce que la mort des autres ? Une absence de l'entité, la dégradation irrémédiable de cette entité, l'impossibilité définitive d'une corrélation entre la conscience du mort et la mienne, une corrélation asynchrone ou bien décalée dans le temps.

En fait, il ne semble pas y avoir de concepts tangibles rassemblés sous la dénomination grossière de « mort chez les autres ».

Dès lors que l'autre est compris et intégré dans ma propre conscience, l'anéantissement de l'autre, sa mort, est validée dans deux cas, l'érosion complète, l'anéantissement de la trace inscrite dans ma conscience, ou bien l'anéantissement de ma conscience entière, ma mort.

Seulement, je suis immortel, et le concept qui comprend l'idée d'une disparition totale de l'empreinte de l'autre en moi est bancale : l'autre n'est que s'il imprime son existence en moi. Il ne peut y avoir de mort chez les autres s'il n'y a pas d'autres. Si j'ai la mémoire d'un autre que moi, pour moi il n'est pas mort. Si je n'en ai pas, il n'y a pas d'autre.

Il n'y a pas d'entités n'ayant pas d'existence en moi. Il n'y a pas d'entités autres que celles observées dans ma fenêtre d'étude. Je suis immortel et tout ce qui est l'est avec moi.

Par cela une évidence s'affirme. Je suis l'origine du repère qui sculpte la cohérence que ma conscience trahit.

La logique qui modèle la cohérence de ma réalité vécue est une application de mon échelle de sensibilité sur la substance en totalité.

Je ne devrais plus rechercher, pour effleurer l'absolu, un concept nouveau dans l'infiniment petit ou l'infiniment grand, mais simplement dans l'infini à mon échelle de grandeur. Et c'est la conscience de cette totalité indescriptible qui, inscrite en moi, m'informe de mon prochain anéantissement éventuel.

Il est clair que devant l'étendue du néant qui se dévoile à ma sensibilité, encore une fois mon instinct de conservation a déclenché l'irruption de l'imagination dans mon raisonnement. Aussi, entre ma raison et mon imagination, s'installe encore pour longtemps les prémisses d'un combat que je peux imaginer sans pitié.

Tout n'est que croyance, croyance dans des concepts simples qui cherchent à systématiser ce qui est.

Or, il me semble que la compréhension d'un système ne peut se réaliser que d'un point d'observation situé à l'extérieur de ce système. Aussi, malgré toutes les tentatives que j'effectue pour m'extraire de ce conditionnement, je me sens désespérément prisonnier de l'existence.

Le voyage hors de la cohérence de la substance ressemble fort à de la folie, l'anéantissement facile de la conscience...
Misérable « je veux »...

Je pars, si doucement que...

Je suis en train de mourir. Je m'en suis aperçu alors que tout semblait correspondre dans mon esprit, dans mon corps sain. J'ai eu la révélation de ma propre décrépitude, l'impression prenante que tout mon corps partait en charpies.

Et c'était vrai, mon corps se décomposait à si lente vitesse que mon impression était floue, mais il était en train de partir par petit bout, de se flétrir, de disparaître comme il était apparu.

Comment accepter de disparaître, de s'anéantir au bout du compte ?

J'ai la connaissance de la raison invoquée par le pan majeur de l'humanité, que c'est un phénomène normatif, mais qu'en ai-je à faire des normes quand c'est de ma propre disparition qu'il s'agit. Je ne veux décidément pas mourir. Je ne veux pas disparaître de la vie, de la réalité, du chaos...

J'ai le droit à quelques années d'émancipation pour m'accomplir dans les actes dictés par le chaos au travers de mon entendement. Je n'en veux plus, je veux l'éternité, je veux la vie éternelle, et je l'obtiendrai. J'ai tant de choses à faire...

Au lieu de cela, je m'applique dans chaque seconde à parfaire mon intime disparition. N'y a-t-il pas des raisons d'être désespéré ?

Il y a des questions qui ne trouveront de soi-disant réponses que dans les affres d'une religiosité évanescente, dans les méandres d'une croyance en l'éternel. Mais en suis-je arrivé à croire en... je ne le pense pas...

Je veux avoir la ferme conviction que tout ce qui nous entoure contient un sens qui est condamné à rester hors de notre porté. La vie s'implique dans des événements dont le sens reste à découvrir. Elle ne semble pas suivre un but supérieur. Si ce n'est peut-être la persévérance de l'Etre dans son être.

Mais pourquoi ?

L'antre de ma désillusion

Je me suis remis à travailler. J'ai, en ce 22 novembre 19... repris le chemin de mon Acte. Accusé par le côté moite de mon cerveau d'être superficiellement mégalomane, incité violemment par la cambrure de mes instincts à réaliser mon insertion sociale, j'ai décidé de pénétrer à nouveau l'obscure cité de ma raison.

Il y a de cela au moins dix mille ans, j'ai réalisé l'exploit calligraphique d'écrire la phrase suivante : "Quelle monstrueuse vérité ai-je construite qui n'est pas déjà imprimée dans un livre ?"

Aujourd'hui, j'en tire les conséquences. La dite vérité est une pensée qui anéanti l'écrivain. Cela est tellement évident, aucun livre, aucune réminiscence des investigations passées, seulement le vide d'une dernière orgie dévastatrice.

Dorénavant je me plonge avec lassitude dans l'Acte en attendant ma désertion prochaine, une désertion de titan, une désertion de lâche.

Comment pourrais-je parfaire mon établissement en tant qu'homme unique ? Comment me contenter de mon clonage infantile et dément ?

J'hésite trop souvent au rythme irrégulier des inspirations de ma conscience. Il m'est impossible de mettre en branle un Acte expérimentateur, attardé à tous les aléas par un corps gorgé de signaux qui s'entrecroisent et se bousculent.

Seulement si un seul jour mon corps pouvait cesser de répondre à ma sensibilité pour se dégager de son emprise et se réfugier dans le cercle raisonnable de mon entendement, alors je pourrais contempler l'Etre avec rigueur. Mais ma condition d'homme n'en a que faire des mots vides de sens réels.

De tels mots n'auraient jamais du naître dans l'esprit des animaux, ce sont les mots d'un dieu. Esprit soudain mystique !

Ma quête est celle d'un Surhomme, et je ne suis là qu'à en imaginer la probabilité d'une existence future. Au lieu de jouir de mes sens qui m'obsèdent et me terrifient, je joue au Surhomme, dégagé des accès de sa raison à la réprimande de son animalité.

Le Surhomme sera encore un animal, plus que cela, ce sera un animal retrouvé qui refusera la conscience destructrice pour se replonger dans les délices de la brute.

Un être qui aura compris que la conscience du néant ne mène qu'à l'autodestruction, et qui fixera dorénavant sa préférence à l'imitation des animaux plutôt qu'à celle des dieux.

Ce Surhomme est l'antre de ma désillusion.

De l'imagination et de la déduction, les deux dynamiques opposées de l'entité conscience, leur égale proportion est fondamentale pour l'humanisation de l'animal.

Mais seul l'être déduction conduit à la souffrance en s'asservissant au cause à effet. (Alors, peut-être que le mythe est un moindre mal, et que les seuls êtres conscients qui survivent sont ceux qui ont choisi sinon le bon, le moindre mal.)

Amis Surhommes, laissez-vous aller à l'illumination, plaisez-vous à inventer de tendres fables, jouissez de vos délires imaginatifs, vous êtes les derniers animaux conscients de l'évolution.

Et voilà que par un savant mélange de mots obscènes et vides de sens, je suis parvenu, non sans aucune fierté, à introduire au sein de vos consciences aguerries le mythe du Surhomme religieux.

Ne me remerciez pas et laissez-moi tresser de mes faibles mains blafardes le filet jaunâtre de mon dégoût de vieillard…

De l'heur le plus opportun

Quand bien même il serait faux de penser cela, j'ai la ferme conviction que cet homme devant moi est là pour me faire du mal. Il est de ceux là qui ne savent pas pourquoi il pense, mais qui réfléchissent à tort et à travers aux choses qui leur semblent passibles d'un certain intérêt.
Voilà qu'il s'adresse à moi en ces termes :

« Dis-moi, toi qui cherche à tout prix à réformer le système de pensée des êtres humains, qu'est-ce qui justifie ton acte ? N'y a-t-il pas de bonheur à se fourvoyer dans un système inadéquat, système utile et nécessaire pour la joie qu'il apporte ?
Ce que tu cherches n'est ce pas le malheur des hommes ?
Que tu leur ôtes leurs illusions est déjà une grave entrave à leur bonheur, mais que tu les remplaces par l'ignoble vérité, cela est définitivement un acte dangereux pour l'équilibre des raisons humaines.

Tu proposes un système froid, un système de titans, prêts à mourir pour la quête de la vérité. Alors que tu t'adresses à des hommes, juste des hommes qui veulent vivre en toute quiétude, débarrassés des affects du vide métaphysique qui les contient.
N'as-tu pas donc failli à ta tâche ? Toi qui devais leur apporter le bon heur pour leur permettre de vivre comblé. Tu t'es adressé à des Surhommes sans t'apercevoir qu'il s'agissait en fait de simples hommes.

Ton système a apporté la vérité sans ménagement. Alors que le désir le plus intime de l'homme médiocre est la vie sans question, la vie tout simplement.
Tu t'es aperçu à tes dépends que la vie consciente n'était pas viable.
Regrettes, regrettes maintenant ton œuvre malsaine ! »

Si d'aventure il vous vient à l'esprit d'écarter un tel démonstrateur, répondez-lui vos plus intimes convictions, contez-lui vos prétendus désirs. Il se peut que l'accusateur s'écarte de votre chemin et vous laisse tranquille.
Aussi, c'est en ces termes que je lui raconte.

« O moine du paradis, que ta démonstration me touche le cœur !
En fait tu regrettes la joie naïve que t'apportais la ferme intuition de l'utilité prosaïque de l'Etre. Utilité en rapport avec ton propre bonheur, utilité qui te semblait opportune parce que nécessaire à l'équilibre de ton fort intérieur.
La vie consciente n'est pas viable, alors que faire de cette conscience qui s'ébat violemment aux abords de ses propres possibilités pour toujours progresser ? La laisser s'anéantir ou bien prendre en compte cet état de fait pour ébaucher les fondations d'une humanité supérieure, une humanité de titans, la Surhumanité.
Et même si le départ vers la supériorité de son être n'est pas sans danger pour l'heur le plus convaincu, la démarche vacillante va aller en s'équilibrant de plus en

plus, jusqu'à atteindre la perfection de l'allant fier des nouveaux guerriers Surhumains.

II faut avoir le courage de se violenter pour atteindre l'extase de la perfection.

Alors que dire de tes velléités de vieillard ? Tes peurs, elles, sont inopportunes dans de tels cas.

Qu'as-tu à rire de la profondeur triste de mes propos ? Ils sont ce qu'ils doivent être. Et on n'a peu de rire face à l'immensité de la tâche.

Au lieu de la bonne nouvelle que certains ont eu le mérite d'enseigner, je propose enfin la vérité qu'il sera difficile d'ignorer.

L'unique vérité de la place inopportune de l'homme dans l'univers sera la vérité du Surhomme, supérieur dans sa capacité à intégrer la terrible nouvelle et à en faire le ciment liant les blocs fondateurs de la nouvelle cité bleue, la résidence pour un temps donné de la Surhumanité.

Alors vieillard, tes rires sont voués à l'oubli, pour que naisse la conscience intime de l'Etre, et que la place inopportune de l'homme dans l'univers soit exposée aux regards transfigurés des nouveaux hommes supérieurs.

Et qu'ainsi naisse la Surhumanité. »

Un parfait individualisme

Quelques fois me parviennent des bribes d'une compréhension qui ne m'enthousiasme guère. Elles coïncident avec une tentative avortée de déploiement à l'extérieur de moi, une sorte de naissance désavouée, remballée, et contrainte à produire les propres bases de sa disparition.

Perdue entre l'élan fabulateur de la poésie et cette terrible raison humaine. Un être individuel qui se recherche, désespéré, dans la ressemblance à l'autre.

Là se pose l'ultime problème de l'existence. Moi, et l'autre, je ressemble à trop d'identités qui se défendent comme moi.

J'ai tenté de jeter sur le gouffre obscur de ma conscience raisonnée un semblant de couvercle structurel, en fait la recherche d'une autre fable plus prompte à me réconcilier avec les affres de mon imagination fertile.

Me sentir comme un autre, ou plutôt trouver le courage de comprendre l'autre comme un autre que moi, hors de moi. Je me suis emballé en croyant pouvoir défier mon essence vitale par le parfait individualisme, celui qui résume tout ce qui est en soi, seul, complet, une telle évidence absurde.

Comment se comprendre à la fois soi et les autres, soi et le reste du tout, prisonnier d'un des individus, ébauchant un contrôle de la matière, de la réalité ?

Perdu dans une quotidienneté redondante, jusque chez l'autre.

S'impose à moi, dorénavant, la juste réaction qui va me faire chercher de nouvelles relations intimes avec l'élan-vers. Vers l'accomplissement de mon être, vers le résultat probant de mon existence, vers la vie, vers l'autre, vers moi.
Je peux me reconnaître la possibilité d'y parvenir avec le succès escompté.
Comme je peux accepter la révélation de l'autre dans ma progression vers un semblant de bonheur qui existe, qui me fait et me fera toujours, à chacun des moments de mon parcours, exister, exister au dehors, déborder de mon espace intime.
L'heur s'imposera ainsi qu'il aura été recherché, avec autant de pertinence, semblable à l'esprit de sa quête.
Quand un empereur impose à ses fidèles courtisans de se prosterner vers la représentation de son propre délire imaginatif, il leur fournit tous les outils qui les mèneront vers l'exaltation de leur propre vie.
Il leur propose de devenir les demi-dieux de son olympe, il provoque la possibilité de leur bon heur. Alors pourquoi ne pas s'immiscer dans cette sorte d'élan, dans ce genre de pouvoir être-vers, au travers de l'autre, des autres ?

Combiner son besoin d'une structure du raisonnable avec la matière de l'imagination, la matière meuble de son bon vouloir.
Accepter de s'insérer dans un système caduc, et accepté comme tel, mais tellement agréable. Quelque chose comme de la lâcheté extrême de sous-homme, en suis-je capable ?

Evidemment non.

Beauté adolescente

Si près de la dénaturation que j'en ai les larmes aux yeux, je m'approche encore un peu du vide métaphysique qui attend, tapi dans l'ombre, que mon heure soit venue. Je m'en approche et je l'effleure. Je le touche, le soupèse. Il n'y a rien de plus atroce à mes yeux que cet enclos qui nous contient.
Qu'est-ce que cette enveloppe corporelle renferme ? Je doute qu'il s'agisse de quelque chose de probant. Je ne sais que choisir entre la résurrection chrétienne et la réincarnation bouddhiste. Je...
Par delà les espèces, par delà les genres, subsiste une entité si fragile, celle de ma conscience. Elle est pour un instant dans l'éternité, et il faudrait que je m'en suffise.
Je me sens immortel mais tellement en phase avec la déconsidération de l'être humain. La vie consciente n'est pas viable, mais la vie consciente est une fatalité pour les derniers humains. Cela va bientôt finir, cela va bientôt disparaître dans la folie de l'autosuggestion.

Je. Je ne sais pas quel avenir se prépare, mais je l'entrevois noir comme l'antre de l'ogre qui me dévore de l'intérieur.

Aussi perdu, qu'il subvient aux tortures de l'âme, que sont les religions, de rester actives même pendant les jouissances d'une enveloppe corporelle qui part en lambeaux.

L'homme abstrait est l'avenir de l'homme. Il suppose l'éviction totale des attaches religieuses ou raisonnables de celui-ci à l'univers qui l'a fait naître. C'est dans la démesure d'un concept abstrait que l'homme puisera la force nécessaire pour se relever et s'avancer vers les nouveaux dieux.

L'heur le plus opportun possible sera la seule entité qui provoquera encore la révérence des foules. On ne se prosternera plus que devant l'accomplissement heureux d'actes en actions.

La seule opportunité valable est donc celle qui amènera l'homme à s'abstraire de toutes les contingences de l'Etre. Ainsi libéré, il pourra enfin s'accomplir dans l'acte suprême et supérieur, celui de vivre délibérément conscient de sa position inopportune dans la substance, l'Etre infini, l'univers matériel.

Un jeune adolescent s'approche alors de moi. Il ne semble pas avoir plus de quatorze ans. Son visage d'ange et son corps de jeune garçon rayonnent d'une beauté pure et naïve. Il est tout prêt de moi, et il me conte son esprit sauvage.

« Dis-moi, toi qui te dit prêt à entrer dans l'aube naissante de la Surhumanité, y aura-t-il de la place pour de jeunes hommes comme moi ? J'envie ta position de précurseur. Tu as tout à y découvrir.

Mais emmène-moi sur tes traces pour que je puisse moi aussi goutter à l'heur le plus opportun qu'il soit possible d'imaginer. Prends-moi avec toi ! Ne me laisse pas seul de l'autre côté de ta jeune frontière.

Tu dis en attendre beaucoup. Mais quelle sorte de récompenses penses-tu te voir offrir ? J'aime à penser que tout ceci n'est pas un rêve, que tu te diriges réellement vers ce qu'il y a de plus beau dans l'univers, l'accomplissement d'un songe d'adolescent.

Alors, ne m'oublie pas ! Permets ma présence à tes côtés, moi qui ai participé à ta construction mentale comme aucun autre ne l'a fait. Non, ne m'oublie pas ! »

Qu'ai-je à répondre à de tels propos tellement encourageants ? Non, je ne t'oublie pas, je t'emmènerai avec plaisir avec moi... D'abord c'est pour toi que je construis pierre après pierre ce concept abstrait du Surhomme.

Il t'est dédié depuis le début. Il ne me reste qu'un pas à franchir et je veux que tu sois à mes côtés pour l'effectuer. Toi, jeune éphèbe, tu es l'avenir de mon propos, tu es le futur de mes actes de prétendant Surhomme.

Qu'il te soit offert chacune de mes découvertes futures ! Dans un écrin du bleu le plus pur, qu'il te soit remis mon absolu, homme à venir !

Pulsation vitale

Au détour d'une fin de sommeil réparateur, mon pur esprit s'est ouvert au perfectionnisme inhérent à l'esprit mystique.

Perfectionnisme que, le soir précédant encore j'avais, du plus profond de ma fierté, exécré, anéanti, présenté à mon entendement comme la pire invention de la nature.

Alors que ce matin là, dans l'épaisseur asphyxiante du cosmos alentour, j'en décris l'irrémédiable et nécessaire construction spirituelle dans un langage débordant de probité.

L'élève du contradicteur se jette à la gorge de sa dérisoire gémellité :

Finalement, qu'est ce qui incite l'animal humain à survivre imperturbablement si ce n'est son attachement au mystère. L'évolution a fait de lui un fabulateur comme elle a fait du fauve un chasseur.

Son adresse à l'imagination, à la création d'image, est sa pulsation vitale. L'homme est à tout moment convié par le hasard des interactions naturelles à accoler au tangible l'immense bénéfice de ses élucubrations mentales imaginatives.

Cela découle évidemment de la particularité inhérente de sa vie, une douce agitation consciente d'elle-même.

Et cela est foncièrement un principe vital. L'être humain se nourrit de mystères. Et comme un enfant, il ne cesse de briser ses strates de jeux, et se doit d'en quérir de nouvelles, plus profondes, pour ne pas cesser de vivre humainement.

Concevoir des inconnus, les digérer, puis les restaurer, indéfiniment.

Viol bleu

Etant parvenu à exister en ce temple dédié aux valeurs ultimes de la révolution, je m'apprête à expliquer mes actes, à les justifier pour la postérité.

Etant accusé d'outrage moral sur la personne d'un enfant, j'aspire à la condamnation à mort pour l'exemple. Car une cité, pour persévérer dans son être, doit être intransigeante avec les personnes de ma caste, ceux qui ont pour ambition de jauger le système officiel.

J'ai violé consciemment sa conscience, je dois donc être puni par une justice implacable.

C'est à moi de parler. Je me lève, m'avance et déclame.

« Vous n'avez pas à juger les raisons qui m'ont poussé à agir ainsi, mais vous devez juger de la gravité de mes actes en regard de la communauté que vous défendez.

Ai-je fauté ? Oui ! A la lumière des lois qui régissent vos vies, j'ai fauté. Mais comprenez bien que j'aie agis consciemment, en connaissance de cause, pour assouvir mon profond désir d'éduquer les consciences morales des jeunes enfants.

Je m'inscris en faux contre l'ensemble de votre système de vie en communauté. Je nie ouvertement être assujetti à toutes vos lois que je refuse en bloc. Je revendique l'appartenance à la loi naturelle du bon droit du plus fort sur le plus faible.

C'est pourquoi je vous ordonne de me laisser libre ou de me condamner à mort, mais de ne pas me condamner à des peines intermédiaires sur la base de la présence, chez moi, d'un dysfonctionnement mental. Je le redis, j'ai agis en pleine possession de mes moyens intellectuels.

J'ai agis ainsi afin de dénoncer la prééminence de la morale judéo-chrétienne dans l'élaboration de toutes ces lois. Car tel est le cas deux mille ans après son apparition, encore.

Je sais bien que la morale à l'origine de toutes ces lois est aussi celle édifiée sous la révolution, mais j'estime qu'elle a été trop influencée par l'inévitable morale judéo-chrétienne.

Le résultat est tel qu'il ne laisse aucune possibilité à tout un chacun pour assouvir ses désirs les plus intimes, ceux qui le torturent jusqu'à le pousser à défier la loi.

Je peux imaginer une société où l'assouvissement des illusions serait la première des intentions de la communauté, et ceci jusqu'à leurs disparitions définitives. J'aspire à vivre au sein d'une telle communauté, et c'est par l'exemple de mon dépassement des lois en vigueur que je l'entends proposer à mes concitoyens.

Cette société, dont je fournis l'exemple, serait viable. Elle devrait préciser simplement la valeur normale de l'assouvissement des intentions les plus profondément ancrés.

Devenus aux normes de la société, ces actes en perdraient de leurs valeurs. Il ne s'agirait plus que d'une formalité à accomplir pour que d'enfants ces êtres passent à la stature d'hommes. Et tout serait au mieux...

C'est pourquoi aujourd'hui je suis devant vous pour vous inciter à modifier ces lois d'inspiration judéo-chrétienne, ou bien à me condamner à mort pour m'extraire de ce système que j'entends renier pour le restant de mes jours.

A vous de choisir, mais je connais déjà votre choix et je comprends que vous hésitiez à remettre en cause la sève de votre vie.

Dés lors, condamnez-moi, mais acceptez tout de même ma conception de la société comme une éventualité plausible... »

Systématiser, conceptualiser, mais passer à l'acte ?

Désert métaphysique

Alors que plus personne ne parle, je suis seul au milieu de mon œuvre. Et j'attends moi aussi l'instant où je perdrai à jamais l'usage de la parole, à ne plus savoir pourquoi parler, à ne plus savoir que dire.

Un autre s'approche alors prés de moi. Aux lambeaux de tissus qui recouvrent maladroitement son corps décharné, je peux deviner qu'il s'agit encore d'un ancien religieux à qui l'on a cessé de céder de la nourriture depuis trop longtemps.

Il s'approche de moi, et c'est ainsi qu'il me parle.

« Es-tu fier de ce que tu as fait, toi qui te dis Surhomme ?
Dorénavant il n'y a plus d'homme, seul des êtres au milieu du néant.

Tu leurs as ôté leurs dignités, ce qui faisait d'eux autre chose qu'un amas de chairs et d'instincts. Tu les as jetés dans la plus profonde des douves de ta soi-disant cite bleue. Ce ne sont plus que des animaux perdus, qui refusent la conscience de peur de se retrouver anéantis à chacune de tes paroles logiques.

Tu as voulu les considérer comme des Surhommes avant de t'être assuré qu'il s'agissait bien d'hommes.

Ce que mes pères avaient construit, ce que tu as maudit toute ta vie, la religion, cette hypocrisie comme tu la nommes, était le plus grand et le seul moyen d'amener ces bêtes à se surpasser pour dominer leur condition.

Leur faire croire qu'il pouvait dédier leurs actes à un être parfait était-ce une mauvaise chose vraiment ? Cela les amenait à construire non pas pour eux-mêmes individuellement, mais pour eux-mêmes, êtres semblables.

Car c'est là la vérité de la religion, relier les hommes pour accroître leur pouvoir sur la matière.

Il était là ton Surhomme, Il était déjà là ton dieu humain, l'entité genre humain relié pour une même dynamique ascendante.

Tu aurais du y penser au lieu de suivre aveuglement ta misanthropie. »

Cauchemar,
Démon compatissant,
Je détruis fièrement la dernière trace de mon désert. Car moi aussi j'ai le droit d'avoir un désert.

Tristan

Malgré les incessantes affections du soleil sur mon corps, j'essaie toutes les nuits de pénétrer la morale par des attouchements morbides.

Moi, un animal retrouvé, je veux pouvoir jouir de mon mauvais état.

Je plonge comme un enfant dans les effluves salés, du plat de ma langue, je lèche, je bois, je baise. Et je me retrouve Surhomme, violé, dans le plus profond des plis de mon épiderme. Je vomis de l'orange par toutes les pores de ma peau.

Je croyais aimer.

Je suis rentré, effrayé, désespéré mais lucide, un soleil brûlé écartelant ma raison comme un vice d'éphèbe. Tout le bleu qui m'avait fui s'étant rassemblé au-dessus de ma tête, j'ai hurlé en arrachant mon innocence de fou, hurlé de douleur, hurlé du plaisir orgiaque.
Apollon enculé par Dionysos !
J'ai encore un goût salé dans ma bouche.
Et j'en redemande.

Et puis, J'ai inondé mon univers sensoriel d'un filet de théorème harmonique, et j'ai pleuré à la première modulation, comme un enfant devant le cadavre de sa naïveté.
Avec tant d'application et de sérieux, j'ai réussi l'anéantissement des valeurs, de la vie, et j'arrive enfin, avec virtuosité, à m'extasier devant le spectacle de la mort par combustion. Soit disant demi-dieu, guerrier sublime, j'apparais pourtant comme un monstrueux mélomane.
Et pourtant lui n'est même pas allemand.
Et pourtant je ne suis même pas allemand.

La si soudaine irruption d'une beauté intangible dans un univers de derme suintant m'a conforté dans ma complète incompréhension des mécanismes du bon heur. Finalement je devrais plutôt m'enfuir, tout détruire, tout construire, ne plus bouger, lécher, écouter, me voir.
Au lieu de cela j'ai pris la très mauvaise habitude de réfléchir avant de vomir.
Je vais finir par me faire du mal.

Tout recommence encore de la même manière, le jour un titan qui s'étale dans le bleu des autres, la nuit un retour en avant.
Je devrais avoir honte d'en parler à moi-même et aux autres, mais je ne connais plus la honte, je ne connais plus les autres, je peux seulement imaginer que je monte, marches après marches, m'asseoir aux cotés de Zarathoustra, le prostitué qui s'offre pour le prix d'une lecture attentive à tous ceux qui le réclament.
Je peux imaginer que la dite vérité est affectée de pulsion guerrière, il faudrait que je tue mon second, celui qui me touche toutes les nuits en criant, en riant.

Ou bien alors il faudrait que je ne tue personne. Ca ne va rien changer du tout, et je vais m'apercevoir que je suis en fait malade, juste malade, biologiquement malade. Et ils vont tous me guérir, et je vais tout comprendre, et je serais un homme juste comme il faut, croyant au moins en la réalité...
Ils vont tous me conduire dans une chambre bleue. Ils vont tous m'allonger, me soigner, et je ressortirais guéri, et je deviendrais un homme.
Et je deviendrais un homme normal.

Désertion

Comme j'aimerais me souvenir de mon rêve de cette nuit dans les plus intimes détails ! J'y aurais vu ma fin prochaine. Cela était si réel au commencement et tellement vraisemblable ensuite.

Et pourtant, j'ai constaté avec facilité que cela ne pouvait être qu'un rêve. J'ai réalisé que ma maison était trop grande, que le nombre des fenêtres dépassait la réalité. Mais à l'instant de mon soi-disant réveil, j'ai voulu nier mon absurde découverte.

Mon premier désir a été de me faire raconter le jour précédant par un ami. J'ai approché ce qui me servait de main lentement vers le téléphone, mais il m'a été impossible de me souvenir de l'existence d'un autre que moi.

Je savais que mon imagination jouait seule, en dehors de l'emprise de ma raison. Je me suis alors levé, et j'ai couru vers la porte de droite, celle qui donne sur la chambre que je n'ai jamais eue. Je l'ai ouverte.

Sur une dizaine de lits, des vieillards se reposaient. Quelques-uns chuchotaient entre eux, d'autres semblaient dormir profondément. J'ai d'abord voulu leur parler de mon rêve, peut-être pour m'excuser d'être là.

Et puis une question m'est apparue comme la seule chose à dire, je leur ai demandé s'ils n'avaient pas vu l'homme abstrait. Cela aurait, je pense, pu être une toute autre phrase, mais la réponse négative à laquelle j'ai eu le droit était évidemment celle attendue.

Le jour précédant, j'avais acquis la certitude d'un départ prochain vers d'autres plaines plus propices à mon émancipation. Là-bas j'aurais pu disparaître simplement.

Je désirais m'extraire de ces lieux répugnants et habités sans y laisser de traces, et surtout pas celle de ma disparition. Je voulais abandonner mes devoirs de vivant car je n'avais rien à gagner.

Je comprenais néanmoins que tout cela puisse passer pour étrange aux yeux de tous ceux-là qui vivent sans le savoir. Il n'y avait pas de détresse dans ce choix, mais aucune personne ne pouvait le concevoir comme moi-même je le concevais, avec évidence.

Et puis pourquoi l'expliquer ? J'allais devenir meurtrier dans un espace inutile, et tous allaient penser à me plaindre.

En fait, consciemment, je m'étais promis de déserter la vie.

Enfants dieux

Levez-vous enfants bleus, allez égorger vos géniteurs, en riant !

Les Surhommes sont tous les enfants chéris d'une mère dominatrice, une fille mère, violée par devoir, avec évidence.
Pourquoi vous roulez-vous dans la misère en attendant un hypothétique bonheur macabre ?
Vous, les dieux incarnés, enfantés dans la douleur orgiaque, ne pouvez que vous élever au-dessus des sous-hommes, ceux qui prient, cultivent égoïstement leurs espérances d'inférieurs, et meurent dans la honte d'une morale décharnée.

Vous, les enfants rêves
Unissez vos forces de guerrier autour d'une seule idée
Dominez comme on met bas : en criant
Vous êtes les dieux aux rêves d'enfants
Des enfants avec une force d'homme
Des enfants rois au sourire adorable
Exigez votre adoration
Tuez, violez, vivez, riez
Incinérez l'âme des autres races d'homme
Races d'impuissants que celle des autres
Races impures, malades, fatiguées
Une seule race survivra, la race des enfants dieux

Et puis, je me lève, jeune garçon, je m'introduis dans les autres comme un adepte de la réalité, croyant jusqu'au dégoût. Comment est-ce que je peux oser parler ainsi en ces temps de mémoire ?
Sombres temps colportés par la pitié des adultes installés. Un jour ils viennent avec leurs rêves de matière, et détruisent scientifiquement un échafaudage spirituel trop pur, trop élitiste, parce qu'ils ne sont pas élus.
Et moi ?
Je suis de ceux-là, ou des autres ?
Je veux la guerre pour acte, je veux la souffrance des autres comme remblais pour supporter ma colonne d'ivoire, qui me parle comme à un dieu. Et puis rien de tout cela n'est souhaitable autre part que dans mon imagination d'enfant.

Un rêveur, un enfant dieu qui rêve de tout, par delà le bien et le mal, rendre spirituel la perception biologique du monde, exister pour de vrai !
Je veux écraser les dieux et toutes ces sortes d'attente, de stagnation. Ce dieu est un monstre, c'est une invention lamentable pour freiner la puissance créatrice des hommes. Pour freiner leurs volontés de puissance, de destruction, de reconstruction, encore et encore. Pourquoi ?
Parce qu'il y a eu des gens peureux, tétanisés par la crainte de n'être rien qu'un résultat d'inconnu.

C'est au contraire cela qui est la force absolue. Aucune preuve formelle de quelque chose, c'est la liberté absolue, le désir de jouer avec humour à l'existence.

Apprenez par vous-même ce qu'est exister, démonstration par l'absurde des rapports de force, détruisez pour comprendre les fondations en tant que volutes colorées et enivrantes. Jouez avec l'autre comme avec vous, bougez, créez, soyez liés à l'acte comme à un autre corps qui s'étale dans les autres.
Vous êtes dieu plus que quiconque, votre dieu guerrier, c'est la plus belle chose qui ne soit jamais arrivée aux hommes, devenir l'être entier, la substance totale, Dieu.
Et avec tout cela vous pouvez enfin pénétrer l'amplitude extatique de l'olympe des élus.

Accéder à la vie !

De l'homme au Surhomme

De l'Art et du Chaos

Naturel et chaotique caractérisent un seul et unique objet. Et c'est la quête de cet objet démesuré qui est à la base de l'élan créatif de l'Artiste.
Que ce soit en s'appliquant à reconduire précisément le phénomène né de la contemplation de la nature, ou bien en s'efforçant de composer l'armature structurelle d'une multitude de ces phénomènes, l'Artiste, en faisant acte de son art, cherche à saisir le Chaos.
Le média utilisé importe peu, le résultat, l'œuvre, exprimera l'essence intime de la réalité chaotique, ou naturelle.
Incrustée dans les pigments colorés de la toile, flottant intensément aux abords des courbes de la sculpture, ou bien encore emprisonnée dans l'encre brune des partitions musicales, la vérité du chaos, bien plus que l'objet sous-entendu de l'œuvre d'art, est l'essence même de ces œuvres.
Il est donc définitivement impossible de trouver matière à dissocier l'essence même de la nature, sujet de l'œuvre, de la reconduction de cette nature au cœur de l'œuvre. La raison même ne s'exprime qu'au travers d'une grille particulière, faisant apparaître l'intimité de ses fondements plongés dans le chaos.
Et c'est de cette corrélation profonde entre les deux faces d'un même chaos qu'émane la valeur Surhumaine de l'art.

A partir de cette considération, que peut-on dire de la conscience d'un artiste qui chercherait à étendre la valeur Surhumaine de son art ?
Il se doit dorénavant de poursuivre sa quête tout en ayant à chaque instant à l'esprit la réalité particulière de celle-ci. S'il aspire à préparer l'imminence de l'avancée de la Surhumanité, il se doit d'imprimer l'intégralité de sa conscience redécouverte dans chacun de ses actes d'artiste.
L'artiste conscient, le Surhomme, dans son acte créateur, expose aux sensibilités passantes la traduction de sa propre affection par le Chaos.
Il participe ainsi à l'éducation des consciences de son espèce, et par delà la dynamique ascensionnelle de l'humanité, au développement intime de son intégrité de Surhomme.

La relation particulière de l'entité inférieure Surhomme-Artiste, avec l'entité supérieure Nature-Chaos, devra apparaître dorénavant comme l'objet définitif de la conscience universelle de l'espèce humaine.

C'est en provoquant la considération consciente de l'une envers l'autre, que l'homme pourra concevoir sa place terrifiante et sublime au milieu de la Nature chaotique.

Et cette prise de conscience tragique précédera l'avènement d'une nouvelle dynamique universelle qui mènera l'animal humain vers les hauteurs fabuleuses de la conscience Surhumaine.

Car tout est sensible aux conditions initiales, toute l'histoire est noyée dans l'imprévisibilité à long terme, tout est inscrit dans une logique à mille lieues de la linéarité. Il nous est possible à nous, seuls êtres conscients d'eux-mêmes et du tout, d'imaginer provoquer l'avenir de notre réalité phénoménologique.

En appuyant de nos actes individuels le développement de l'Etre, nous pouvons en extraire un instant de pure jouissance de notre infâme condition d'arrachement.

L'Artiste reconduisant consciemment le Chaos dans son œuvre peut seul entraîner l'affection universelle des hommes dans leur élan collectif ascendant.

Musique et Chaos

La musique, dans ses multiples occurrences, est une ode au chaos.

Elle transcrit en son toute la sève de la nature chaotique.

C'est à la juxtaposition de silence et d'harmoniques plus ou moins compliquées que l'on doit cette tension à s'associer au réel, matériel et palpable.

Dans toute sa grâce, dans toute son ampleur, la musique ressemble à la matière réelle qu'elle rend acceptable.

Elle attire la conscience dans les méandres de la contemplation passive de la nature, dans toute la beauté exutoire de sa trivialité environnante.

La musique donne matière à rassembler le chaos et notre vision rangée du monde réel, en un sublime malstrom fait de sensation et de derme.

Elle est ce qui relie l'antre des dieux, la pensée exubérante, la grandeur de l'homme, à la subjectivité humaine, le particularisme mortel, l'amas de chairs qui se débrouille pour faire ce qu'il peut.

Dans le chaos qui évolue sans arrêt, l'homme n'a pas le temps de se reposer et de contempler ce qui est et ne sera plus. Il est pris dans un tourbillon qui l'entraîne désespérément vers la mort.

La musique crée de ces moments où pour un temps le monde arrête d'évoluer.

Elle provoque un retour en arrière, une vue de l'Etre qui recommence encore et encore, avec l'ultime espoir de se mouvoir éternellement.

La musique provoque la mise en parallèle de la conscience sur une voie où l'amour et l'altruisme ne sont plus des sentiments organiques basiques.

Elle est ce qui amplifie les louables illusions, jusqu'à les porter au firmament des prétentions sublimes de l'homme au milieu du chaos.

La musique est l'emphase de la réalité chaotique. Il échoit à ses frêles épaules la tâche de stimuler notre prétention à vivre, à participer au monde, à prolonger l'étalement du chaos.

C'est en cela que l'entendement du compositeur, esprit inspiré des muses, nous invitent à nous projeter dans l'illusion souveraine du Surhomme. Car si divin il y a, la musique est certainement d'inspiration divine.

Ou bien le divin, est-ce justement la part de la conscience qui se retrouve dans les développements chaotiques des musiques célestes.

Nous avons tous accès à un élan qui nous tire vers les hauteurs de la vie consciente, et cet élan est souvent palpable à l'écoute attentive des harmonies glorieuses des musiques élancées.

Alors, entreprenons de hisser ces accès de bon heur au faîte des prétentions humaines, au niveau des réminiscences du divin.

Enfin, nous entrevoyons le dessein final de cette distraction humaine. Malgré sa détermination à dissiper chez l'homme la conscience de son objet, à savoir l'Etre et la place inopportune qu'il prête à l'homme, la musique suppose la mise en relation de l'entendement et de l'absolu au travers du chaos.

C'est par ce contact légitime qu'elle provoque entre la conscience et l'Etre d'essence chaotique, et qu'elle provoque dans les limbes de l'évidence, que la musique participe en cela à la Surhumanisation de l'homme.

L'homme, à chaque écoute renouvelée, par la corrélation qui se forme entre la prévision d'un événement sonore et sa réalisation effective, va à la rencontre du développement chaotique de l'œuvre, et par analogie au développement chaotique de tout l'Etre.

Il connaît un plaisir de plus en plus grand relatif au degré de prévisibilité accomplit à l'écoute de l'œuvre... quand le chaos devient prévisible.

Aussi la musique a-t-elle sa place dans le processus de Surhumanisation de l'humanité.

Elle participe à la prise de conscience du chaos, et par cela de la place inopportune qu'il prête à l'homme dans l'Etre.

Elle apporte l'impression agréable et bénéfique de pouvoir prévoir les effets de ce chaos. Elle symbolise à perfection les effets d'un déterminisme partiel recouvré sur l'imprévisibilité notable de la nature chaotique. Elle traduit précisément la liberté absolue, entrevue face à l'encagement de l'être humain dans la réalité obscène.

La musique laisse entrevoir les possibilités d'une illusoire prévisibilité totale du développement de l'Etre, tellement bénéfique pour vivre heureux...

Générations

La Surhumanité est un état idéal de l'humanité.

Choisit suffisamment parfait et élevé, il sert d'objet à la quête évolutive du prétendant Surhomme, mais ne doit en aucune façon obligatoirement être atteint.

Ce qui importe dans cette systématisation des forces vitales de l'animal conscient, est la dynamique ascendante qu'elle entend prodiguer dans chacun des actes de l'homme qui entreprend la tentative de la Surhumanité.

Cette aspiration à s'élever, à embrasser les hauteurs d'une sublime conscience, doit remplacer intégralement tout autre fondement d'une quelconque esthétique de vie, pour qu'elle puisse distribuer à ses acteurs les possibilités d'un exceptionnel bonheur absolu.

L'homme, emprunt d'un irrésistible élan perfectionniste, cautionnera de toute l'intégrité de son corps la naissance d'une génération d'adolescents à la conscience de vieillards, supérieurs en vitalité créatrice d'autre perfectibilité à tout ce qui s'est, jusqu'à maintenant révélé, en tant qu'extremum de la conscience humaine.

Dorénavant, chaque nouvelle génération perfectionnée s'attribuera la tâche de redéfinir dans l'absolu une nouvelle Surhumanité, inscrite dans les hauteurs d'une perfection inaccessible, suffisamment éloignées de l'idéal humain pour inciter à sa quête.

Ceci visera à recréer un objet de recherche susceptible d'impliquer dans chaque conscience une dynamique intrinsèque élévatrice et perfectible, afin d'endiguer l'altération irrémédiable du genre humain qui serait la conséquence d'une stabilité de son être.

Ainsi, de génération en génération, l'homme réintroduira dans les méandres de ses chairs, l'identité même de l'être vivant ! Vivant en attribuant à la vie son caractère évolutif et chaotique, et conscient de son pouvoir sur le naturel.

Car l'absolu réside dans l'Etre, et fuit l'être humain…

Contre l'humanité décadente

La Surhumanité peut être l'avenir de l'humanité déliquescente.

Elle s'inscrit dans la continuité de cette dernière. Mais elle contredit une partie des préceptes apportés posément par la persévérance en son être de cet aboutissement momentané qu'est finalement l'humanité.

La Surhumanité est une humanité dotée d'une conscience élargie de l'Etre. Elle implique pour chaque homme un engagement intime à être plongé dans une conscience du monde qui approche au plus près l'absolu. Ce n'est qu'à cette condition que peuvent s'ériger les fondations d'une éventuelle humanité supérieure.

La caractéristique intime de l'homme, celle qu'il faut chercher à améliorer pour le conforter dans son exception, est sa propre conscience raisonnée de l'Etre.

L'homme a en effet la capacité à se reconnaître entité unique, élément d'un tout indivisible. Et il est la seule créature, à notre connaissance, à avoir cette capacité aussi développable en puissance.

Cette caractéristique fait de ce misérable amas de matière organique putrescible un être humain, qui peut tendre, potentiellement, vers le niveau supérieur de son genre.

Seulement l'être humain ne peut qu'éventuellement se concevoir aussi dans l'ignorance temporaire ou continue de l'Etre. Il n'est pas d'homme qui soit continuellement conscient. La conscience de l'Etre n'apparaît pas comme un concept facile à incarner en continuité.

Mais pourtant la Surhumanité implique que cet état soit un état de fait, immuable et continuellement actif.

Chez le Surhomme, l'état de conscience de l'Etre est un état premier. Il reste agissant à tous les moments de sa vie. Ce n'est plus l'état second de l'homme, ce genre de saut de conscience, d'instant privilégié, de révélation. Mais ça devient l'état normal du Surhomme, la continuité de sa vie consciente.

Pour atteindre la Surhumanité, il faut donc rendre les hommes conscients de cet Etre qui abrite la réalité de leur niche environnementale.

Pour cela, il faut qu'un nombre croissant d'hommes aient le courage et l'honnêteté de reconnaître leur place inopportune dans le monde, la difficile révélation de l'unicité de leur vie dans le chaos environnant.

Car notre lieu de vie est profondément vissé au cœur du chaos. Ce dernier nous contient tous au centre d'un tourbillon d'entités, de dynamiques et de cycles. Nous ne sommes placés qu'à l'extrémité d'une direction aboutissant, exclusive du chaos.

L'homme n'est qu'un point de développement du processus chaotique.

Il faudra donc, pour entrevoir la possibilité d'une humanité supérieure, que les hommes prennent conscience de cette réalité si peu bénéfique à leur propre orgueil.

Dés lors, il est possible d'envisager l'avancée du concept de Surhumanité.

A partir du moment où l'homme prend conscience de sa position réelle, il est enfin possible d'envisager de prendre appui sur cette position, et de créer une considération honnête et optimiste de l'Etre et de tous ses atours.

Car il est indispensable d'avoir une connaissance fondée du réel pour tenter de l'intégrer à ce nouveau concept, qui s'annonce potentiellement bénéfique, et sur quoi reposent les fondations d'une nouvelle humanité supérieure : le concept de la reprise et de l'intensification consciente de l'évolution naturelle pour chercher à atteindre un nouveau palier du genre humain, la Surhumanité.

La Surhumanité aura donc été une humanité de consciences reliées entre elles par ce désir caractérisé, d'avancer en connaissance de cause, de troquer les anciennes croyances contre d'éventuelles certitudes.

La Surhumanité pourrait être l'avenir de l'humanité rongée par le dogme des illusions néfastes à la continuation soutenue de son évolution.

Vaines tentatives

L'affirmation de ce mouvement humain qu'est le communisme, dans son aspect intensément matériel, dénote une ambition désespérée de rompre avec la nature.
Cet élan humain est la trace laissée par la volonté de l'homme, de briser les liens qui l'emprisonnent dans la *geôle naturelle*.

Ce mouvement a pour fin de conforter la dynamique tribale en l'homme. Aussi, il entend projeter l'homme dans un déséquilibre qui penche du côté de son engagement naturel à vouloir se fondre dans un groupe solidaire, dans une entité supérieure, dans l'humanité unie par une même dynamique ascendante.
En cela, il tend à aller contre la nature bipolaire de l'acte humain. Il oubli intentionnellement la dynamique parcellaire, également présente en l'homme comme en toute autre entité, et qui tend à l'individualiser.
Cela exprime l'ambition réelle de l'élan communiste, à savoir se démarquer de la réalité brute des lois prodiguées par la nature.

Le nationalisme extrémiste, par contre est bien naturel. Et du fait qu'il flatte sans modération en l'homme sa volonté d'appartenir à un groupe, ainsi que celle d'apparaître différent des autres, il n'est que le pâle reflet de l'intervention de la nature, qui agit ainsi en chacun.
Ce nationalisme cherche à reproduire la brutalité intrinsèque de la nature, et ceci de façon renforcée.
Il y a, dans cet élan, comme une volonté d'atteindre un point irrémédiable ou les particularités de la nature vont entrer en résonance avec les particularités de cet élan et provoquer l'anéantissement du système.
Le nazisme, par exemple, force à la fois les deux dynamiques, propres à toute entité et de surcroît présentes en l'homme, de manière à ce que puisse s'amplifier l'expression de la nature au travers de l'être humain.
Il crée ainsi un espace ou la nature s'exprime librement, un espace nécessaire et suffisant au bonheur basique de l'animal, dans le groupe auquel il s'intéresse, à savoir la race aryenne.
Il sert également chacune des deux dynamiques en l'homme. En le reconnaissant partie intégrante d'une race, il flatte sa dynamique tribale. En le reconnaissant être supérieur, il flatte sa dynamique parcellaire. Et en agissant en conséquence pour entraîner l'accomplissement total de ces deux dynamiques, le nazisme révèle la secrète ambition de provoquer son alliance absolue et irrémédiable avec la nature.

Il y a donc au moins deux choix différents possibles concernant les rapports particulièrement extrêmes que peut entretenir l'homme avec la nature.

Et selon ce choix va être instauré une politique qui flattera excessivement les deux dynamiques originelles de l'homme, ou bien le plongera dans un déséquilibre, preuve de la présence active d'un éventuel élan dénaturant.

Mais chacun de ces deux élans va bien entendu, comme toute dynamique extrême, être supplanté par une voie relativement intermédiaire, se rapprochant de l'état d'équilibre.

Et ceci parce que la dénaturation n'est pas encore viable de manière heureuse, et la résonance impliquée dans la flatterie excessive des attributs naturels de la vie débouche, obligatoirement, sur l'intervention régulatrice d'hommes chez qui la propension à l'équilibre des forces inspire les actes.

C'est pourtant dans ce désir de rompre avec les affects chaotiques de la nature que s'affirme le rôle de l'attribut qui devrait être prépondérant dans l'exception humaine, à savoir la conscience agrémentée de la raison géométrique. Et ce désir est, par sa particularité propre à l'homme, le moyen de s'affirmer dans son humanité.

En cela, il est louable de vouloir se démarquer de la nature chaotique, mais cela reste difficile sinon réellement impossible.

Pour se donner les outils nécessaires à une survie heureuse et active, il faut en effet se battre consciemment contre l'état d'équilibre vers lequel nous entraîne une morale inadéquate.

Il faudrait que la vie puisse surfer sur les crêtes des grands bouleversements, usant du sublime relief institué par la politique pour accroître sa propre tentation du bonheur.

Pour que l'humanité tende vers la Surhumanité, et puisse amplifier ce qui en fait sa différence d'avec le reste de la nature, il faut accroître le rôle moteur de la conscience raisonnée dans les choix humains.

Il faut essayer d'éviter de prêter garde aux agissements paradoxaux de la nature, au travers de certains hommes, qui s'empresse de renier les élans libertaires de l'homme et d'instituer un équilibre apathique.

Car l'homme est capable de croire à la libération de son être du joug de la nature brute qui l'a portée. Il est capable de le croire et il désire intensément y croire, même si ses effets peuvent lui apparaître après coup d'apparence néfaste.

Arrivera le jour où l'homme jugera s'être entièrement libéré de l'essence chaotique de la nature.

Dés lors, il pourra enfin prétendre au bleu de la Surhumanité.

Il prouvera en cela, bien entendu, que ce n'était pas qu'une vaine tentative d'essayer de se dénaturer. Aussi, provoquera-t-il l'admission sans retenue de sa position d'être naturel toujours cherchant à se défaire de l'emprise du chaos.

Il s'affirmera comme une entité consciente absolument et par cela à l'extrémité évolutive de ce que la nature à jusqu'alors réussi à créer.

Arrivera le jour où d'homme, l'entité nouvellement consciente, deviendra Surhomme.

Et même si ce jour glorieux met du temps à arriver, et même s'il n'arrive jamais, la dynamique que sa préparation aura instaurée sera sans doute le plus beau et le plus pur élan d'ascension vers les hauteurs d'une humanité heureuse…

J'ai un doute.

Si en fait le déséquilibre, provocateur d'occurrences du plus pur des bonheurs, n'était justement le fait du chaos géométrique exprimé au travers des élans naturels. Et l'équilibre, qui emprisonne l'être humain dans une survie malheureuse, n'était le but posé par l'homme en regard de sa position inadéquate dans l'Etre.

Je ferais tout simplement, par le biais de ces amas de probabilité avenante, le jeu de la nature, en m'efforçant de combattre l'équilibre apathique …

Comment puis-je continuer à prétendre hisser l'homme dans l'expression appuyée de son humanité, en contraignant justement celle-ci à s'amuser de l'intervention de la nature dans la force et l'ambition d'un Etre mouvant ?

Soit. Considérons que je sers finalement bien cette nature dominante en m'efforçant de servir l'homme. Mais, je sers également l'homme en l'intimant de s'amuser à renier les effets de la nature en lui. Je participe activement à cette mascarade qu'est la vie en m'efforçant d'inciter les hommes à l'action plutôt qu'au repos.

Si bien que, au risque d'appuyer encore un peu le paradoxe de cet ouvrage, je vais continuer à professer cet amusant concept novateur, la dénaturation active…

La Surhumanité contre les diktats moraux

La Surhumanité est un état de l'être qui n'a pas à être atteint pour distribuer des bienfaits, du contentement, aux hommes qui la pensent comme valide et probable.

A partir du moment où la dynamique qui concourt à son instauration est engrangée, l'idée de la Surhumanité provoque l'heur le plus opportun chez les hommes qui la pense de manière introspective comme un idéal à atteindre.

La Surhumanité incarne à elle seule, la conscience absolue de la position des hommes dans l'être, l'irrésistible élan perfectionniste qui s'insère dans leur conscience.

C'est par l'enseignement de la haute et ultime valeur prêtée à la conscience raisonnable, que la Surhumanité pourra être instaurée, dans les entendements des prétendants Surhommes, comme une idéologie probatoire du sens de la vie.

C'est ainsi que la mise en branle de tout le système de pensée qui y est accolé, provoquera un retentissement légitime dans les communautés humaines, qui auront eu conscience de l'effet bénéfique de ce système sur leur heur.

La place inopportune de l'homme dans l'être est la révélation à l'origine du concept de Surhumanité.

C'est en concevant au plus profond de lui-même la nature dérisoire, en regard de l'étendue de l'Etre, de l'existence humaine, que l'homme qui aura choisit honnêtement et consciemment la tentative de la Surhumanité connaîtra un bonheur issu de la liberté reconquise sur l'éternel chaos.

Plus guère contraint d'appliquer le bien arbitrairement reconnu comme tel, si ce n'est par des lois librement consenties, l'homme sera libéré de toutes les forces agissantes contre son gré.

Il acceptera de suivre les lois qu'il a validées dans le vote ou par habitude, mais au-delà de ces lois il recouvrera sa liberté originelle débarrassée des simulacres d'obligations morales préconisés par les religions ou autres diktats moraux.

La conscience absolument libérée, le Surhomme en devenir pourra consacrer les travaux de son entendement à construire pas à pas son bonheur individuel, au milieu du bonheur érigé par des lois dégagées d'une certaine conception de l'obligation morale, à savoir la référence à un ordre préétabli.

Car, de l'idée de l'édification de la Surhumanité, découleront de nouveaux concepts légaux établissant enfin l'homme comme la liberté incarnée au milieu du chaos en devenir.

Le prétendant Surhomme a conscience de la définition de la Surhumanité comme suite logique, intrinsèque, de l'humanité dans le chaos géométrique qui lui sert de niche environnementale.

Il est conscient de la trivialité d'une telle analyse. Mais il la mène à son accomplissement, car le bon heur qui en résulte est bien supérieur à celui découlant de sa nullité.

Le Surhomme inspirera la persévérance dans son être du chaos, au travers de la Surhumanité, en permettant à ses pairs d'effleurer un bonheur toujours croissant. Ce bonheur est enclin à résider dans le sentiment diffus d'appartenir à la caste la plus évoluée du monde humain.

La liberté qui découle de la révélation de la position de l'homme dans l'Etre contribue aussi à contenter le bonheur du Surhomme.

Puisque par la reconnaissance honnête, par sa conscience, de la position triviale de celle-ci, il se retrouve libéré des astreintes de la morale non réformée. L'homme atteint ainsi un état où la liberté devient un concept illusoire mais palpable, la Surhumanité.

La Surhumanité est donc largement enviable par le commun des mortels, et elle devrait très certainement devenir l'ambition des hommes aptes à intégrer les concepts bénéfiques, apportés par celle qui s'annonce, heureusement, comme une humanité composée d'êtres tous conscients absolument.

Pour l'atteindre trois choses sont indispensables.

La première est la rupture avec certains des préceptes moraux enseignés par les religions, ceux qui, en effet, sont incompatibles avec les enseignements de la morale réformée.

La seconde est l'honnêteté intellectuelle requise pour affronter la révélation de la trivialité de l'être humain au milieu du chaos, elle est nécessaire pour pallier au réveil de l'instinct de survie qui s'exprime à travers un lot d'illusion.

Enfin la troisième réaction indispensable est d'avoir la force de dépasser le désespoir latent répandu par cette révélation. L'homme devra, en effet, dépasser la première de ses réactions, la prétention à se sentir perdu dans l'immensité chaotique, incitée dans cette voie par la découverte de sa désespérante position dans cette immensité.

Ainsi il pourra entrevoir les apports bénéfiques de ce courageux bouleversement à son vulgaire parcours vital.

Ultime résurgence en le Surhomme

L'homme est contraint par la nature même de l'Etre de vivre au milieu du chaos. Il est même bien entendu partie intégrante de ce chaos.

L'homme, depuis l'apparition de la rationalité, a cherché par tous les moyens à s'extraire de ce chaos.

Il a tenté, par l'invention de lois, de comprendre l'apparente rationalité du monde dans lequel il vit. Et il a essayé, par l'instauration d'autres lois, d'insérer de la rationalité brute dans le chaos.

Il a en partie réussi. Le monde n'a jamais été aussi rationnel, aussi bien du point de vue des lois désormais connues qui le régisse depuis toujours, que du point de vue de celle, partielle, qui régisse depuis peu les rapports humains dans ses communautés.

Mais cela n'est que la preuve que chaos et rationalité ne sont pas antinomiques. Et qui plus est, la rationalité est certainement d'essence chaotique.

C'est cette juxtaposition de faits rationnels et antirationnels à chaque niveau de compréhension qui fait la particularité du chaos. Le chaos est un apparent et adroit mélange de rationalité et d'imprévisibilité à tous les niveaux d'accès au sensible.

Aussi, peut-être est-ce utile, pour déployer de l'activité, d'espérer sortir un jour du chaos, néanmoins le chaos est notre niche environnementale et nulle autre niche n'est honnêtement envisageable.

En conséquence de quoi, nous nous devons de considérer notre avenir en ayant toujours à l'esprit la nature chaotique de nos existences.

Ainsi, c'est par l'entière acceptation de l'essence chaotique de cette nature, tout en ayant à l'esprit la dynamique volontaire d'en sortir, eu égards à ceux qui nous ont précédés, que nous pourrons imaginer un cadre de vie supérieur en finalités heureuses.

Et c'est en le faisant consciemment que, l'acceptation sans limites (si ce n'est le désir intime et illusoire d'en sortir) du phénomène chaotique, trouvera matière à produire des faits susceptibles d'entraîner l'heur le plus opportun pour tous ceux qui auront agi de la sorte.

Il faut se servir du chaos, l'orienter consciemment dans une direction qui s'annonce heureuse.
Et pour l'orienter, il faut que le plus grand nombre d'entendements, d'hommes, aient le désir d'accéder à un niveau supérieur d'humanité, celui de la Surhumanité.

Il faut regrouper les entendements susceptibles d'entrer dans cette voie heureuse qu'est la Surhumanisation. Ces hommes doivent entraîner dans leurs pas ceux qui n'ont pas la force d'imaginer, ceux qui ont peur d'envisager l'absolu de la fonte en l'humanité supérieur.

Dés lors que ceux qui doutaient se seront mis à imaginer la Surhumanité comme une éventualité positive, les hommes seront capables d'imaginer influer sur le déroulé temporel du chaos, pour que celui-ci s'applique à faire exister les fondations de l'humanité supérieure.

Et la Surhumanité, d'idéal absolu passera au rang de désir envisageable, et sera la prochaine étape majeure de l'histoire humaine.

L'être du chaos devra être le point d'origine de la réflexion menée sur l'avenir de l'humanité. C'est à cette condition que la Surhumanité, et tout ce qui s'ensuit, pourra être projetée dans les élans imaginatifs de l'être humain.

Ainsi l'homme pourra envisager l'apparition de sa descendance telle celle d'un être conscient, supérieur par son aptitude à vivre, et irrémédiablement attiré par les hauteurs de la sensibilité à la vérité de l'Etre.

Mais il faut encore que des groupes solidaires d'homme impatient de devenir prétendant Surhomme se forment. Il faut que ces hommes décident ensemble d'accepter consciemment le chaos, et s'en servent pour leur ultime dessein.

Modeler le chaos pour effleurer le pouvoir de se Surhumaniser devra être leur profond désir. Parvenir à influer sur le déroulé temporel de ce puissant chaos devra être leur souhait intime.

Ils auront ainsi la force d'apparaître en Surhomme.

L'homme, le chaos et le Surhomme

En fait le chaos, par la simplicité excessive de son apparence, s'exprime fortuitement dans toutes les dynamiques actives de la réalité. Et les hommes, individus dont l'activité est la plus intense des marques précises de ce chaos, en sont les éléments indistincts.

Le chaos se définit comme tel : Le fait pour une entité de s'étendre suivant des cassures privilégiées, à la faveur d'un détail de petite taille en regard de l'échelle employée pour étudier le phénomène, aboutissant à la création d'un bloc remarquable, fait sans cesse référence au développement chaotique.

C'est le privilège, le choix offert à certaines branches de se développer, alors que d'autres voient leur développement brusquement interrompu, qui est la marque précise du chaos.

Chaque branche pouvant être assimilée à la progression d'une sous-entité, le chaos se détermine en faisant croître une infinité d'entité à de multiples échelles différentes. Il privilégie certaines croissances au détriment d'autres, à la faveur d'un élément minime par rapport au changement d'orientation que cela implique.

La réalité est chaotique. L'extension de la vie est chaotique. L'espèce humaine est située à l'extrémité d'une des branches qui s'est antérieurement développée, comme l'est toute chose immédiatement réelle.

Il n'y a, à ce stade d'explicitation de l'Etre, aucun privilège à attribuer à l'homme en regard des autres entités.

L'homme n'est que l'ultime aboutissement d'un développement antérieur.

Dés lors que l'on s'est ouvert à cette réalité, un obstacle s'élève. Comment, en effet, concilier cette approche de l'Etre brut et l'acceptation sans limite des préceptes vitaux apportés par la particularité de la vie en communauté ?

Lorsque l'on se met à intégrer certains faits probants et fondamentaux concernant la vie humaine et son ultime paradoxe, la volonté d'expliciter le néant, on ne peut que s'interroger sur l'utilité effective de l'existence humaine.

Celle-là même qui, ôtée de ses multiples illusions servant à la survie de l'espèce, ne se présente que sous l'aspect impur d'une dépossédée d'absolu.

Car le ciel est rempli d'illusions qui sont le fait même de la traduction d'instinct de survie en phénomènes intégrables raisonnablement par l'entendement humain.

La religion, l'amour, ne sont que des tapisseries fleuries recouvrant maladroitement un mur crasseux, celui monté pierres après pierres par le maniériste chaos. (Encore une métaphore, indice de l'illusion sous-jacente !)

Alors que l'homme s'empêtre dans ses, sinon enviables, du moins utiles illusions, le Surhomme se débat ardemment pour maintenir sa tête hors du flux et reflux du chaos, dans l'ère de l'absolu, dans l'ère de l'ignoble vérité, dans l'ère de la révélation de la condition inopportune de l'homme dans l'Etre.

Et c'est ainsi que, débarrassé de cet élan de survie tellement méprisable, il commence à s'ébattre aux confins de la vie, fier et ironique, en face de l'expressivité de sa conscience enfin réveillée.

Cela ne sert à rien de vouloir parvenir à l'apparence du Surhomme si l'on n'a pas à l'égard des illusions officielles un peu de mépris. La Surhumanité se gagne au détriment de tout ce qui nous a permis de parvenir à ce point ultime d'humanité, où nous envisageons de changer le tout pour le tout.

L'avènement de la Surhumanité est pour sûre un nœud du chaos situé sur la branche de l'humanité. Cette élévation, abrupte par ses insidieuses implications, peut changer radicalement l'orientation du développement chaotique décrivant la lente ascension du genre humain.

En outre, l'avancée de la Surhumanité peut être le résultant de l'application dans le réel de cette exceptionnelle faculté de l'homme qui le pousse, dans le meilleur des cas, à prêter aux illusions leurs véritables valeurs. Aussi, son éventuelle soumission aux préceptes glorieux de la fierté, sera éventuellement à l'origine du mouvement l'incitant à relever la tête pour contempler la vérité en face.

Dés lors que celui-ci aura accepté de vivre en connaissant la place inopportune qu'il occupe dans l'Etre, la Surhumanité sera envisageable.

La Surhumanité, humanité faite d'homme tous conscients de la réalité de leur position dans la nature chaotique, sera pour l'homme l'avènement d'une période de prospérité heureuse en chacun.

Dorénavant, ce qui fait l'homme en l'être humain, à savoir la conscience raisonnable, sera porté au pinacle de ses préoccupations.

Politiques

Mon imagination délirante me permet encore d'imaginer une authentique société idéale, dans laquelle tout un chacun trouve la place de conforter sa particularité dans un groupe solidaire, dans laquelle chaque individualité est hissée à l'extremum des émancipations au cœur d'un agencement de personnalités, solidement liés par un même élan constructif.

Dans une telle société, l'individu dans son intégrité et son particularisme peut vivre en entière adéquation avec ses semblables, vu l'apport évident qu'il retire de la communauté pour son propre bonheur.

Autrement dit, les hommes, s'ils veulent atteindre l'ataraxie, doivent se diriger vers la formation d'une unité de volonté indivisible, disséminée dans une multitude d'entendement et de sensibilités toutes différentes.

« Ce qui cherche à s'accomplir ainsi est l'œuvre théorique, l'œuvre décharnée qui hante tous ceux qui composent la caste des conscients. Alors qu'eux les petits, les pauvres âmes, les aconscients verront leur pouvoir sur la matière s'amenuiser, ou bien disparaîtront de cette malheureuse catégorie en intensifiant leur conscience.

Pendant ce temps les consciences des prétendants Surhomme croîtront jusqu'à ressembler à celles des dieux. Jouissant de conscience étendue, les nouveaux hommes, les Surhommes formeront la caste la plus haute qu'il n'ait jamais été constitué... »

Pour commencer, parce qu'il faut bien commencer, faisons en sorte que tous les hommes, tous sans exceptions, soient intensément fiers d'être ce qu'ils sont. Laissons libre cours aux exploits enchanteurs de leur plus intense fierté. Et faisons en sorte qu'il n'y ait plus de différence entre les souhaits les plus intimes de chaque entendement et la possibilité qui lui est offert d'obtenir ce qu'il désire.

Ainsi, la société s'attelle-t-elle, comme l'exige sa définition, à rendre le citoyen heureux. Pour cela elle doit évidemment provoquer en chacun l'ascension de l'état de leur être, et ce n'est qu'en amenant les entendements à s'exalter, à gonfler éperdument, qu'elle parviendra à ce résultat sans dommages pour autrui.

L'exaltation de l'entendement sera obtenue par l'utilisation à bon escient de l'imagination, et des phénomènes qui y sont associés : les illusions.

C'est en effet par l'illusion, consciemment consentie, du sens de la vie, utilisée pour débouter hors du cercle des prétentions de l'entendement le problème majeur de la métaphysique à savoir la place inopportune et indécente de l'homme dans l'Etre, que sera menée à son terme la quête illusoire du bonheur absolu.

En entretenant avec justesse la conception de cette illusion d'un sens de la vie, il sera possible d'envisager avec inclination la suite d'actions qui mènera l'homme à combattre honnêtement pour son propre bonheur.

Le choix naturel

S'il est un choix qui importe dans la vie d'un homme, c'est celui relatif à son rapport avec la nature. Doit-il suivre posément son ordre, ou doit-il aller à l'encontre de ses lois ? De là, découlera toute son éthique de vie.

Rompre avec la nature implique l'apparition d'une idée de liberté dénaturante, qui n'existe pas dans le cas d'une adhésion sans limites à ses lois.

L'homme a-t-il la possibilité de se dénaturer, de sortir de cette nature chaotique et par cela modérée ? Tout porte à le croire jusqu'à un certain point. Les tentatives dans ce sens ont échoué, mais ce furent de réelles tentatives.

Le communisme, dans sa forme absolue, a été l'une de ces tentatives. Il impliquait, l'oubli volontaire de la dynamique parcellaire en l'homme, celle qui incite les hommes, comme toute entité, à s'individualiser, à apparaître comme différent de ses semblables, et le plongeon périlleux dans la culture de groupe, excitant en cela sa dynamique tribale.

Le communisme est une forme raisonnable de fuite devant les lois naturelles. Il implique une remise en question fondamentale des rapports qu'entretient l'homme avec la nature, du dualisme de ses forces agissantes. C'est une forme d'absolutisme de la conscience raisonnée.

Faut-il, pour autant que cette tentative ait échoué, renoncer à tenter de rompre avec la nature ? Faut-il se résigner à vivre dans une nature chaotique et dénuée de sens ?

Le propre de l'homme est, me semble-t-il, de greffer du sens là où il n'y en a apparemment pas. Or cette tentative infructueuse a été le théâtre d'un apport subjectif d'une signification raisonnable au phénomène vivant. Elle a permis l'accession à un certain bonheur de tout un peuple, jusqu'à la chute fatale, et peut-être irrémédiable pour certains, quand la nature reprend ses droits.

J'ose penser qu'il ne faut pas jeter l'anathème sur ce genre d'attendus humain. Ils dénotent un sentiment louable et singulier, celui de vouloir s'échapper de l'emprise de la nature chaotique. Car ce chaos ne révèle aucune fin en soi. Il est indéniablement dénué de sens. Il progresse vers sa propre condition d'être.

La solution face au problème de la légitimation de tels élans serait, je pense, de concevoir une dynamique dénaturante dans un cadre respectueux des lois naturelles. Il ne faut surtout pas oublier la dynamique parcellaire, et même encourager l'individualisation de l'entité homme. Mais il faut le faire dans un esprit de défit face à la toute puissante et arrogante nature.

Il faut que tout un chacun puisse se particulariser dans un groupe solidaire, la nation. De plus, il faut accroître l'humanité en l'homme en entretenant l'illusion proprement humaine d'avoir accès à sa propre dénaturation, en entretenant par exemple une vue honnête et raisonnée de l'Etre et de ses atours.

C'est à cette condition que l'homme pourra imaginer se dénaturer encore un peu plus. Il pourra ainsi, ouvertement, se présenter comme une entité différente des autres, et par cela répondre pour l'ultime fois à son besoin de se particulariser.

Ainsi d'humanité, on envisagera enfin l'illusion du passage à la Surhumanité.

L'évolution raisonnable

Avec le communisme, certains hommes, les plus éclairés, ont essayé d'ériger un système de vie en communauté reposant sur la raison absolue. Ils ont cru découvrir le particularisme humain dans la raison pure, et ont voulu l'amplifier jusqu'à en faire le fondement absolu de leur éthique de vie.

L'erreur majeure et malheureuse de ce système a été de croire que la vie est possible dénudée de ses apparats que sont les illusions. En fait, ôter ses illusions à l'homme, rend sa vie indigne d'intérêt.

Les hommes construisent la faculté qu'ils ont d'exister, sur la bénéfique impression du sens offert par la vie à tout ce qui est. En d'autres termes, c'est grâce au travail de l'imagination non contrôlé empiriquement que s'ouvrent aux hommes les possibilités multiples de s'accomplir dans une vie qui leur semble gonflée d'un sens qui n'a de réalité qu'au travers des illusions qui le font naître.

La vie, telle que la concevait l'éthique communiste, était entièrement vouée à l'accomplissement dans son être de la communauté. Toutes tentatives d'expliciter l'Etre par l'entremise d'illusions charitables étaient dénigrées au plus haut point parce qu'elles ne faisaient pas appel à la raison pure.

C'est à partir de cette tentative désespérée d'accroître en l'homme son humanité, incarnée dans cette raison qu'il entend appliquer à tout, que le communisme prend le parti de sortir du chaos.

Il paraît pour le moment évident que c'est peine perdue, mais la tentative, dans toute son innocence, a tout pour rester un idéal. S'occuper avec autant d'insistance d'amplifier l'humanité au cœur des actions humaines, n'est-ce pas le propre de l'homme conscient de sa position dans l'Etre ?

Et même si, comme tout porte à le croire, cela n'aboutira pas à l'émancipation de l'être humain en regard de la nature, ça reste une tentative qui, par son caractère supra humain, révèle la force et la fierté de l'homme face à l'indéniable chaos.

En cela il convient de toujours louer ce genre de tentatives, car c'est elles qui participent à l'instauration d'une volonté de s'émanciper des préceptes naturels, en cela elles contribuent en quelque sorte, en cherchant à accroître la particularité humaine en l'homme, à reconduire l'évolution naturelle au cœur de l'humanité, la menant vers le palier suivant, la Surhumanité.

De la révolte évolutive

S'il est une démarche difficile à opérer pour édifier sa propre personnalité, c'est celle qui consiste à se démarquer consciemment de la nature chaotique.

En effet, comment concilier la totale approbation de la nature de l'homme dans la vie consciente, et la démarcation que l'on opère entre l'être et le contenant lorsque l'on agit contre la nature elle-même ?

L'homme a toujours été jusqu'alors contraint d'abdiquer face aux pouvoirs qu'extériorise la nature dominatrice. Et, eu égards à sa fierté, en aucun cas cela ne doit l'inciter à s'abandonner aux plaisirs basiques prodigués par l'acceptation résignée des injustices naturelles.

Seulement cette révolte, pour être fructifiant, doit être accompagnée d'une volonté exacerbée, qui tient lieu de palliatif vital face aux dommages passagers qu'apportent la tentative de rupture avec l'être chaotique, la nature.

Face aux injustices naturelles, l'homme se dresse en unique combattant. Il a comme dessein de mener un combat qu'il sait voué à un échec forcément entier. Mais, l'homme conscient, le prétendant Surhomme, est suffisamment fier et imprudent pour mener ce combat jusqu'au bout.

Car il est tout à son honneur que l'homme se révolte face à l'impassibilité de la nature. C'est sa part la plus humaine qui s'exprime en ce sens. La révolte s'étale comme un désir d'éradiquer toutes les incertitudes néfastes qui décrivent notre monde.

La révolte est le point culminant de la révélation indiquée par la conscience épanouie. Elle résulte de la non-acceptation du chaos comme régisseur absolu du monde.

La révolte est l'identité de l'homme conscient de sa position inopportune dans l'Etre.

Quelle forme doit prendre cette révolte ?

Elle doit, bien entendu, être un accès au bon heur. Et c'est dans la dimension morale et éthique de la vie que la révolte doit avancer ses projets. Car il est important qu'elle se mobilise autour d'un projet de vie probant. La révolte ne doit pas être qu'un moment destructeur, il faut qu'ensuite elle aboutisse sur une construction morale et éthique nouvelle et heureuse.

La révolte doit apparaître au même instant en maints entendements. Les révoltés doivent être nombreux pour entraîner dans leur révolte la grande masse des personnes susceptibles de connaître ce sentiment intime.

C'est à ce prix que la révolte, contre l'autocratie de la nature, aura un retentissement suffisant pour permettre à son projet de s'étaler en dépassant le conventionnalisme des projets politiques actuels.

Dans une institution démocratique, qui applique ses préceptes dans tous les domaines de la vie en communauté, de façon à ce que l'illusion de la liberté prévale sur tout, il est à espérer que la révolte sera jugée, à bon escient, comme l'expression d'une liberté revendiquée sur le déterminisme du chaos.

En s'appliquant, posément, à édifier une morale ne contredisant pas l'essence même de l'éthique actuellement affichée, la révolte canalisée pourra ajouter le bénéfice d'une pierre à l'édifice de la société, dans laquelle tout est encore possible, dans laquelle l'imprudence paraît être de mise, et l'absolu d'une liberté, agréable illusion, encore d'actualité.

C'est pourquoi il faut que l'entité révoltée se regroupe.

Nous, qui sommes sensible à cette forme de révolte, révolte contre la nature chaotique de l'Etre, révolte contre l'impassibilité de l'Etre à notre égard, devons nous rassembler en un groupe solidaire.

Regroupés nous aurons plus de force pour tenter et réussir à insuffler, honnêtement et consciemment, une part de justice dénaturée dans les délires chaotiques d'une nature insuffisamment fier de sa création.

Enfin, cela sera la preuve que la Surhumanité est envisageable, qu'elle est la prochaine étape de l'évolution, et qu'elle prépare l'avènement du bon heur pour tous, en accordant la plus grande attention à l'essence même des aspirations intimes de tous les hommes.

La liberté requise

Afin de renforcer l'éloge qui est faite à cette savoureuse contradiction, et en vue de servir mon nouvel appétit du capitalisme sauvage, je vais en ces lignes vous énoncer ma complète inclinaison envers la forme libertaire du bien naturel élan du libéralisme.

La liberté requise par l'homme au détour de sa vie aventureuse réside dans la possibilité qui lui est offerte d'atteindre ses objectifs, quand ceux-ci ne vont pas à l'encontre de l'état normatif de la gent humaine.

En clair, l'homme requiert de la liberté quand il a trouvé un but, et qu'il désire mettre tout en œuvre pour l'atteindre. Il requiert cette liberté que sa définition sous-tend, que tout son être réclame. Il demande à la société de lui offrir l'espace nécessaire à la tentative d'émancipation, que tout son être désire, en regard des contingences de la nature.

Oui, le libéralisme répond en cela au profond attachement au bonheur actif, ressenti par tous les êtres humains, susceptibles d'avoir fait naître en eux l'illusion hautement profitable de l'objectif revendiqué en exclusivité.

Permettre à tous ceux qui ont un but dans la vie de l'atteindre, semble être la ligne directive du plus pur libéralisme.

Et, à partir du moment où l'on considère que le bonheur, tangible pour la personne humaine, est la seule cause qui mérite qu'elle s'y intéresse honnêtement et consciemment, on doit reconnaître que le libéralisme permet, seul, de conforter absolument cette opinion, qui est d'ailleurs la seule véritablement défendable.

Il est ensuite, et c'est tout le paradoxe du système, conforme à l'originalité de la pensée, de concevoir honnêtement le libéralisme comme l'option qui permette la plus aisément de concilier l'accès au bonheur individuel éternellement requis, avec le bonheur, plus controversé à la source celui-là, de l'ensemble de la communauté.

La connaissance de l'existence d'une élévation au-dessus de la sienne propre d'un être tiers doit, dans cette optique, promulguer une certaine émulation plus que de l'apitoiement sur son propre sort. C'est ainsi une politique qui peut, et qui doit, s'appliquer aux populations qui vivent expressément. C'est donc une politique d'avant-garde, une politique dont la modernité trahit, en la dépassant, la définition.

Maintenant que tout cela est soigneusement posé, deux possibles appréciation honnête et valide du monde semble s'opposer, ou s'oppose en vérité.

Dans les deux cas l'accès à un bonheur plus grand semble être également la source de ces élans politiques différents, mais alors que dans un cas il est contrôlé par une utilisation directement rationnelle de l'Etre et de ses atours, dans l'autre cas, celui qui maintenant nous intéresse, aucun contrôle ajouté ne parasite l'élan originel, celui qui fait de la quête d'une jouissance effective du monde la seule cause assurément reconnue comme telle.

Le deuxième élan devient donc en cela un extrémisme de la construction lourde d'une possibilité accrue d'atteindre le plus grand bonheur possible.

Et c'est cette définition qui peut, dans le mérite qu'elle a de rendre perceptible le caractère extrême de son sujet, s'exposer à toute notre attention, ici-bas...

C'est en effet la quête des attraits du sublime, de l'exceptionnel ou de l'extrême, qui participe de la manière la plus impliqué dans l'élan vital qui nous anime.
Ce que nous faisons pour vivre hautement est avant tout de rechercher l'extraordinaire dans la continuité paisible de nos existences. C'est là la cause de l'intérêt soudainement porté au libéralisme par un esprit en quête de systématisation.

Le doute et la discussion valide

Le fait de discuter implique l'existence d'un débat contradictoire au sein duquel s'organisent deux argumentations valides mais antagoniques. Il s'agit d'opposer point par point deux approches, deux vues d'un même problème.
De cette confrontation d'indices menant à la validation de l'un ou l'autre des avis, découle l'ébauche du sentiment intime de vérité.
C'est par la juxtaposition d'arguments, inverses quant aux conclusions qu'ils imposent, que l'entendement humain est capable de provoquer sa propre satiété en termes de vérité, finalement de douter de tout.
Car là se trouve l'ultime finalité de la discussion. Il ne s'agit pas de dégager l'existence d'une pure vérité qui se serait trouvée embourbée dans d'éventuelles fausses certitudes, mais de provoquer l'adhésion sans limites aux préceptes du doute absolu.
En effet, la discussion aboutit, à chaque fois que deux êtres honnêtes s'y adonnent, à l'ultime révélation de l'existence probablement valide d'un avis et de son contraire.
Alors pourquoi discuter si ce n'est pour renforcer la prise de conscience de la validité d'une démarche intellectuelle et de son moment inverse ? Toute prise de position peut être validée par une démarche de raisonnement, elle-même valide, qui aboutit sur la justification de cette position.
Discuter, c'est apporter à l'entendement de l'autre matière à douter de son argumentation. C'est provoquer la rupture des amarres, qui le raccroche encore aux certitudes, en le projetant dans le malstrom du doute absolu, productif d'effet bénéfique sur l'heur des hommes qui s'y plonge.
Car il est bénéfique ce doute qui nous assaille, et qui permet de nous remettre en perspective de l'Etre et de toutes ses modifications.
C'est en effet, car il doute de tout, que le Surhomme se permet d'imaginer la forme appropriée de sa perception de l'Etre, en regard de quoi sa liberté recouvrée lui autorise un bon heur instable et durable.
Le doute a alors une fonction qui entre dans la notification évolutive des fonctions bâtisseuses des sentiments humains dans la morale réformée.

L'expression de la morale réformée au travers d'exercices de pensée aboutit toujours sur le doute, sentiment primordiale et provocateur d'une Surhumanisation de l'être humain.

C'est en effet grâce à la conscience retrouvée du doute absolu, de la méconnaissance d'une improbable certitude, que l'homme peut tendre à la Surhumanité.

Il a conscience de l'inadéquation empirique de ses sens et du réel, il peut saisir ainsi toute la trivialité de son existence, sa position inopportune dans l'être.

L'homme a, par le doute, accès à un niveau supérieur de compréhension de l'Etre, et ce niveau est celui par lequel la Surhumanité devient la plus probable, une anticipation valide.

Cependant, la recherche d'accès au doute absolu ne doit pas faire perdre pied l'homme qui l'entreprend.

L'homme est enclin à la prise de position sur des sujets multiples, si ce n'est seulement car il doit avancer dans son parcours vital et que le doute perpétuel ne lui permet pas de prendre des décisions relatives à la continuation de sa survie.

Si le doute perpétuel n'est pas souhaitable en l'occurrence chez l'homme conscient, la prise subjective de position doit se faire avec à l'esprit le dualisme des objections valides.

En fait l'homme doit trancher chaque alternative qu'il rencontre avec l'entendement honnête quant à la relativité de son propos ou de ses actes.

Finalement le Surhomme sera capable de choisir le bord optimal quant à l'intérêt qu'il suppose contenir, tout en sachant très bien qu'un autre choix, tout aussi valide, aurait pu prendre la place du premier.

La révolution pour se libérer de la Nature

La révolution française a été l'expression d'un sublime élan libérateur des hommes à l'égard de la nature.

C'est pour s'éloigner des préceptes inégaux professés par cette nature chaotique, que les acteurs de la révolution ont fait acte de raison absolue sur tous les domaines de la vie en communauté.

Pour un temps, les décades duraient dix jours, les années douze mois de trente jours chacun, et il n'y avait plus de secteurs d'activité où la pratique était dictée par la tradition d'essence chaotique.

Pour un temps, et pour un temps seulement, car le chaos a très vite repris ses droits par l'entrefaite d'hommes chez qui la nature était plus expressive, et le sentiment proprement humain de chercher la dénaturation moins encline à se manifester.

Faut-il, pour autant que cet accès à l'émancipation des hommes de l'emprise naturelle n'ait pas tenu dans le temps, oublier cette volonté exclusivement humaine qu'est le profond désir de quitter l'emprise de la nature, et se diriger vers une acceptation béate des injustices naturelles ?

Je pense qu'il faut persévérer dans cette lutte inégale, et ceci pour permettre à la fierté de l'homme de s'accomplir dans l'acte humain par excellence.

En cherchant à rompre avec les affects de la nature, en prétendant à la Surhumanité, l'homme parviendra à offrir à l'essence de son être, matière à parfaire sa définition. En d'autres termes, l'être humain incarné parviendra à effleurer de son entendement la conscience acérée du Surhomme.

Et simplement par égard pour ceux qui les ont précédés en déclamant ouvertement leur attachement à la perfectibilité du propre de l'homme, les hommes actuels, qui veulent progresser vers un absolu dont ils peuvent caresser la pensée de la probabilité, se doivent de prolonger et de perfectionner l'œuvre des vrais révolutionnaires passés.

Ainsi, en reconduisant un élan de raison absolue attribué à tous les domaines d'activité humains, élan issu de la révolution qui a pris place en France à la suite de la suprématie des inégalités indiquées par la nature à l'égard de la communauté, la monarchie, l'homme recouvrera un instant sa propre puissance, illusoire mais bénéfique, en regard de son aptitude à la vie, honnête et consciente.

Il faut remarquer qu'il reste toujours quelque chose d'un élan dénaturant, même lorsque finalement il s'éteint, soufflé par le réveil des entendements par lesquels la nature, dans toute son apparence maîtresse, s'exprime violemment.

Et cette part de raison absolue maculée des effets du chaos est l'écrin naturel accueillant une société humaine plus heureuse, et plus fière.

Il est temps encore de considérer notre appartenance à une histoire construite autour de dynamiques proprement humaines portant à la dénaturation du genre, et d'impliquer tout notre être dans le raffermissement de la perfectibilité de son essence, à savoir le pouvoir illusoire de sortir de l'emprise naturelle et chaotique.

Dés lors que les hommes auront accepté de reconduire dans chacun de leurs actes la part d'un extrait de cet élan dénaturant, ils seront prêts à rentrer de front, la tête haute, dans le processus tant attendu de Surhumanisation.

Ils seront enfin prêts, plus de deux cents ans après l'origine législative de la dénaturation, à apparaître en tant que prétendants Surhommes.

L'homme en regard du Surhomme

Le choix fondamental qu'il s'agit d'opérer pour conforter sa propre personnalité, à savoir l'adoption d'une éthique de vie confortant l'acquiescement ou la révolte vis-à-vis de la nature chaotique de l'Etre, ne doit pas être effectué dans le cadre de la Surhumanité.

Au contraire, c'est en prenant conscience de la validité de l'une ou l'autre des démarches possibles, à savoir chercher à rompre avec cette nature, ou bien participer ouvertement à son accomplissement dans son être, que le Surhomme tendra à l'universalité de son système, composé par un entendement éveillé aux réalités de l'Etre.

Ne pas parvenir à faire ce choix déterminant pour la construction de sa personnalité, là est paradoxalement la force du Surhomme.

A partir de ce point, qui fera connaître au prétendant Surhomme les affres bénéfiques à son être du doute absolu, va se former une personnalité originale, une personnalité dans laquelle le doute va aller à la rencontre de l'édification valide d'un système sublime, la morale réformée.

A partir de l'instant ou ce système trouve l'écho de sa structure dans chacun des entendements prêts à se Surhumaniser, le déclenchement de l'émergence d'un heur des plus opportuns pour tous a lieu.

Car il est dorénavant possible de capturer matière à devenir heureux en puisant sa force dans les méandres chaotiques de l'Etre. Le Surhomme, homme conscient absolument, peut parvenir à son propre bonheur en s'appuyant sur chacun des aspects révélés par le système EDC.

La liberté recouvrée est un des aspects importants offert aux vues de l'entendement par ce système. D'autres déductions viendront combler le déficit informationnel prodigué par le vide métaphysique au cœur duquel repose l'Etre.

Dés lors la raison, éclairée du doute absolu, prendra la place laissée vacante par toutes les religions qui se seront révélées impropre à apporter le bonheur revendiqué par l'humanité entière.

La seule certitude sera celle enseignée par le nouveau système, à savoir la place inopportune de l'homme dans l'Etre.

A partir de là découleront les effets d'une désespérance profonde rapidement comblée par l'apport prometteur d'une liberté totale offerte aux prétendants Surhomme en guise de bienvenue.

Il faut absolument préparer la venue du Surhomme comme on prépare la venue d'un convive dont on attend beaucoup.

Il viendra du cœur de nos corps pour affirmer au monde des hommes que l'être Humain, comme idéal commun, loin d'être un aboutissement, n'est que le passage nécessaire avant d'atteindre d'autres modifications du genre humain.

Le Surhomme est l'avenir de l'homme et le passé d'autres formes de conscience. C'est ce vers quoi il faut tendre pour rétablir le principe même de l'évolution, principe freiné par l'entrefaite des religions officielle, productrices d'illusions néfastes au principe fondateur de la vie.

La sélection naturelle a été presque anéantie par la montée en flèche du sentiment de pitié, exprimé dans un altruisme équivoque. Il n'est, néanmoins, pas question de renoncer à son empreinte positive sur le bonheur humain.

Il devient donc nécessaire de reconquérir par la plus grande force de l'homme, qu'est sa volonté, l'élan, finalement déniée, à l'origine de l'évolution naturelle. Cette merveilleuse volonté d'évoluer, peut et doit se traduire par la volonté d'atteindre les prémices de la Surhumanité.

C'est en visant cette éventualité que l'homme pourra fièrement, consciemment et honnêtement reprendre les chemins qui le mèneront au palier supérieur de l'espèce.

En tendant vers la Surhumanité, l'homme connaîtra le plaisir d'impliquer tout son genre, le genre humain, dans l'évolution naturelle, et de subordonner chacun de ses problèmes individuels malheureux à la survie globale de l'identité humaine. Il connaîtra en plus le bonheur relatif à l'apparition en lui, des attributs de l'homme supérieur, de l'identité du Surhumain.

Ainsi, originellement simple individu enclin à supporter les malheurs entraînés par une méconnaissance de la nature chaotique de l'Etre, l'homme prétendra se modifier en entrant fièrement et consciemment dans les plaines radieuses et inexplorées de la Surhumanité, humanité faite d'hommes rendus susceptibles d'ériger de nombreuses occurrences d'un bonheur absolu par la connaissance concrète des réalités de l'Etre.

Abjecte condition

C'est dans la solitude intense de son abjecte condition que le Surhomme se reconnaît, un temps, unique. Il en est ainsi de son apparente réalité, esseulé au centre d'un cercle formé sur les traverses du chaos.

Il se retrouve seul car toutes les illusions, édifiées pour lui permettre de se perdre dans la nature naturante, se sont écroulées avec l'avènement de l'honnête révélation de sa condition d'homme.

L'amour, l'espérance en une résurrection future ne sont plus. Subsiste seulement la réalité de l'homme, un amas de matière entreprenant qui veut plus que tout persévérer dans son être. Et le Surhomme, par sa conscience de la réalité de sa nature, dépasse de par son niveau d'évolution l'être humain.

Surpris par l'intensité de sa désespérance, il hésite dans un premier temps, à revendiquer sa volonté de puissance, en acquiesçant à tout rompre.

Puis, lorsqu'il a trouvé la force de traverser cette étape en prenant garde de ne pas y être trop affecté, il extrade de tout son corps l'affirmation de sa puissance reconquise sur le chaos.

C'est ainsi que d'homme affaissé, c'est un Surhomme qui se relève.

Il n'a que sa force à opposer à l'extinction de toutes les illusions, et il lui en faudra beaucoup pour se reprendre et accepter. Accepter l'inopportunité de sa position dans l'Etre, accepter de n'être qu'une entité cherchant désespérément à persévérer dans son être particulier.

En acceptant de vivre avec la connaissance de cette vérité inaliénable, le Surhomme entre dans l'apparence de son propre vouloir. Il prend partie dans un jeu qui tente de l'accaparer en totalité.

Mais s'il sait résister, dés lors adviendra de sa volonté de puissance les bienfaits sur son corps, que l'authenticité de sa conscience fait vivre.

C'est pourquoi la liberté soumise à la reconnaissance des affects de la Surhumanité n'est pas enviable en soi. C'est la liberté offerte par le néant au « quelque chose », une liberté qui, si on n'y prend garde, détruira les apports de la civilisation humaine à cette entité miraculée.

Car s'il est question d'effleurer la tentation d'agir en prenant en compte uniquement l'action particulière, il est hors de question d'inciter les individus à encenser l'individualité reine. La vie en communauté à des règles que la morale, même réformée, doit conforter.

Ainsi le Surhomme connaît une liberté qu'il ne peut appliquer car la vie en communauté l'y interdit. Il se sait détenteur d'une liberté totale, mais sa compromission dans la société fait qu'il se doit de respecter d'autres règles que celles exprimées par son propre corps.

C'est ainsi que l'homme ne perd rien de sa civilité en se Surhumanisant. Il accepte de côtoyer sa liberté extrême sans jamais y accéder simplement.

C'est là la première loi qu'il se doit de respecter, en connaissance de sa liberté totale, il ne doit qu'en jouir en puissance, il doit la maintenir idéale et ne pas la maculer de ses expériences.

C'est là toute la difficulté qu'opère la définition de cette liberté pour le Surhomme. Cette liberté est universelle, c'est-à-dire qu'elle est du même ordre pour toutes les entités qui peuvent en jouir virtuellement, pour tous les hommes.

La révélation de cette liberté absolue pour l'homme ne doit pas l'inciter à l'expérimenter par des actes contraires à l'ordre de la société, elle doit, au contraire, le mener à la Surhumanité, c'est à dire à la conscience de la réalité de ses actes.

Le Surhomme était un homme qui a choisit délibérément d'opter pour la clairvoyance de ses actes et de leurs conséquences. Il sait que pour vivre heureux, ce que bien entendu il cherche, il faut s'investir totalement dans la recherche d'un heur opportun par, entre autres, la relation particulière avec l'autre.

La Surhumanité, par un chemin plus honnête, rejoint en fait ce que la morale humaine a dit de mieux, pour parvenir au bonheur il faut que les hommes s'entendent sur les moyens d'y parvenir.

Il faut que les hommes décident d'un commun accord de suivre un même chemin, celui décrit par la recherche de la Surhumanité, par exemple...

L'évolution et la Surhumanité

La Surhumanité, ce vers quoi tend le prétendant Surhomme, est un état de l'être qui apporte à l'homme qui le recherche l'extremum de l'heur le plus opportun et son contraire.

Le Surhomme ressent tour à tour les bienfaits palpables prodigués par sa conscience révélée, et l'ultime désespérance qui est liée à la clairvoyance de la position inopportune de l'homme dans l'Etre.

Ces sentiments sont bien supérieurs en intensité à ceux ressentis par l'homme délaissant l'imprudence de se Surhumaniser, ou n'en ayant pas conscience. Ils donnent le relief, longtemps espéré, de la vie consciente en adéquation avec le chaos.

C'est ce qui fait que la Surhumanité soit un état de l'être enviable, et promis à un si bel avenir.

L'exaltation des sentiments est la fin recherchée par l'homme dans toutes ses activités ludiques. Le mieux est d'en faire l'ultime fin de la morale et de l'éthique de vie globale, tout en reconnaissant bien entendu la valeur indispensable du repos. Car, dés lors l'activité humaine devient l'application du désir humain. On ne vit plus pour ces petits instants de bonheur épars. On vit pour l'accomplissement d'un heur global, le plus opportun qu'il soit possible d'imaginer.

Voilà la finalité de la vie dans la Surhumanité, faire apparaître le bon heur le plus haut, à jamais présent au cœur des Surhommes. Et pour y parvenir, il faut l'opposer au plus grand malheur qui soit, la désespérance.

C'est pourquoi, dorénavant, à partir de ce qu'il nous est permis d'imaginer maintenant, l'idée de la Surhumanité découlera elle-même des sentiments éveillés par une conscience affirmée absolue, conscience que nous mènerons à ce point par l'enseignement de l'EDC, ou par celui de tout autre système honnête de compréhension de l'Etre qui aboutisse à la prise de conscience de la position inopportune de l'homme dans l'Etre.

Car ce qui a retardé, ce qui a restreint jusqu'à l'anéantissement, l'évolution humaine, arrêtant toute progression de l'être humain vers son niveau supérieur, le Surhomme, c'est la considération de la place privilégiée de l'homme élu.

En effet, en considérant l'homme comme l'exception dans la nature, comme titulaire d'une place situé au summum de l'évolution possible, comme « le fils de dieu », l'homme religieux a dangereusement ralenti l'évolution et a inconsciemment mis en péril l'avènement de l'homme supérieur, concept nécessité par la reconnaissance du travail opéré par l'évolution sur les êtres vivants au cours des millénaires.

Pour relancer cette dynamique évolutive, il faut faire prendre conscience aux hommes de l'invalidité d'un système qui place l'être humain à l'extrémité d'une évolution arrêtée, et les amener à repenser leur place dans l'Etre total.

S'il est un principe important dans le temps, c'est celui de l'évolution, et en particulier, pour un être doué de conscience de soi, l'évolution humaine. Celle-ci doit donc être confortée dans son être, pour prétendre mener l'être humain à un niveau de complexité supérieur.

L'homme ne doit être qu'un aboutissement passager, l'humanité entière doit être un passage vers une forme de vie plus aboutie. Il faut relancer cette évolution prometteuse en rendu sublime.

Il faut que le Surhomme, la prochaine étape du processus évolutif humain, soit perceptible au moins dans l'idée qu'on s'en fait. Et tendre vers la Surhumanité doit être l'intention générale de l'homme. Se Surhumaniser doit être son ultime espoir.

Il est bien entendu que ce processus ne se fera pas sur une génération, mais s'ils restent l'ultime dessein de l'homme, un jour apparaîtra, au milieu du groupe humain, un être doté de la conscience absolue de l'Etre. Cette entité sera le début d'une longue lignée d'êtres, supérieurs à tout ce qui s'est jusqu'alors matérialisé, de Surhommes, formellement…

En attendant ce jour glorieux où le premier des Surhommes criera sa rage de vivre, les hommes doivent prétendre à cette vue de l'esprit pour qu'elle puisse un jour s'incarner, doivent préparer l'avènement de cette probité de l'Etre en acceptant honnêtement et consciemment leur position incidemment dégradée dans la substance totale.

Accepter (et combattre) en toute conscience de vivre au milieu du chaos, et d'en être partie intégrante, voilà la plus aisée des méthodes de fomentation à la Surhumanité.

Ainsi, l'évolution sera reconduite au cœur de l'homme, et un bonheur parfait s'y plongera pour longtemps…

L'homme universel

Exécution sommaire

Qu'advient-il de tous ceux qui ont donné leur vie pour l'émancipation de l'homme en regard de la nature ?

Eux, pauvres consciences de titan, ont voulu accroître la part d'humanité en l'homme, ont glorifié la raison reine pour qu'elle puisse s'amplifier et atteindre la primauté de ses effets sur les contingences chaotiques naturelles...

De quel droit se permet-on d'oublier de les encenser ?

Il y a quelques années encore, on pouvait croire que la nature lâcherait du leste, et permettrait à l'homme d'asseoir son pouvoir sur l'expression de son humanité. Quels dérisoires effets de l'imagination d'hommes malades du peu de foi en l'insouciante nature !

Depuis ces temps mémoriaux bien des choses ont changé. Le chaos géométrique a fait une entrée fracassante dans la somme des connaissances puisées au cœur des phénomènes dorénavant connus.

Le chaos a, dans un dernier sursaut de fierté expansif, révolutionné la confiance de l'homme en son jugement serein et raisonné.

Alors que faire de cet amas de certitudes ? Pouvons-nous nous avouer vaincu et déposer les armes aux pieds de la Nature toute puissante ? Ou devons-nous au contraire exciter notre fierté pour nous relancer à l'attaque du despote chaotique ?

« Tu rêves encore si tu penses qu'un jour tu parviendras à annuler les effets de la nature sur ta vie... »

J'entends une voix ! Qui est-ce qui me parle ainsi ? Si... si c'est là la substance de ton discours, je préfère encore m'arracher les tympans que de t'écouter ainsi démystifier ma quête. Tu ne peux, dans mon système reposant sur l'éthique de vie nouvellement convenue, qu'avoir tort !

« Alors que la nature fait office d'enseignants des consciences acérées, tu t'échines à contredire chacun de préceptes qu'elle a tant de mal à introduire dans ces entendements, fatigués de la lutte qui s'est engagé voilà plusieurs millénaires.

Pourquoi est-ce que tu ne te rends pas à l'évidence ? Tu as tout faux, et tu as suffisamment de fierté pour penser que c'est un bien ! »

Non ! Laisses-moi tranquille ! Ne m'abreuve pas de tes évidences ! Qu'imagines-tu que vont faire les plus conscients des hommes ? Se ranger, tels des pauvres moutons effrayés par le feu mais réconfortés par la présence de leur maître, ou bien aller au devant de leur inéluctable anéantissement ?

Ce que tu proposes est tellement peu bénéfique à l'orgueil des quelques hommes qui sont âprement conscients de leur situation, que tu peux imaginer qu'ils ne seront jamais tentés d'y participer.

Au contraire, voilà bien une raison de plus de résister et de se battre jusqu'au bout pour qu'enfin on puisse continuer à croire à la résurgence d'une illusoire liberté issue de l'écart prodigué par le feu entre le maître et son esclave.

Alors que peux-tu dire de cela ?

Voilà une bien jolie déclaration de guerre qui promet aux adversaires de payer de lourds tributs.

J'ose dire ce que je veux, à savoir que l'humanité, dans son intégralité, toujours essaie de s'écarter de la mainmise naturelle pour affirmer à qui de droit sa valeur d'exception.

Ainsi elle se reconduira sur le chemin de l'évolution, sur les traces du Surhomme…

Testament

Il y a quelque chose à l'intérieur de mon corps qui cherche à en sortir ce soir, maintenant, depuis toujours… L'exode, il recherche l'exode de mes chairs. J'ai trop mal. Alors je pense, je m'évade dans l'autre attribut celui qui m'apparaît comme un être parfait.

Quand je me noie dans l'absolu bleu de ma nouvelle réalité, celle qui, virtuelle, réside encore pour un temps dans l'agencement de molécule qui forme mon entendement, je saisis un extrait du physique limité contre les afflux incessants de la douleur, et je l'oublie.

Je reçois dans ma chair un extrait de celle qui m'offre une métaphore de tout. Je bois la mer. Mais à l'intérieur celui que tout le monde nourrit en se prenant au sérieux, l'ogre jaune gratte, arrache, dévore essayant d'atteindre l'autre paroi, une échappatoire vers l'extérieur…

Et moi, au milieu Je lui parle en embrassant la beauté absolue, profondeur extatique, abysse bleu roi.

Ce qui est sûre, c'est que si quelqu'un s'intéresse à l'humanité et veut l'élever au niveau supérieur, dans son innocence maculée d'une intense probité, il devra s'allier avec les hommes pour qui l'action prévaut sur tout.

Ainsi il pourra impliquer l'espèce humaine dans un élan ascendant, entraînée par ceux qui n'envisagent même pas les bienfaits d'un tel ordre des choses.

Un jour, après avoir subit le summum de la douleur, je regarderai mon crâne se découper lentement en deux, puis ma gorge se scindera aussi m'empêchant de crier, enfin le reste de mon corps. Et quelque chose de paradoxal écartera les amas de chair, tout heureux d'apparaître ainsi avec effroi.

Un jour, si d'ici là je n'ai pas pris une décision quant à l'appel de la fuite du néant vers le néant reconstitué. J'ai vraiment besoin de disparaître autre part que dans ces deux tas de viandes, identiques que l'infini sépare.

Vraiment.

Tout autour de moi, quelquefois, entre deux états de mon effroyable conscience, surgit une traînée bleue, une traînée de cela que je ne sais pas appeler globalement.

Alors, je me lève et je la suis pour savoir où elle veut me mener, j'essaie de m'en saisir mais elle me devance toujours, comme une ombre. Et toujours, épuisé, je la laisse s'éloigner alors que je m'allonge pour me réveiller dans l'ocre. Epuisé ou bien alors trop faible, infiniment trop faible pour poursuivre.

Je dois prendre refuge, écarteler les faits, déchirer mon esprit, torturer, torturer, torturer.

Mais surtout, il ne faut pas que je jette à l'intérieur de moi de quoi nourrir une vérité démesurément fausse, celle de mon apparence. Je sais que je ne suis pas, rien n'est. Rien n'est sauf celui qui en prend conscience et se martyrise jusqu'à la perdre.

Et quand le chaos se sera stabilisé, il éclatera en faisant éclater à leur tour tous les tubes qui joignent l'extrémité de mes synapses aux affronts du reste. Et Je serai libre, immensément libre de ne plus être emprisonné autour du geôlier.

J'aurai enfin gagné le pouvoir de ne plus avoir rien à perdre.

Et je hais tellement les confrontations qui semblent alourdir ma volonté du peu de moi que j'arbore fièrement. Je les hais mais j'en jouis comme un traître quand j'oublie qui en est la victime.

Et dorénavant, je sais que, intensément épris d'une vitalité redondante, alors que je me sens contraint d'exister autour du gardien, je vais calmement recoudre ma gorge.

Mais, évidemment, il m'est demandé insidieusement de vivre, encore, au moins pour un temps...

Atroce paresse

Je suis assis au bord de la route qui mène à la ville, sur laquelle passe quotidiennement un nombre considérable d'hommes qui se dirigent vers leur occupation du moment, ou qui en reviennent.

Je regarde ces êtres s'enfuir vers leur aconscience.

Je me plais à les voir tels des animaux, cherchant inexorablement à oublier les vues de l'Etre qu'ils ont du certainement avoir, mais qu'un regain de terreur envers la vérité leur a fait rejeter au tréfonds de leur mémoire.

Ils sont petits, non de la petitesse des fourmis bâtisseuses, mais de celle de ceux qui possèdent l'aptitude à la grandeur, et qui ne jettent de regards que vers le bas.

Dès lors que ceux-ci refuse la conscience exaltée des prétendants Surhommes, dans quels entendements ai-je l'espoir de voir surgir cet idéal de la pensée moderne qu'est la conscience acérée du monde ?

Ceux-là ont le pouvoir sur la matière, et ces autres ont la rage de n'être point titulaire d'une part de ce précieux pouvoir, sans lequel il leur est dorénavant impossible d'imaginer faire naître une vue honnête de l'Etre dans ces petits entendements effroyablement spécialisés. Quel paradoxe ! Encore un...

Par un curieux phénomène d'illusoire apparition, qui me tend les bras du fait que je ne connaîtrais jamais l'ultime satiété de mes faims originelles, j'entreprends de parler avec mon double.

Celui-ci s'est glissé à mes côtés lorsque je m'apprêtais à me relever pour continuer ma route. Il m'a regardé de ces sublimes yeux d'anges qui me font préférer, et de loin, les yeux carbonisés d'un petit démon.

Pendant quelques instants il n'a rien dit, puis s'est décidé à me parler par l'entremise de mon cerveau malade.

Voilà ce qu'il a déclamé.

« N'entrevois-tu pas la taille exceptionnelle de la tâche que tu as décidée de mener à son terme ? Ne te sens-tu pas découragé face à l'adversité dont tu effleures la présence en regard de tes actes ? Moi, à ta place, il y a longtemps que j'aurais baissé les bras...

J'aperçois en toi l'inclination au renoncement des valeurs exceptionnelles de ton système, matérialisé par cette goutte de mer échouée sur ta joue.

Laisses-toi porter par cette douce torpeur, libératrice des élans des restes d'animaux issus des millénaires passés. Assois-toi au pied de l'arbre centenaire, et broutes-en les racines tendres !

Tu es porté naturellement à la paresse, pourquoi résister et aller au devant de troubles provoqués à ton encontre ?

Endors-toi, endors-toi simplement et durablement ! »

Non ! Il faut que ce double s'en aille !

Je vais me lever et partir travailler moi aussi.

Mais pas un travail libérateur des contraintes engagées dans la reconnaissance honnête de la véritable position de l'homme dans l'Etre, non, mon travail, celui qui me porte à prodiguer la révélation, l'ultime révélation qui place l'homme au cœur d'un système agité par le chaos géométrique, et dont la valeur ne s'écrit qu'à partir des exploits dénaturants des hôtes du système.

Il faut que je trouve le courage d'impliquer dorénavant dans ma quête de l'absolu, plusieurs hommes qui seront capables de se soutenir, et de me soutenir, quand l'adversité des éloges funestes grandira, et fera ressembler l'ultime révélation à un amas de probabilité utile à provoquer l'extinction de la vie consciente sur terre.

Ainsi l'absolu survivra aux luttes internes de l'humanité, qui se dévoile comme toujours, avide de plaisirs et contrainte d'en profiter.

Collusion

Non !

Il viendra le jour où un homme d'espèce supérieur osera s'avancer au milieu des bêtes, ces pauvres animaux qui essayent par des moyens inappropriés de ressembler à des dieux.

Pourquoi est-ce que vous avez encore le courage de douter ? D'où vous vient cette exécrable manie ?

J'ai encore rêvé de mon inavouable quête de pouvoir. Pouvoir exister, pouvoir vivre, pouvoir espérer en l'avènement du Surhomme...

Et je peux certifier qu'à l'aube de ces temps de ravissement, qui mérite un certain enthousiasme, il faut, pour que le bonheur advienne, se liguer tous autour d'un même projet, et le mener à bien dans une même dynamique constructive.

Mais quelquefois, au détour d'un de mes sournois phénomènes de pensée, je suis pris d'une crainte puérile qui me terrifie, jusqu'à me donner l'envie de clôturer cet exemplaire de vie humaine dont je suis d'ailleurs le seul ordonnateur.

C'est certainement le doute absolu qui m'entraîne dans ses couloirs obscurs et nauséabonds, le doute qui prévaut sur chacun de mes actes, prêt à me tancer pour me ramener dans sa droite ligne, chemin pentu et verglacé.

Est-ce cela la vie que tout le monde semble apprécier outre mesure ? Ou n'est-ce que la vie aventureuse de ceux qui entretiennent peu de foi, et beaucoup de doute...

Rien ne supporte plus l'essence même de mon procédé d'absolu !

Je suis ainsi vivant, en retrait, à ne plus savoir que faire pour reconquérir ma propre puissance dont j'ai eu si longtemps la volonté. La désespérance qui m'habite n'a que faire de cet extrait de probité qui s'affiche conquérant, mais qui n'a même pas le courage de continuer à exister.

La mort ! Cette rivale toute puissante qui manifeste de l'enthousiasme à trouver chacun des hommes qui ont fait acte de conscience âprement développée, et tous les autres aussi d'ailleurs.

Cet ersatz d'anthropomorphe qui raille plus que raison à chaque fois qu'elle entreprend d'annuler l'arrangement de molécules carbonées qui fonde l'homme...

Que d'illusions !

Et je continu à élever les fondations de mon ultime lubie, celle qui s'arrange à tous les coups pour apparaître attirante. Petite putain, va !

Je ne sais plus ce que je veux en fait. Si c'est construire un château de sable, je peux m'en passer. Bien d'autres occasions se présenteront à moi, en d'autres temps je pourrais piétiner ma fierté, mon doute absolu, ma lubie moralisatrice. J'ai la nausée...

J'ai échafaudé de mes mains les fondations de cette cité bleue et les outils pour la détruire. Je m'apprête à agir en résonance avec ma propre disparition. Tout anéantir avant de s'en aller.

Je vais être malade...

Un rayon de saphir touche le fond de ma pupille.

Ai-je rêvé ?

Je submerge de mon état second comme un autre homme.
Je réalise que je peux encore rêver du plus pur des rêves. Moi, un homme libéré de toute l'emprise des autres sur ma raison, je m'élève vers ce quelque chose qui arrive à me surprendre encore, dans le sens que j'ai donné à ma vie, vers le bleu, vers mon absolu, l'absolu.
Je ne crois en rien, je crois à lui, au Surhomme.

Le sens caché

Cela ne peut s'énoncer simplement. Une certaine illusoire adversité qui s'ébat à la frontière de la réalité et de l'illusion. Comment se pourrait-il qu'il y ait du vrai là-dedans ?
Toujours, j'ose penser qu'il y a du sens par delà les nues, un sens voilé, mais un de ceux qui, lorsqu'ils se dévoilent font sentir, à ceux qui n'en avaient pas conscience, toute la trivialité du sujet.

Voilà que ça recommence.
A nouveau, mon double, ce jumeau opposé à mon propre vouloir, l'expression déphasé de ma conscience s'avance. Il sourit d'un sourire grave qui ne me laisse rien présager de bon.
Alors que je remarque qu'il tient dans une de ses mains un morceau de papier manuscrit, déjà il ose m'adresser la parole.

« Voilà que je viens à ta rencontre pour parler.
J'ose espérer que tu as un instant à m'accorder, un instant lors duquel tu t'efforceras de ne pas agir à l'encontre de quelque morale que ce soit. J'ai à te parler de la plus sérieuse aventure que l'homme n'ait jamais connue. »

J'acquiesce.
Il poursuit.

« Tu désires du plus profond de ton entendement n'avoir tord lorsque tu considères l'homme actuel comme le summum de toute l'hominisation préalable.
Et tu as peut-être raison, mais sois en sûre il n'est pas d'homme suffisamment conscient originellement pour concevoir avec clarté toutes les implications de ton système de fou !
Comment peux-tu penser qu'un homme, un seul homme, puisse parvenir à adopter les préceptes que tu mets en avant sans y risquer son esprit raisonnable ? Il te

manque une issue, un terrain viable, où tu puisses conduire tes prétendants Surhommes.
Ceux-ci, dans l'état de fait qui régit l'intégrité de ton système, se dirigent vers une impasse, ou plutôt vers un gouffre qui, dés lors qu'il les aura engloutis, ne leur permettra jamais de faire demi-tour et d'oublier.
Comment peux-tu vouloir amener ces simples hommes à connaître la monstrueuse désespérance absolue ?
C'est là l'idée d'un esprit dérangé, ou bien aveuglé par sa misanthropie. Penses-tu honnêtement que cela soit nécessaire à leur émancipation ? »

Il rit aux éclats.
Je me morfonds dans ma réflexion dans l'espoir de trouver un argument, un seul, à lui opposer.
Puis, dépité, je finis par me lancer.

« C'est vrai que j'ose imaginer que je ne suis pas le seul à avoir assemblé les phénomènes de pensée qui permettent à un entendement aiguisé avec justesse de saisir en une fois toute la vérité de l'Etre.
Mais que faire de ma vie, si ce n'est tenter d'instituer de la hauteur dans les considérations subjectives des hommes à l'égard de leur niche environnementale ?
Je n'ai rien à perdre, tout à gagner, et la joie, dont l'occurrence devient peu à peu plausible dans ma fuite en avant, suffit à me tenter et à m'inciter à conduire ma vie sur les longues traces de l'avenir.
Alors je prends le risque.
Je prends le risque d'essayer de conduire l'humanité vers la Surhumanité. Pour que ma vie ait un sens, par delà le bien et le mal créé par le judéo-christianisme, pour maintenir l'homme dans une voie, évidemment, qui l'amène à préciser sa valeur.

Il fut un temps où il suffisait de peu de choses pour contenter la curiosité des hommes. Une fable bien sentie, qui contait l'illusion de la formation des consciences, suffisait à leur bonheur.
Mais ces temps ont changé.
Dorénavant, alors que certains hommes ont incité à la recrudescence des valeurs aiguës de la conscience acérée, les hommes ne se satisfont plus de ces sortes de légendes censées offrir, à ceux qui les conçoivent valides, une léthargie suffisante, de leur instinct de découverte, pour les préserver de la chute dans les méandres inopinés d'un vide métaphysique monstrueux.
Non ! Dorénavant ils le touchent ce vide, ils l'effleurent de toutes leurs paumes cognitives. Ils en sont conscients, et peuvent à présent s'en servir pour édifier leur lubie moralisatrice, le pallier supérieur de l'humanité, leur cité novatrice, la Surhumanité.

Alors ne vient pas me dire qu'ils désespèrent tous de sentir la trace de leurs illusions perdues.

Bien au contraire, la conscience absolue dont je leur ai offert la mèche, leur permet petit à petit de considérer honnêtement les moyens précis qui leur permettent de viser ce pourquoi ils continuent à vivre, le bonheur, le bonheur absolu.

Ainsi, ne me fais pas rire ! Arrêtes de te torturer ! Regardes ce qu'ils sont devenus ! Des demi-dieux aux regards acérés, à l'esprit enjoué, des partisans du libre consentement au bonheur, ils ne te feront pas honte, bien au contraire.

Crois-moi si tu veux, mais ces hommes ont recouvré, par leur liberté originelle, leur pouvoir extrême de contentement de leur besoin le plus intime, la soif d'un bonheur absolu... »

Ma foi, je l'ai, si j'en crois sa main qui broie le manuscrit, entièrement gagné à ma cause.

Je crois que s'il cherche au plus profond de l'entrelacement d'idée qui lui fait sentir la tangibilité de son entendement, il comprendra mes recherches d'absolu. Il comprendra combien puissant est l'élan qui me tire vers cette lubie. Il comprendra que je ne puisse faire autrement que tenter d'insuffler au cœur des hommes l'esprit de ma quête.

Ma quête de sublime, de grandeur,

de Surhomme.

De l'EDC à la morale réformée

Les prémisses de la morale réformée

Etant donné que la morale est un ensemble de règles qui visent à définir un élan vital pour un groupe d'homme afin de les mener d'un état à un autre, alors une morale se doit d'être reformée quand l'espèce de conscience qui l'a créée n'est plus.
Car la conscience du groupe d'homme définie ses attentes du système réalité.

En l'état actuel de la conscience de l'humanité, il est indispensable de modifier en profondeur les fondements et les axes de la morale judéo-chrétienne. Celle-ci, à bien des égards a servi l'homme au cours des siècles. Mais elle a, dans une naïveté navrante, effroyablement desservi l'espèce humaine.
En considérant l'homme autrement que comme l'animal conscient en voie de perfectionnement qu'il est, cette morale a pourri l'essence même de la dynamique évolutive du règne animal en l'homme.
Il n'est plus alors question d'homme supérieur.
Cela est pourtant le seul et l'unique dessein du genre humain.
Il est encore temps de rétablir une émulation de sélection naturelle par l'acceptation mutuelle d'une nouvelle morale, construite en vue de reconduire l'évolution de l'animal humain.

Afin de retrouver cette dynamique évolutive égarée, il faut créer un environnement susceptible de réveiller chez l'homme ses instincts de perfectibilité.
Maintenant que le développement de sa conscience rend possible la tangibilité du néant qui l'encage, l'homme peut intégrer dans l'ensemble de ses actes les affects d'une morale légitimée.
L'homme à venir aura le corps lisse de l'adolescent mais la conscience acérée du vieillard. Et c'est par l'accroissement dirigé de la conscience du genre humain que l'on recréera chez cet homme une dynamique visant à la Surhumanisation.
L'homme ne devra plus qu'exister pour lui-même, mais aussi comme un extrait de l'espèce humaine, exister pour les autres.

L'instinct de pitié malencontreusement mis en avant par la précédente morale sera remplacé par un élan raisonné de perfectibilité pour l'intégralité du genre humain.
Au lieu de chercher à sauver l'autre, on cherchera à se produire en totale adéquation avec le genre en totalité, l'égoïsme au service de l'espèce.
C'est la juxtaposition des élans personnels produit, vers l'amélioration de son propre état, qui permettra à l'espèce humaine dans son abstraction de s'élever vers les fondements naissants de la Surhumanité.

C'est en s'efforçant de faire parvenir sa conscience à un point situé nettement au-dessus de son point de départ, que l'on permettra à son identité naturelle de faire de même, et par-là à l'être de l'espèce de s'élever.

Afin d'y parvenir, il faudrait peut-être restituer aux catégories auxquelles chacun appartient les forces nécessaires pour préserver leur intégrité et combattre celles des autres, ceci afin de préserver des rapports de forces initiateurs de grandes évolutions.
Aussi, faudrait-il hisser l'inégalité, la pluralité dans la différence, au rang de plus grande des vertus de l'espèce humaine.

Prologue

Pour fonder mon système, je suis parti, à l'origine, de deux avancées notoires récentes de la science.
L'une concerne la relation étroite existant entre une idée abstraite et son support matériel, le neurone, mis en évidence par la biologie moléculaire.
L'autre concerne le mode de déploiement de l'entité Etre dont la particularité, à savoir qu'elle fait le choix d'une branche de développement conséquente à la faveur d'un détail de faible taille en regard de l'échelle employée pour étudier le phénomène, a été mise en lumière par la théorie du chaos.
Ces deux phénomènes, mis en évidence récemment, amène l'homme à reconsidérer sa propre position dans l'univers.
Il n'est donc évidemment pas cet enfant d'un dieu tout puissant à qui son père a offert la liberté de faire ce que bon lui semble, et ce qu'en quoi la morale judéo-chrétienne veut nous faire croire.
Il n'est pas non plus l'incarnation d'une âme voyageuse que les années ont rendue plus apte à reconquérir un paradis total, ce qu'en quoi la morale bouddhique veut nous amener à croire.

Non, l'homme nous apparaît plutôt comme un amas de matière biologique, aboutissement d'un processus chaotique, et qui par ce fait s'est mis à avoir conscience de son être et de l'Etre total.
Il ne désire que persévérer dans son être, et assurer par cela la persévérance dans son être de la nature qui l'a fait naître.

Cette prise de conscience de la trivialité de l'existence humaine, de l'inopportunité de la position de l'homme dans l'Etre, ne peut qu'amener l'imagination de l'homme à construire un concept favorisant la vie et reconduisant ainsi sa conscience à fomenter l'acceptation sans limites de la vie pour elle-même.
Et ceci parce que la vie, même consciente, ne peut habituellement pas être portée à se détruire.
Ce concept est dans ce cas l'avancée imminente de la Surhumanité.

Et avec le concours de la raison pour la validation d'un tel système, celui-ci se présente ainsi aux entendements déjà sensibles au vide métaphysique qui les entoure :

L'homme est issu de l'application de l'évolution naturelle sur un effet du chaos : la vie. Il n'y a pas de raison que le mouvement s'arrête, et il faudrait, qui plus est, que la prise de conscience d'un tel phénomène entraîne sa reprise et son accélération par les bons soins du principal intéressé, l'homme.

Le produit de la reprise de l'évolution naturelle sur l'homme aboutit, par analogie aux phénomènes ayant eu lieu préalablement, au concept de Surhomme.

Ce dernier serait donc ce vers quoi tout homme conscient absolument devrait tendre pour permettre au bonheur de s'installer en son sein, bonheur issu de l'élévation de son être provoqué par la tentation du Surhomme.

Et mis à part la joie à retirer de la reconduction d'un ersatz d'évolution naturelle, rien ne justifie la vie de l'homme. Le seul but probant d'une vie d'homme doit être la recherche d'un bonheur entier, et rien d'autre, aucune autre illusion, ne doit venir en distraire l'entendement humain.

La continuation de la vie avant la naissance et après la mort apparaît dés lors comme un concept dénué d'existence matérielle, une illusion issue d'un travail de l'imagination sans le contrôle de la raison.

Pour faire rentrer l'entendement humain dans un processus de reconnaissance d'un pan de la vérité découvert par la raison servant la science, il faut mettre en place un système permettant l'accès aisé à cette révélation.

Le système Entité-Dynamiques-Cycle est un moyen naïf mis en œuvre pour cette fin. Il permet, à l'homme qui le désire, d'entrer aisément dans la logique sus décrite.

En adoptant cette méthode de reconnaissance de la place inopportune de l'homme dans l'Etre, l'homme prétendant à la Surhumanité connaîtra les bienfaits prodigués par cette révélation.

En particulier, il effleurera la liberté totale originelle apportée par la mise en relation de la petite particule humaine et de l'Etre infini et global.

Dés lors le but est atteint. La persévérance dans son être de la vie a lieu tout en acceptant de reconnaître la validité des faits récemment découverts, et qui contredisent entièrement le genre de croyances jusqu'alors consenties.

La mise en place d'une morale réformée est alors engrangée dans la plus parfaite des conditions, la reconnaissance effective de la validité d'un tel système.

Et l'homme peut donc concentrer toute son énergie à la quête d'un bonheur entier, à la quête des effets de la reprise de l'évolution naturelle vers les plaines inexplorées de la Surhumanité.

L'homme qui recherche le Surhomme en lui connaît le bonheur, révélé par la lente ascension de tout son être.

CQFD…

Concept velléitaire

Dés lors que la conscience de l'homme est maintenue captive dans les geôles souterraines du déroulé chaotique de l'Etre, dés lors que l'acte humain apparaît avec raison comme la conséquence immédiate de tout ce qui l'a précédé, dés lors que l'homme se découvre indubitablement imbriqué dans le résultat d'une sorte de dépendance sensitive aux conditions initiales, alors, il nous faut admettre que la liberté de l'individu est un concept velléitaire, une idée opaque qui inonde l'étant d'un brouillard issu du délire imaginatif d'une humanité de lâches.

Mais ce désordre de la raison n'est-il pas si ce n'est indispensable, du moins utile à la viabilité de l'individu ?

Finalement, Il faut à la personne humaine au moins ce mensonge affecté pour s'ouvrir les portes d'une naïveté jouissive.

L'individu puise dans cette illusion le pouvoir de faire paraître ses actes, de les encenser comme ceux des dieux, de faire jaillir l'essence, qu'il est possible d'idolâtrer, de la construction de ce palais idéal : la Surhumanité.

La liberté, ce grossier concept de déraison est l'écrin même d'une évolution ascendante.

Or, certain travaillent à lui rendre son inconsistance réelle.
L'acte artistique et scientifique est paradoxalement, par définition, liberticide.
Il renseigne l'homme sur sa véritable définition. Il contraint l'individu à réaliser son inavouable nature d'entité. L'artiste et le scientifique, par leurs élans respectifs vers la terrifiante vérité, construisent pas à pas l'outil misanthrope par excellence.
J'en suis de ceux-là.

En choisissant de contraindre tout son être à agir sous l'emprise de la seule raison, en délaissant délibérément la dynamique de l'illusion, l'homme tendancieux se condamne à investir le rôle du bourreau absolu.

La connaissance est irrémédiable, elle est le fruit d'un élan qui peut s'avérer destructif. Sa quête est paradoxalement le fruit d'une illusion, l'illusion d'une finalité positive qui puisse envelopper l'existence humaine d'un voile de sens évident.

La condition humaine proscrit toute tentative d'immobilisation de sa candeur originelle. Cela implique qu'un avenir dangereux se met en place, et qu'afin d'en dessiner un contour apparent digne d'accueillir les fondements de la Surhumanité, l'homme doit gérer sa méconnaissance.

C'est pourquoi le Surhomme ne peut être entièrement raisonnable, sa définition se doit d'effleurer les méandres d'une irrationalité délibérée, il doit posséder l'innocence sage de l'adolescence contrainte.

Il doit connaître la vérité absolue et en nier ouvertement les faits.

C'est seulement ainsi qu'il pourra espérer survivre au beau milieu du délabrement de sa raison totale.

Un rêve, ignoré, de liberté.

Un espace redéfini

L'Etre, dans son intégralité, est rendu perceptible à l'entendement humain par le truchement des sens. Ce sont les sens qui permettent de se faire une idée de l'espace sensible, de la niche environnementale.

C'est à partir de cette base incomplète que la masse des neurones entreprend d'ériger des structures permettant d'effleurer l'Etre global. De la simple sensation directe, le cerveau entreprend de construire une interprétation du monde, interprétation particulière, interprétation personnelle des aléas du chaos ambiant.

Car il semble évident que le monde chaotique dans lequel l'homme vit n'est perceptible que difficilement, qu'alors les structures que nous pouvons imaginer, et même vérifier à notre échelle, ne sont que des approximations, des à-peu-près qui servent nos propres attentes du monde, de la vie, du chaos.

Durant le temps qui nous est imparti pour vivre, nous essayons en fait, à chaque instant, de découvrir, d'inventer des structures de l'Etre qui nous permettent d'accéder à un certain bonheur, du moins d'évincer les questions relatives au vide métaphysique, au gouffre de sens qui nous contient.

Car l'ultime raison de ce système est de prodiguer une interprétation plausible et réconfortante du vide métaphysique.

A partir de ce moment là, chercher à ériger une nouvelle structure apparemment objective et globalisante, c'est-à-dire pouvant être acceptée par chaque entendement comme faisant partie des fondements intimes de son être, semble voué au dénigrement, à la vindicte publique.

Mais le gouffre métaphysique subsiste, et pour ceux qui en sont conscient, qui en souffrent manifestement, la perspective d'un système supplétif, censé ouvrir les portes d'un heur plus qu'acceptable, ne peut que les inciter à ouvrir leur entendement au jeu de l'esprit, qu'entendent être les fondations de ce nouveau système.

Un système global, cherchant à prodiguer une ouverture d'esprit relatif au seul problème métaphysique existant, ne peut être compris et accepté que par des hommes dont la conscience est suffisamment développée, et de la bonne manière.

Cela n'est pas un argument pour fermer l'accès du système aux hommes dépourvu de conscience acérée, mais une allégation pour annoncer l'effort qu'on entend demander aux hommes désireux de connaître et d'intégrer ce nouveau système.

L'illusion d'un espace redéfini, modifié, est nécessitée par les fondements de la définition du système EDC.

Cet espace neutre doit être intégré tel un nouvel espace, dénué d'éléments visant à en faire un espace normé.

Le système repose sur trois concepts initiaux, l'entité, la dynamique et le cycle.
L'entité, tout d'abord, représente l'objet traité, le sujet du discours.

La dynamique, ou plutôt les deux dynamiques, opposées et complémentaires, qui agissent à partir de l'entité, sont les forces qui font s'agiter le chaos dans l'Etre.

Deux dynamiques opposées agissent sur la même entité.

La première agit de façon à ce que l'entité s'individualise, se particularise dans le tumulte des entités voisines, supérieures ou inférieures. La dynamique parcellaire provoque l'accomplissement de l'entité dans son être, le fait que l'entité soit.

La seconde dynamique, par contre, provoque la fonte de l'entité dans une entité supérieure. La dynamique tribale incite à la perte de la définition propre de l'entité pour n'en faire qu'une partie de l'entité supérieure.

Elle est, par analogie, la dynamique qui force l'individualité à rejoindre ses semblables dans une entité supérieure. C'est, pour l'entité humaine, la force qui incite à la formation de tribus, qui excite le besoin de se reconnaître dans les autres, le besoin de s'associer.

Le cycle, enfin, est le déroulé temporel de l'application des dynamiques sur l'entité. Il n'est jamais identique à lui-même car modifié par l'action de l'interférence des autres cycles sur son propre déroulé temporel. Il se déroule en se modifiant tout au long de son parcours, mais il s'inscrit dans une boucle, un champ immuable.

Parvenir à intégrer l'Etre en un système basé sur trois concepts simples et efficaces, permet de replacer l'exception humaine dans une compréhension triviale de l'étendue.

L'homme n'apparaît, par ce fait, que telle une entité comme les autres, cherchant à s'individualiser et à se fondre dans un groupe.

Plusieurs cycles décrivent alors, des naissances jusqu'aux morts, la suite des vies humaines qui compose l'humanité.

L'exception humaine devient par cela entièrement banalisé, et l'homme, en cela que ses actes sont instamment dépréciés et n'ont plus l'importance qui en faisait les gages d'une éternité à venir, reconquiert sa liberté passée.

Une angoisse métaphysique naît du fait que l'Etre n'est perceptible qu'incomplètement, en fait sur la plus petite partie qu'il soit effectivement possible d'imaginer.

Et c'est à cause de la facture embryonnaire de cette connaissance que s'élève l'angoisse métaphysique qui imprègne les consciences des hommes aux entendements avisés.

Seule solution pour palier ce désespoir latent, la fuite dans l'action semble convenir à de nombreux hommes. Et c'est par ce genre de fuite que l'homme contraint sa conscience à l'inaction. Il n'existe plus dés lors que dans l'action, au lieu d'amplifier sa particularité d'être humain en étant avant tout une conscience particulière en action.

Aussi, doit-on chercher à modifier cet état de fait ?

Il n'est évidemment pas souhaitable pour l'homme d'être plongé continuellement dans le vide métaphysique, trop vite rempli d'angoisse originellement expiatoire.

C'est dans l'action que l'homme va pouvoir exister par les autres. Il va cesser d'être un être exclusivement récursif pour s'affirmer dans la réalité effective, et apparaître au travers de l'autre dans un nouvel espace, une autre conscience…

Le système Entité-Dynamiques-Cycle n'est pas qu'un système supplémentaire amenant l'homme à oublier pour un temps sa posture inadéquate dans la perception qu'il a de l'Etre.

Il est censé conduire cet homme à avoir sur sa propre condition d'entité, extrait de l'Etre, un regard honnête et clair, mais surtout optimiste par la liberté originelle qu'il paraît reconquérir.

Ce regard, qui dévoile la position triviale de son auteur au milieu du chaos environnant, mène lentement l'entendement récepteur de ces vues originales de l'Etre à l'ultime révélation.

C'est par cette seule prise de conscience que l'homme peut atteindre l'état de conscience nécessaire à la préparation de son illusoire possibilité d'apparaître tel un élément de l'humanité supérieure, dans la Surhumanité.

L'entité au centre de l'Etre

L'Etre est divisible en une multitude infinie d'entité. Chaque entité peut être l'objet d'une expérience propre, par l'entremise de l'entendement humain. On considère que cette expérience, par le truchement du jugement, provoque la greffe sur ces entités des deux dynamiques originelles.

L'entité est la partie concrète, propre au discours, elle ne prend cette forme dans un entendement humain que parce qu'elle est sujet du discours.

L'entité est l'objet de discernement, le sujet abordé par l'entendement humain dans un processus cognitif.

Ce qui caractérise une entité, c'est sa faculté à être isolé dans un contexte pluriel. Elle a été saisie par l'entendement, projetée hors de son contexte, et elle se réalise comme un objet unique, du fait de son particularisme, par l'application de la première dynamique, la dynamique parcellaire.

Elle apparaît comme l'une des parties d'une entité supérieure par l'application de la deuxième dynamique, la dynamique tribale.

Prenons des exemples, une chaise est une entité, la chaise sur laquelle je suis assis en est une autre. L'amour en est une autre, mon amour de la musique en est encore une autre. L'Homme est une entité, Ludwig van Beethoven en est une autre. Ma passion pour Beethoven en est encore une autre, etc.

Tout sujet d'un discours est intégré par un entendement tel une entité distincte.

A partir de là, deux dynamiques opposées caractérisent une entité. Deux dynamiques qui font que l'entité existe, qui permettent à l'entendement de préciser sa valeur.

Deux dynamiques qui offrent à l'entité une application rigoureuse de l'exception humaine, à savoir la conscience de la raison géométrique origine du jugement de valeur.

L'entité est le point central de notre faculté à intégrer des registres divers. Elle est la clé de voûte de toute notre argumentation, et donc de notre compréhension de l'Etre.

La dynamique parcellaire : l'individualisme

La première dynamique, celle qui détermine le contour de l'entité, est la dynamique parcellaire. Elle est la force centripète qui extrait du chaos environnant l'individualité du sujet de l'entité traité.
C'est par l'ajout de sens, ajout prodigué par l'entendement humain, que se dessine l'unicité du sujet, la parcelle de contenu sémantique appliqué à l'objet.
Il est nécessaire que l'entité soit étudiée par la faculté cognitive de l'homme pour que son individualité soit reconnue et extraite de son contexte comme telle.
En fait, la dynamique parcellaire résulte de l'application du raisonnement intellectuel sur l'objet. C'est par ce fait que l'entité se retrouve isolée dans le chaos environnant, et par cela individualisée.
Il n'y a pas d'entités extraites en dehors de la fenêtre d'étude ouverte par un entendement.

La faculté cognitive d'un homme saisit des objets, des objets issus du chaos indescriptible. L'entendement dessine pour cela le contour qui délimite ces objets, ce qui lui permet d'extraire des entités intégralement compréhensibles.
L'objet dont la taille et le contenu sont ainsi délimités, peut être apporté dans un discours afin d'y être étudié. Dés lors, il est possible d'en faire le sujet d'un processus cognitif afin de lui octroyer, pour le préciser, une juxtaposition d'attribut sémantique.

Prenons un exemple. Si je parle de la lampe qui est posée sur ma table, je l'extrais du chaos environnant.
Je fais abstraction de ce qui en est proche. Cette lampe devient indépendante de toute interaction dans l'univers de mes pensées. Je l'ai individualisé. Elle n'est plus seulement que partie ignorée du tout encombrant mon bureau, mais elle s'est particularisée en cet objet particulier.
On considère arbitrairement qu'une dynamique agit sur cette lampe saisie par mon entendement, cette dynamique provoque l'extraction de la lampe de son environnement, elle particularise cette lampe.
Cette dynamique est la dynamique parcellaire, qui provoque l'individualisation de cette lampe en rapport à l'intérêt que je lui porte.
La même chose se passe si je parle de ma passion pour Beethoven.

L'homme, la conscience, sont d'autres entités sur lesquels s'applique évidemment la dynamique parcellaire. Par exemple, l'homme en tant que concept abstrait, et non un homme particulier, subit une dynamique qui l'entraîne à apparaître unique, prêt à recevoir un contenu sémantique.

Et l'homme particulier, du fait du caractère singulier de sa position, du fait qu'il est lui-même initiateur et objet de l'élan cognitif, subit une dynamique parcellaire qui est à la fois celle qui délimite le sujet et celle qui l'amène à s'individualiser, à rechercher la différence.

L'homme, sur qui la dynamique parcellaire s'applique, cherche à se produire en adéquation avec cette dynamique. Il cherche à produire sa propre individualisation.

L'homme veut s'individualiser pour chercher la congruence des attendus de son être et de la dynamique parcellaire issue de l'entendement qui l'anime. Telle la lampe qui se particularise grâce à l'entendement humain, l'homme est enclin à se distinguer des autres hommes.

Mais du fait de sa position de fondement de l'élan instituant la source de la dynamique en l'entité, l'homme cherche par lui-même à s'individualiser. C'est lui qui, souvent, peut être volontairement à l'origine de son propre particularisme.

Finalement ce qui distingue bien entendu l'homme de toutes autres entités, c'est le fait qu'il soit à l'origine de la révélation de la première dynamique.

C'est en effet par l'entremise de son entendement que semble apparaître la dynamique parcellaire qui agite toute chose intégrable comme entité, c'est-à-dire toute particule de l'Etre.

Se fondre dans l'unité supérieure

La deuxième dynamique, celle qui incite à la fonte dans l'unité supérieure, est la dynamique tribale. Tribale par analogie au sentiment qui anime l'homme. Elle est la force qui amène l'entité à se rapprocher de ses semblables, pour fonder une entité supérieure.

C'est par l'ajout de sens qui provient de l'entendement humain, que l'entité parvient à trouver sa place dans un groupe d'entités.

Ce groupe d'entité est par ailleurs titulaire d'un contenu sémantique qui se recoupe. En effet, l'entité ainsi créée s'étale, grâce à l'entendement humain, en tant que nouveau concept, nouvelle entité.

C'est par la comparaison orchestré par la faculté cognitive de l'homme que se regroupent les entités disséminées.

L'entendement établi ainsi des rapprochements qui sont à la base de la conceptualisation de la nouvelle entité. Il réagit en rapport aux points communs qu'il détecte sur la somme d'entités, il les fait prédominer sur d'autres caractères différents, il en fait la caractéristique prépondérante.

De là naît une nouvelle entité supérieure. Un objet contenant chacun des multiples objets inférieurs prend forme dans le décor chaotique de l'environnement immédiat de l'objet.

Cette entité se détache finalement de son environnement par l'application de la première dynamique, la dynamique parcellaire, prenant appui sur le caractère commun à toutes les sous entités.

Prenons un exemple. En parlant de la lampe sur mon bureau, je particularise cette lampe. Mais si j'en parle en la caractérisant telle qu'elle soit sur mon bureau, j'établis un rapport catégoriel entre cette lampe et tout ce qu'il y a sur mon bureau.

Je l'ai ainsi replacé dans un groupe d'objet, entité supérieure qui mise son concept sur une catégorie recoupant la définition d'un certain nombre d'entités, leur situation sur mon bureau.

La deuxième dynamique, la dynamique tribale tend à faire disparaître l'entité en ce qu'elle la plonge au cœur d'une entité supérieure.

De même que pour la dynamique parcellaire, l'homme, qui est à la fois l'objet de l'application de la seconde dynamique, et l'origine productive de cette même dynamique, cherche à apparaître en adéquation avec cette dynamique. Il recherche donc le rapprochement avec ses semblables, ceux chez qui il peut trouver des caractéristiques identiques aux siennes propres.

L'homme est donc bien souvent volontairement à l'origine de la deuxième dynamique qui l'anime.

Reste à définir ce que volontairement signifie. Sont-ce là les agissements sournois de l'illusoire libre arbitre ?

Il fallait bien qu'à un moment du déroulé objectif de ce système, les illusions salvatrices, nécessaires à la survie de l'espèce, entrent enfin en lice…

Servilité du système

Le fait d'élaborer un système sur la base d'une recherche visant à reconnaître l'essence de l'homme en toutes choses, est-ce une bonne approche de la question de l'Etre ?

A la lumière des précédentes tentatives, il est donné à penser qu'aucune réponse absolument valable n'est si ce n'est possible, du moins utile. La particularité du problème est qu'il est forcément observé d'un point situé à l'intérieur du cercle problématique et malheureusement correspondant à des coordonnées mal définies.

De fait, la réponse ne pourra qu'être emprunt d'une irréductible subjectivité polluante.

Et ce vieux rêve visant à donner à l'homme une place particulière dans l'Etre, avant même d'en définir l'essence, ne peut qu'anéantir tout espoir de raisonnement absolument objectif et donc valide absolument.

Il faut donc trouver une approche de la question de l'Etre, qui assigne d'emblée à l'essence de l'homme son caractère virtuellement méta humain, annihilant par cela la subjectivité de son regard, et rendant à ses recherches leur universalité.

Dés lors que l'on y est parvenu, on vient alors d'élaborer un système objectif en cela qu'il reconnaît en toute entité extraite de l'Etre la possibilité d'en être le point d'origine.

Mais au-delà de la réelle valeur absolument logique du système, qu'en est-il de son utilité ? Répond-il adéquatement aux aspirations de son auteur ?
Cela va être découvert au fur et à mesure de l'étude ordonnée du nouveau système. Cependant du déroulé de son élaboration, on constate plusieurs faits fondamentaux, résolument adéquats avec la pensée initiale.
Ainsi, en ayant placé l'essence de l'homme en toute entité, on a rendu à l'être humain la trivialité de son existence, par cela, la profonde illusion de sa liberté originelle.

On peut, à partir d'une telle conscience revisitée, espérer ériger les bases d'une morale réformée instigatrice de phénomènes cognitifs susceptibles d'amener à concevoir la validité probable du concept de Surhumanité…

L'EDC au travers d'un entendement

Le système Entité-Dynamiques-Cycle ne se conçoit qu'au travers de l'entendement humain.
Cela paraît évident, il n'en est rien.
Ce que cela signifie, c'est que les deux dynamiques qui agitent l'entité ne sont que la trace d'une réalité sur un entendement, la conceptualisation décalée d'un effet de la raison.

Je m'explique : la dynamique tribale, qui incite l'entité à se fondre dans une entité supérieure, exprime par cela la faculté de l'entendement à trouver des points de corrélation, de ressemblance, dans une liste d'objets divers. C'est le même phénomène audacieusement présenté différemment.
De même, la dynamique parcellaire, qui incite l'entité à s'individualiser, à exister en tant qu'entité, exprime par cela la faculté de l'entendement à trouver des éléments originaux dans une liste d'objets semblables.
Le système reprend ces deux facultés de l'entendement humain, et les expose sous un nouvel angle d'approche, en prêtant aux entités étudiées l'origine de l'action.
Et ceci pour expliciter la nature triviale de l'être humain.
Cela ne doit pas nous faire oublier que sous un aspect, l'homme est exceptionnel, sous celui d'être à l'origine du mouvement de pensée raisonnable qui fournit matière à l'existence de ce système.
Alors pourquoi ce glissement du point d'origine est-il nécessaire ?

L'ultime fin de ce système est d'offrir à l'homme la liberté retrouvée, qu'il avait égaré avec l'avènement de la morale judéo-chrétienne.

C'est en relativisant ses actes, que l'homme pourra s'imaginer pouvoir tout faire. Dorénavant, dégagé des obligations d'une morale obsolète, il trouvera ainsi la force de revendiquer sa liberté absolue. Et grâce à ce système, les actes humains vont enfin retrouver l'apparence de leur relativité dans l'Etre total.

En offrant à l'homme les caractéristiques premières de toute entité existante, l'EDC réapprend à celui-ci son caractère trivial, ordinaire, et finalement éphémère.

Et c'est en réapprenant qu'il va mourir que l'homme va se réveiller de l'engourdissement moral dans lequel l'a projeté l'éthique judéo-chrétienne, et son illusoire projet de vie après la mort. Ses actes retrouvant leurs véritables enjeux, l'homme va se retrouver libre absolument, libre de penser, libre d'agir.

C'est en retrouvant sa liberté originelle, longtemps oubliée, sur laquelle viendra évidemment se greffer la mémoire de toute l'éthique de vie construite durant deux millénaires, que l'homme connaîtra l'aptitude à la Surhumanité.

C'est en se sachant doté d'une liberté recouvrée que l'homme, dorénavant conscient, pourra entrer de front dans les territoires, inexplorés et riches en prétention moraliste, de la Surhumanité.

Car il est entendu que c'est grâce à la persévérance de certains concepts fondamentaux engrangés par l'application d'une morale issue de la judéo-chrétienté, que la Surhumanité découlera de la liberté reconquise par la prise de conscience de la trivialité de l'existence humaine.

L'homme est à la fois sujet de la prise de conscience des deux dynamiques agitant son être en tant qu'entité, et origine de ces deux dynamiques en tant qu'entendement.

Cela lui confère évidemment un statut particulier qui le conduit à imaginer effleurer sa propre possibilité d'apparaître tel un être libre, au milieu du chaos géométrique.

La conscience virale

Tout chez l'homme, en tant qu'homme abstrait, est affaire de conscience.
Il n'existe en tant qu'homme que par ses accès de conscience. Et la conscience apparaît comme la forme la plus aboutie de l'humanité à l'intérieur de l'être humain.

L'homme accroît sa conscience d'année en année. De sa naissance jusqu'à son âge adulte, mais aussi à travers les âges, de la préhistoire jusqu'à nos jours, et cela n'est pas fini, du moins j'ose l'espérer.

L'homme accroît cette conscience qui est conscience du monde, conscience de l'Etre, trahie par les illusions, et ceci au dépend de sa propre viabilité.

Prenant plus profondément conscience du monde qui l'entoure, l'homme se doit de se détacher des affects de la religion.

Car la religion, l'objet culte, n'a été inventée que pour palier au déficit de compréhension de l'Etre. Or cette compréhension se fait de plus en plus acérée.

De fait, l'homme dépasse la religion pour tenter de se positionner dans le monde.
Mais ce positionnement lui pose un problème. La connaissance accrue qu'il a du monde ne permet pas à l'homme de se positionner intuitivement de manière bénéfique. Il se retrouve à une place qui ne peut pas lui convenir.
Alors trois solutions se présentent à lui.
La première serait d'accélérer le temps qui le sépare de sa propre disparition, et ceci pour palier à la désespérance engrangé par la révélation de sa place inopportune dans l'Etre.
La seconde l'incite à renier cet accès de conscience, et à se replonger à corps perdu dans les délices amnésiques de la religion. Et ceci afin d'oublier l'éclat de conscience qui l'a fait tressaillir. Eclat de conscience qui lui a révélé sa place inadéquate dans l'Etre.
La troisième solution, enfin, consiste à utiliser cette révélation à des fins de viabilité accrue, en opérant une transformation radicale des attendus de l'être humain.
Ainsi, l'homme, ne résidant plus au centre de l'univers, n'étant plus le fils d'un géant anthropomorphique, étant le fruit d'un déterminisme total, se retrouve doté d'une liberté totale, une liberté de titan, de Surhomme.

Malheureusement obtenir de cet éclat de conscience une action bénéfique sur la viabilité de l'homme n'est pas chose aisée.
Ce qui semble le plus évident, lorsque la place définitivement non prépondérante de l'homme dans l'Etre est révélée à sa conscience, c'est de pallier à cette énorme déception.
Alors, des trois solutions qui s'offrent à l'homme conscient, apparaît comme, sinon la meilleure, du moins la plus viable honnêtement, l'acceptation sans limites d'un système qui fait surgir un optimisme indispensable à la bonne viabilité, faisant, en premier lieu, de l'évolution de la conscience son pivot central.

L'EDC se propose d'être ce système, cette structure nouvelle.
En partant du principe que l'homme se présente comme une entité triviale, une partie infime de l'Etre, composé d'autres parties encore plus infimes, l'EDC entend proposer une approche nouvelle du monde.
Il entend accroître la part de liberté (idée de liberté) en l'homme, le libérer des affections d'une morale désormais inadéquate, et ceci pour faire progresser son heur le plus agréable en instituant une morale réformée.

Une morale réformée, gardienne de l'idée de liberté totale, pour atteindre le bonheur le plus entier.

La construction de la morale réformée

La morale judéo-chrétienne a servit l'humanité un temps. Elle a été élaborée sur des bases qui ne sont plus d'actualité, la connaissance humaine ayant fait une avancée considérable. Arrive donc le moment où cette morale se doit d'être réformée pour prétendre continuer à légiférer dans les rapports humains.

Le point de départ des deux morales reste l'homme. Mais alors que dans l'éthique judéo-chrétienne, l'homme est considéré comme une exception formelle et arrêtée dans l'Etre, dans la morale réformée, il n'est présenté, avec évidence, que comme un passage temporaire avant l'avancée de l'être humain vers d'autres formes d'accomplissement de l'évolution naturelle.

Ce qui en fait le point d'origine de la morale, c'est son attribut récursif, à savoir la propriété qu'à l'homme d'avoir une conscience de soi puissamment développable.

Mis à part cet excès de conscience qui façonne la personnalité de l'homme en lui faisant contempler sa propre condition, aucun attribut de l'homme ne permet de le différencier, catégoriquement, de toute autre entité.

C'est d'ailleurs à la vue de cette position, que l'homme récupère un peu de liberté perdue au cours des trop longues années de prédominance de la morale judéo-chrétienne.

Il peut enfin effleurer un instant l'absolu de sa liberté, en constatant la relativité inscrite dans les actes émanant de l'entité triviale qu'il est.

Faut-il nécessairement fuir devant la révélation de la position inopportune de l'homme dans l'Etre, comme ça a toujours été le cas ?
Je ne le pense pas.
Au lieu de fuir dans les méandres accueillant de l'illusion, je propose de construire un système reposant de fait sur la nécessaire révélation faite à l'homme de sa propre condition. C'est ainsi que l'on pourra prolonger son parcours vital avec cet excès de conscience qui est l'attribut des prétendants Surhommes.

Ce système repose donc sur l'acceptation sans limite, chez l'homme, de sa propre situation d'entité perdue au sein du chaos géométrique. Toutefois la révolte subsiste, seulement elle est reléguée à un autre niveau.
Il ne s'agit plus de révolte quant à la situation inconfortable de l'homme, mais d'une révolte axée sur l'utilisation qu'en font les garants de la stabilité sociale. Ce qui est révoltant, c'est d'utiliser le désespoir humain à des fins de régulation des élans émancipateurs des hommes.

C'est en libérant proprement les deux dynamiques de l'entité homme, que l'on parviendra à recréer l'élan ascendant nécessaire à tout homme pour parvenir à l'heur le plus opportun.
C'est en agissant au niveau de son intimité, par le déploiement de toute l'étendue de ses élans intimes, que l'on parviendra à rendre l'homme individualisé, différencié de ses semblables, et par cela heureux au sein de la communauté.

Dorénavant la société devra consentir à agir pour que chaque homme puisse s'affirmer comme un être à la fois individuellement distinct et élément d'une communauté. Elle s'appliquera à conforter en l'homme son particularisme et son tribalisme.

Ainsi, c'est en cela que l'homme pourra tour à tour, s'affirmer ouvertement comme un être doué de particularités internes et expressives, et s'avancer manifestement tel un élément intégré d'un groupe, dans lequel il jouera le rôle précis attribué à chacune des entités constitutives de la communauté, afin d'en conforter l'élan majeur ascendant.

A partir du moment où un équilibre entre les deux intensités des dynamiques sera atteint, les hommes, êtres tous sensiblement semblables mais chacun différents, connaîtront les joies de l'affirmation d'une personnalité originale dans un tout unis.

Ils revêtiront ainsi les toutes différentes parures qui feront d'eux des hommes supérieurs en regard de l'humanité dorénavant et récemment rendue à l'évolution.

Mais il faut pour cela qu'un élan général se mette en place. Il faut que tout être humain élément de la société connaisse le désir de pénétrer dans les paysages inexplorés de la Surhumanité.

Aussi, chacun, dans son particularisme, devra adhérer à la dynamique générale exprimée dans le processus de Surhumanisation, et c'est dans ce cas seulement que l'humanité supérieure pourra être envisagée.

Arrivée majeure

Il faut, pour s'émanciper des préceptes judéo-chrétiens, parvenir à la création d'un système viable qui entraîne l'homme dans une course effrénée vers le bonheur. Ce système peut être l'EDC.

Il importe qu'il soit porteur d'un accès à la liberté absolue, ou du moins à son illusoire apparition.

Il importe aussi que ce système soit le plus vivant par les images qu'il porte au pinacle. Ces images, l'image du Surhomme et de la Surhumanité, peuvent ainsi être portées par la fièvre qui découvre les consciences humaines.

Alerté par cette démultiplication de vues gigantesques, l'homme se laissera aller à des délires imaginatifs approchant par ses termes la singulière exploitation de l'âme par les muses...

C'est en concevant un tel système que vient poindre l'idée d'une apparition démesurée du chaos dans toutes les instances de la vie. La vie est chaotique, c'est un fait, par cela définitivement incontrôlable sur une large échelle.

Mais faisant partie du chaos, il est possible de vouloir, vouloir le bonheur, vouloir le Surhomme.

Toutes les actions humaines reposent sur ce même principe : vouloir, c'est défier la nature chaotique dans son intégrité résistante. Et cette intégrité semble se fissurer lorsque l'on aboutit à changer l'Etre selon ses vues.

C'est peut-être tout de même oublier un peu vite notre appartenance indubitable au phénomène chaotique...

Malgré cela, il faut bien à un moment retourner au sol de ses préoccupations. L'homme est bien entendu l'origine de ses propres souhaits intimes. Vouloir, c'est vouloir pour l'homme, pour que son être exprime évidemment son essence.

La terre, lieu de vie de l'humanité, est bien le centre de l'univers, et nul ne peut honnêtement penser le contraire.

Alors, ce nouveau concept s'incarnera évidemment sur une base humaine, et ne la quittera plus jamais. Il sera heureusement l'aboutissement de l'ouverture des consciences à l'évidence révélée de l'inopportunité de l'existence de l'homme dans l'Etre.

Lorsque l'homme aura intégré cette révélation comme le départ d'un nouveau système, le Surhomme sera en lui, près à apparaître fièrement au grand jour.

Et s'il faut qu'un des êtres humains se métamorphose en Surhumain pour montrer l'exemple, alors la Surhumanité en pâtira jusqu'à disparaître de l'orée des vues de l'homme.

Non ! Il faut que l'on s'imagine le Surhomme apparaître venant de son propre sein. C'est en l'homme qu'il faut le chercher, intensément le chercher, et non s'imaginer le trouver dans un soi-disant berceau de solitude entretenant le phénomène.

« Il naîtra un enfant qui de petit d'homme évoluera le temps d'une décennie, à l'épreuve des discussions stériles, au summum de l'hominisation, à l'état de Surhomme. Ce sera le premier d'une longue lignée d'hommes, artistes chercheurs d'une vérité inaccessible.

Il résultera de ce pas en avant, qu'un être doué de la conscience absolue de l'être aura naquis au milieu des bêtes. Un tel homme, le Surhomme, deviendra le devenir du genre humain.

Il garantira la promiscuité de l'absolu et du néant en l'être nouvellement apparu, le père de milliard d'entendements libérés.

L'homme aura disparu, le Surhomme pris sa place dans le réel. L'imagination aura vaincu la nature chaotique par la force de sa volonté. Le dernier enfant naîtra et fermera la marche tracée par ses ancêtres, les animaux moraux.

Dorénavant le Surhomme régnera en maître sur les landes chaotique du réel, et arrivera du néant l'heur le plus opportun qu'il soit possible d'espérer. Celui-ci s'étendra par delà les frontières de l'esprit dans la strate dite de vacuité palpable.

Ainsi le Surhomme sera. »

Voilà la plus belle des illusions qu'il convient de consentir pour prolonger la vie. L'illusion bénéfique à toute l'humanité de sa probable refonte dans la Surhumanité reste le meilleur et le plus opportun moyen de reconquérir honnêtement l'élan vital qui a eu pour effet de nous conduire où nous sommes.

Mais cet élan pourrait bien s'écarter de nous par l'action néfaste des illusions non consenties officiellement, et qui tendraient à nous faire croire qu'un sens caché régit l'étalement chaotique de l'Etre.

Car, en effet, en s'appliquant à élever l'illusion naïve de la valeur sensée de l'Etre, révélée à certains entendements de manière soudaine, la religion a corrompu la puissance évolutive prêtée à la légitimation de la raison absolue dans l'accroissement de son objet d'étude.

C'est donc consciemment et honnêtement qu'il faut faire apparaître la valeur réelle de ces illusions pour les contraindre à paraître légitimées, ou bien à disparaître afin d'en choisir de nouvelles plus promptes à remplir leur fonction d'aide à la perception du bonheur tout en maintenant l'évolution naturelle fortement active.

Ainsi le bonheur issu des effets de la reprise de l'évolution sera à nouveau perceptible, et l'homme susceptible d'être intensément heureux.

La ressemblance et la différence

Tous les systèmes mis en place pour chercher à expliciter l'Etre repose sur cet état de fait, à savoir qu'une chose, quelle qu'elle soit, est appelée à se rapprocher de son semblable et à s'en écarter, par le truchement de l'entendement humain mais aussi par le fait même d'exister.

Ces élans antagonistes forgent l'appartenance de l'entité à l'état d'objet existant.

L'objet, sur lequel ces deux dynamiques agissent, est entraîné à apparaître de la sorte, provocateur de stimuli afférent, par la faculté qu'a un entendement, humain ou seulement animal, de visualiser par tous ses sens les éléments attestant la ressemblance et la différence de cet objet à l'égard des autres.

Une entité existe car elle est comparée aux autres par l'entremise d'un entendement.

La raison, la part d'humanité en l'homme, repose sur un fondement qui offre à l'entité étudiée des caractéristiques semblables ou dissemblables en regard de la somme des entités préalablement étudiées.

Vient en premier lieu un caractère qui fait prédominer sa différence par rapport à autre chose. Ce caractère, qui le fait apparaître différencié des éléments du même ordre, permet d'extraire cette entité de son contenant pour le comparer au reste de ce contenant.

Viennent ensuite une série d'attributs qui se greffent sur la définition retenue de l'objet. Ces attributs parviennent à se concrétiser avec l'appui des éléments probants de comparaison. Ils découlent en droite ligne de la faculté qu'a un entendement de *comparer* deux entités différentes.

Ainsi un élément neuf, qui entre dans la fenêtre d'observation d'un entendement, et qui est sujet de l'intérêt de cet entendement, se retrouve titulaire d'attributs rejoignant son existence à tous ceux qui l'ont précédé, comme sujets d'étude, dans le déroulé temporel de l'existence de cet entendement.

La prédominance de la raison dans les actions humaines a amené les caractères de ressemblance des entités à prédominer dans la production industrielle. Il n'y a rien de plus semblable à un objet manufacturé qu'un autre objet de la même série.

Et c'est de cette tendance à la création de kyrielles d'entités de même apparence, de familles d'objets ayant de nombreuses caractéristiques en partage, que semble advenir l'accroissement de l'acuité précise dans les comparaisons qu'étend l'entendement humain sur tous ses objets d'étude.

La précision s'accroît dans les jugements comparatifs pour déceler les éléments acquiesçant la différence entre une entité et un modèle de référence. L'origine des dynamiques virtuelles, dont la définition originale tend à prouver naïvement qu'elles semblent agiter toutes entités, devient en cela plus tangible à un entendement avisé.

Les dynamiques tribales et parcellaires accroissent leurs empreintes laissées dans le sol de l'argumentaire de l'entendement expérimenté qui y porte un quelconque intérêt.

Finalement, l'intensification de l'acuité de lecture des phénomènes ayant lieu autour des entités amplifie la perception qu'à l'homme du monde réel, de l'Etre.

L'homme qui prend conscience de la diversité des apparences sensibles des entités, qui s'oppose aux familles d'entités reconnaissables pour une ou plusieurs catégories, peut fonder son approche du bonheur sur la révélation honnête de sa place inopportune dans l'Etre.

Il peut accepter ici sa singulière fonte dans l'entité qui lui est immédiatement supérieure, la communauté, tout en maintenant la spécificité de son existence active.

Il est heureux.

La fondation de la morale réformée

L'Etre est par nature chaotique. L'homme est situé dans l'Etre, il connaît l'illusion de sa propre liberté. L'homme a donc l'illusoire possibilité de choisir de conforter son appartenance au phénomène chaotique, ou bien de rompre avec lui.

Tout homme fait la rencontre de ce choix fondamental au cours de sa vie. Seulement s'il a de grandes chances de le faire de manière inconsciente, c'est parce que son entendement n'est pas suffisamment prêt à intégrer la substance de ce choix.

C'est pourtant le choix qui va le qualifier d'homme s'inclinant aux préceptes de la raison ou de l'illusion, et cela mériterait que la conscience s'y attarde un peu plus.

Mais si l'entendement s'implique suffisamment ouvertement dans ce choix, alors ce dernier disparaît pour laisser place au doute absolu, annonçant en cela la probable émergence de la conscience du Surhomme naissant.

C'est à partir de ce choix, de faible portée en apparence, que l'homme va être enclin à dédier sa vie aux avantages visibles du fanatisme de la raison ou de la religion, et donc à se battre pour eux.

On remarque qu'à l'origine de ces conflits ne se trouve qu'un choix en apparence bénin.

C'est en effet la marque du chaos environnant, qui fait qu'un événement d'apparence sans importance provoque, par l'entremise d'intermédiaire dilatant petit à petit le phénomène, un événement important, fondamental dans la vie de ceux qui le subissent.

Et ça n'est pas contrôlable dès que l'enchaînement a débuté. Mais le phénomène peut semble-t-il être stoppé à la source.

En évitant que des hommes fassent ce choix arbitraire de savoir à quel idéal se vouer, on éviterait par cela nombre de conflits d'intérêt.

Il faut pour cela éveiller les consciences au fondement de leurs discours.

A partir de l'instant ou l'entendement tient une réflexion sur les germes de son inclination à la raison ou à l'illusion, le doute réparateur apparaît, et la perte de valeur évidente du choix s'installe pour permettre à l'entendement d'envisager toutes les formes de son accomplissement dans des actes préétablis.

L'homme dont l'entendement a fait ce travail ne sera plus porté à s'opposer à ses semblables qui n'aurait pas, à priori, fait le même choix.

Il faut donc éduquer les consciences, c'est-à-dire les rendre plus aptes à douter de leurs instincts.

En apprenant qu'il y a autant de raison de se porter vers la religion que vers la raison absolue, l'homme se met à douter du bien-fondé de sa position. Et c'est ce doute réparateur qui va conduire sa conscience vers les portes de la Surhumanité.

L'homme, qui réalise qu'être porté naturellement d'un côté ou de l'autre des fonctions de l'entendement humain, à savoir la déduction lucide ou l'imagination, c'est édifier la forme prépondérante de l'affirmation de son histoire, est enfin prêt à se modifier en Surhomme.

Ce n'est pas tout, ce doute ne suffit pas. Il faut encore que cela débouche sur la construction d'une nouvelle éthique de vie.

Débarrassé des artifices de la religion, mais aussi de l'évidence prééminente de la raison absolue, l'homme ainsi dégagé peut dorénavant avancer librement de nouvelles fondations à sa morale.

Il a reconquit sa liberté originelle, ce qui lui permet de se risquer naïvement à produire des concepts originaux parvenant à rendre probable l'avancée de la Surhumanité.

Car tel est le but à atteindre maintenant que l'ancien système se retrouve entrouvert, et que son fonctionnement intime est offert à la compréhension de tous, reprendre le cours de l'évolution humaine jusqu'à atteindre un nouveau palier, le Surhomme.

Le bonheur contrôlé

Il en est certainement, des hommes, qui adoptent une religion pour l'esthétique de vie qu'elle peut leur apporter, mais la plupart, il va sans dire, la choisissent par habitude ou bien par tradition.

La vie semble bien plus facile lorsque l'on a choisit de la soumettre à l'enseignement avancé par l'illusion convenue, qu'est la croyance en la persévérance de la conscience après la mort.

La religion aide l'homme qui s'y baigne à construire un genre de bonheur. Pas un bonheur issu de l'illusoire rencontre de son entendement et d'un pan de la vérité, mais un bonheur plus tangible, un bonheur dont la force est d'être intensément accessible.

Ceux qui ont mis en place les rouages de cette religion, au cours des millénaires qui nous séparent de sa création, l'ont très bien compris, un bonheur né au cœur de l'homme, au moment de l'élévation de tout son être vers un niveau supérieur à ce qu'il était auparavant.

Le sentiment intime de l'heur opportun provient ainsi en proportion de la soustraction au niveau actuel, du niveau précédent de l'être de l'homme sujet de l'expérience.

C'est en se référant à cette loi immuable, pour parvenir à instaurer des instants de pure jouissance de la vie utiles à la justifier, que la religion a par exemple inventé les périodes de jeûne.

Elle construit ainsi le niveau bas depuis lequel l'être intime de l'homme peut s'élever, et provoquer par cela l'apparition bien heureuse de l'insaisissable bonheur.

Quelle terrible et sublime invention ! Voilà bien le fait qui corrobore les phénomènes de pensée qui nous amène à léguer à l'homme qui est à l'origine de ce système une vue épanouie de l'Etre !

Mais, mis à part pour cette prouesse qui tendrait à nous faire admettre la valeur supérieure d'une religion officielle sur toute autre tentative de systématiser l'Etre, l'objet culte est-il si ce n'est nécessaire du moins utile à la vie consciente sur terre ?

Ne peut-on pas vivre heureux en dehors de l'emprise intellectuelle des anciennes sectes rendues officielles par un malencontreux effet du chaos ?

J'ai l'intime conviction que le bonheur, et même un bonheur plus intense, peut naître de la corrélation honnête entre les effets de la conscience humaine et la reconnaissance du chaos naturel.

Je suis convaincu que, s'il était fait aux hommes la description sincère de cet état de fait qu'est l'unicité de l'application des règles du phénomène chaotique sur le déploiement de l'objet Etre, dés lors qu'ils auront intégré cet amas de probabilité, ils seront aptes à effleurer de leur lucidité le bonheur de vivre, pour un temps déterminé, dans une recherche éperdue des bienfaits prodigués par ce sublime instant de probité qu'est la vie consciente.

Nul besoin, dés lors, de proposer aux hommes une période de restriction annuelle durant laquelle on ôte de son usage tous les plaisirs premiers de la vie, pour connaître ensuite le profond bonheur de les retrouver.

En ayant à l'esprit la connaissance absolue des lois régissantes le système, on peut avoir, à l'égard du fonctionnement intime des processus conduisant au bonheur partiel, de la clairvoyance parsemée d'un peu de mépris épars.

Finalement l'idéal, figuré dans la vie absolument consciente de la vérité de l'Etre, passe pour un substitut à l'ensemble des astuces trouvées pour permettre au bonheur de faire une timide apparition.

Il permet à l'essence du bonheur de s'extérioriser par delà les contingences limitées de l'organisation sociale de la société.

L'honnêteté d'une reconnaissance véritable du système de lois qui régit l'Etre peut servir de catalyseur à l'apparition bienheureuse d'instants de pure félicité.

Imprudente vitalité

Le monde actuel manque d'imprudence.

Il faut être lucide, les trop faibles possibilités offertes par l'homme à la vie pour insérer sa propre possibilité d'être, ne sont pas suffisantes pour espérer accroître les qualités du chaos visant l'instauration d'un extrait heureux de la dynamique particularisante.

En d'autres termes, le fait pour les hommes de se cantonner à exister prudemment, en assurant leurs arrières, amène l'expression vitale à chercher dans des apparents détails matière au bouleversement indispensable.

La conscience de l'homme est un de ces détails qui prend de plus en plus d'importance au fur et à mesure que la vie s'y intéresse.

Conséquence de quoi, l'entendement conscient de l'homme s'en trouve acérée, et le vide métaphysique qui l'entoure est dés lors rendu tangible par le nouvel intérêt de la conscience pour l'immensité de l'Etre.

Il est probable que cet état de fait va connaître un ultime bouleversement avant qu'il ne soit reconnu comme constant, mais pour le moment présent un problème se pose à savoir que faire d'une conscience désormais ouverte au vide de sens de l'univers ?

La première des solutions, la plus usitée, consiste en un oubli volontaire de cette révélation au travers d'une activité accrue et densifiée.

C'est la raison pour laquelle nous nous trouvons actuellement au cœur d'une société qui déborde d'énergie pour complexifier l'existence jusqu'à en rendre l'étude indispensable, dégageant ainsi la conscience de ses accès à l'impalpable raison de l'Etre.

La deuxième des solutions, un idéal, consisterait en une prise de conscience honnête, pour l'homme, de son inopportune position dans l'Etre, visant opportunément à déprécier chacun de ses actes.

Et l'homme qui aurait reconquit ainsi sa liberté passée, irait au devant des effets du chaos à la manière d'un jeu, le jeu de la vie.

L'humanité pourrait à nouveau être imprudente car elle n'aurait plus peur de mal faire. Le déroulé chaotique étant ce qu'il est, les hommes auraient conscience de l'unicité de leurs actes, le regret n'existerait plus.

Les hommes avanceraient vers l'avenir le cœur remplit d'un sentiment d'impatience à l'égard des événements qui se produiront alors.

Quelle est la meilleure solution ? Je ne peux pas le dire. Je peux simplement ajouter que, alors que la première solution est appliquée depuis la nuit des temps, lorsque l'homme a eu pour la première fois conscience de l'être, la deuxième reste à l'état de projet idéal. Pourquoi ne pas l'essayer ? Soyons imprudent !

Le problème majeur pour une telle solution à l'écueil provoqué par la prise de conscience du vide métaphysique qui nous contient, c'est qu'elle nécessite une éducation des consciences.

Et que cette éducation passera obligatoirement par l'enseignement de la désespérance la plus profonde, avant de la troquer favorablement contre une aptitude ludique à vivre.

Peut-on vouloir le pire des sentiments d'impuissance pour les postulants à la conscience absolue de l'Etre ?

En imaginant ce que le monde sera dés lors que la plupart des hommes auront exécuté ce travail sur leur conscience, on peut imaginer que l'heur le plus opportun sera présent au cœur de beaucoup d'hommes.

Il y a donc à parier que, en sachant la somme de bonheur qu'apportera une telle reconnaissance, les hommes vont se décider à professer l'enseignement de la révélation de la position inopportune de l'homme dans l'Etre aux futurs hommes, supérieurs en aptitude à la vie.

Ainsi la révélation honnête de sa véritable condition d'homme, dont l'apparition est depuis peu devenue inéluctable, sera, pour le prétendant Surhomme, un passage obligé et bénéfique.

La fonction de l'Artiste

L'incursion de la raison, dans le processus de déploiement de l'objet naturel, entraîne l'apparition de sentiments désagréables émanant de l'entité créée par l'artiste, sous le couvert de cette raison.

Aussi, essayer de copier la nature, en évitant d'y introduire le résultat d'un processus cognitif, reste le meilleur moyen de présenter aux sensibilités une traduction plaisante de la vérité chaotique de la nature.

Mais lorsque l'orgueil proprement humain inspire l'acte artistique, et que l'artiste cherche en lui, en ce qui élève sa définition d'homme, en son apparence raisonnable, sa propre possibilité d'exprimer la substance de tout ce qui est, le résultat est bien souvent décevant au premier abord.

Il l'est ainsi car l'être humain, comme partie de cette nature qu'il cherche à ignorer, ne peut être porté naturellement vers la raison reine. Les instincts, ancrés dans sa mémoire génétique, l'inciteraient même à renier les pléthoriques accès raisonnables de son entendement à l'égard de la réalité.

Dés lors, l'Artiste qui veut chercher à plaire doit se laisser porter par les réminiscences de son animalité. Il doit répondre aux inflexions de son corps par des changements catégoriques d'orientation dans son art. Il doit créer du chaos en se basant sur les informations que lui apporte sa sensibilité.

Ainsi, il pourra générer une création suffisamment chaotique pour qu'elle puisse apparaître aux vues des entendements, qui en seront en contact, comme un apport bénéfique et compréhensible intuitivement à leur vie.

Mais n'y a-t-il pas une autre fonction de l'Artiste que celle de plaire absolument ?

Je pense que l'acte artistique, en ce qu'il a de plus grand, peut permettre à l'homme d'envisager sa particularité comme étant l'axe de déploiement à privilégier.

Ce qui fait l'homme en l'homme, la raison consciente et son corollaire la conscience raisonnée, reste immuablement ce qu'il faudrait amplifier en l'homme pour lui permettre d'espérer marcher un jour sur les traces du Surhomme.

L'Artiste, par le particularisme qu'il peut imprimer dans ses œuvres, parviendra ainsi à faire accepter aux hommes, que la raison, malgré ses désagréments initiaux, puisse incarner l'ultime possibilité d'entrevoir sa propre dénaturation.

L'Artiste, qui réalise ouvertement ses prétentions personnelles en y adjoignant la pure raison, pourra prétendre, sinon au statut d'esthète universel, à celui d'instructeur des consciences, en vue de les mener à imaginer leur reconduction au sein d'un corps de Surhomme.

Maintenant que cet état de fait est rendu sensible à nos entendements, ne pouvons-nous pas, consciemment, en dégager une ligne de conduite pouvant nous amener à concevoir la Surhumanité comme une entité bénéfique et souhaitable ?

Il est évident que nous ne pouvons nous passer de l'apport de l'esthétisme à notre vie, que l'artiste doit renforcer notre accès au beau. Mais par dessus cela, ne serait-il pas souhaitable que vienne se greffer une finalité un tant soit peu plus haute ?

L'artiste a entre ses mains la matière pour conceptualiser les attentes intimes des hommes face à l'immuabilité de l'Etre.
Il serait bienfaisant à toute l'humanité qu'un artiste, dans son Art, exprime l'espoir de voir sortir l'homme un jour de la geôle naturelle.
Il créerait ainsi, à côté de son œuvre, un terrain favorable à l'expression des attentes intimes des hommes, à savoir briser les liens qui le retiennent dans le carcan naturel.

Mais accéder à la production d'une œuvre d'art, à l'aide de la seule raison, qui puisse réussir à plaire esthétiquement, reste la plus belle des gageures. N'y parviendront que les artistes qui connaîtront consciemment l'ultime finalité de leur travail.
Les autres continueront invariablement, et sans aucune fierté, à transcrire le chaos qui les entoure...

Validité compromise

Le système Entité-Dynamiques-Cycle tire son origine d'un glissement du point d'observation de l'entité traitée. L'astuce consiste à prétendre voir en l'entité concernée l'origine de la force qui l'agite lorsqu'un entendement la compare à d'autres.
Ce jeu trivial n'a d'autres utilités que d'amener l'homme qui l'opère à reconsidérer sa place, sa position dans l'univers. Il n'apporte en cela qu'une ouverture probante vers l'ultime révélation qui place l'homme à l'extrémité d'un système orchestré par le chaos géométrique...

Voilà.
Maintenant, la forme que prend ce traité n'est plus vraiment celle justement d'un traité. Elle semble s'opacifier à mesure qu'on s'avance dans les derniers recoins de cette œuvre impromptue, ses derniers coins d'ombre qui tendrait à prouver que l'essentiel de ce système n'est pas beau à voir. Pourquoi ?
Parce que finalement, il n'y a rien de bon à retirer de la clairvoyance absolue de la réalité chaotique de cet Etre maudit !

Tout cela n'existe que pour être encore plus heureux ! Ou simplement heureux ?
Auparavant j'ai visualisé l'infamante réalité de mon être, et j'en ai tiré, par analogie, l'essence même d'un savoir universel. Comme il fallait s'y attendre, la rudesse d'une telle vérité m'a fait peur. Je l'ai donc dissimulée sous un amas de postulats, capable de faire douter qui que ce soit de la validité d'une telle démarche.

Maintenant, à l'aune du travail effectué, je peux rivaliser de fierté avec le plus arrogant des inventeurs quand je pense à l'étroitesse de mon outil favori, simplement une conscience humaine.

Le point d'origine, l'entité initiale, qu'est-ce encore que ce dramatique alibi ?
Il semblerait pourtant que ce soit là l'origine de ce désespoir latent qui pollue la vie de ses interstices soi-disant probatoires d'une réalité véritablement engageante. Odieux désespoir !

Il faut donc bien passer par quelque part pour enfin atteindre les prémices d'une Surhumanité ébauchée. L'EDC s'est élevé à ma conscience quand j'en avais le plus besoin. Pourquoi l'ignorer ?
Il me sert de programme, de faisceaux sur lesquels j'ose amener les hommes à s'aligner. Il me sert aussi de refuge quand ma raison vacille. Quel est la raison qui a fait qu'un jour j'ai conçu clairement les rapports qu'entretiennent, pour me faire plaisir, l'entité avec les dynamiques, et les dynamiques avec le cycle ?
Sûrement pas de raisons visibles. Tout se joue alors aux frontières de l'invisible, de l'infime en regard de l'échelle employée pour visualiser ce moment de pure création intellectuelle, et tellement naïve !

Car si je suis naïf de croire que cette vue de l'esprit peut être accaparée par d'autre, au contraire je suis sûre de moi lorsque je prétends que le travail cognitif qu'implique la quête de conceptualisation d'un tel système ferra naître en nombre d'entendement le germe du doute absolu.
Et ce doute là est suffisant pour justifier l'intégralité de la structure ingénue qui soutient la démonstration de la validité de l'EDC.

Bien sûre...

La conscience étendue

Largement incité par le système émergeant de ces textes, l'accroissement de la conscience de l'homme est prédestiné à devenir l'objectif tangible de toute occurrence humaine viable. Il en va ainsi de la précision apportée dans l'étude du phénomène chaotique naturel. Par cela, la conscience de l'homme se fait conscience du chaos, conscience de la pluralité effective, conscience de l'inopportunité de la vie humaine.

Qu'en est-il exactement de l'extension de cette conscience émergente ? Cela incite l'aura de la cognition, attribut de cette conscience, à développer son objet en accroissant la forme et l'intensité de ses accès à la connaissance.

Et c'est par la multiplication et l'originalité, mise en exergue, des points de vue de l'Etre, qu'une conscience intime rencontrera les possibilités extatiques de son développement. Ainsi par exemple, la première vue humainement et instinctivement compréhensible de la Terre, à partir d'un point situé à plusieurs milliards de kilomètres de cette planète origine de tout élan d'explicitation, peut amener l'entendement qui s'en fait le sujet à étendre l'acuité sensible de sa conscience en regard de l'immensité intersidérale. La terre n'apparaît ainsi plus que comme une entité semblable à des milliards d'autres, et posé aléatoirement au milieu d'un effet gigantesque du chaos.

De la simple et concrète occupation quotidienne, visant à résoudre les nombreux accrocs qui régissent l'existence humaine sur Terre, l'objet de la conscience s'est modifié, par l'entrefaite de cette sublime expérience, en contemplation effective de l'immensité vertigineuse, et responsable de nouveaux phénomènes de pensée.
Ceux-ci visent à amplifier l'intime connaissance de la position inopportune de l'homme dans l'Etre, et à élever au niveau des préoccupations humaines premières la création arbitraire d'un objectif virtuel. Lequel sera la cible de toutes les intentions actives.
A partir d'une conscience étendue aux confins de l'univers, émergera de l'imbroglio métaphysique, dans lequel baigne depuis longtemps l'humanité, une création originale, une vue de l'esprit novatrice, la décision intemporelle d'assurer la propre convergence de l'humanité vers un idéal entièrement programmé, les prémices de la Surhumanité.

Ainsi, aura naquit à partir d'une expérience désespérante, la quintessence de la source primordiale de toute volonté, un élan pure et absolu vers l'accomplissement dans son être de cette particularité naturelle qu'est la vie auto justifiée.
Et une ère nouvelle, faite de reconnaissance intime d'un bonheur pluriel partagé, prendra place pour former avec ses prédécesseurs la longue lignée de l'aventure historique de l'humanité.

Si bien qu'il faut, pour que ce rêve prenne place dans la réalité, chercher à multiplier ces instants de plénitude consciente, en augmentant par pallier la distance symbolique ou effective, qui sépare l'origine d'une vue de la position de l'humanité dans l'immensité chaotique, de l'origine concrète de toute pensée, incarné par les six milliards d'entendements actuellement actifs, à la surface du bleu réconfortant de la planète Terre.
Il faut que les hommes prennent conscience de la nécessité indubitable d'accéder à une conscience étendue, pour se voir offrir des mains de la nature reconnaissante les plaisirs discrets d'un large bonheur partagé. C'est en effet par le truchement de l'extension de cet attribut proprement humain qu'apparaîtront les nombreuses possibilités d'accéder à un bonheur plus grand, en corroborant les dynamiques propres à l'évolution.
Tendre vers la Surhumanité est ainsi le plus sûre moyen reconnu, pour les hommes, d'effleurer l'absolu d'un bonheur partagé.

Les instincts naturels dans la république

Il est clair que les hommes cherchent par tous les moyens à restreindre l'expression de la nature au travers des occurrences d'expression de leur volonté. Les lois, inventées par leurs soins, sont censées couper court aux instincts hérités de notre lointaine origine. Ces instincts ont pourtant permis la lente et pénible progression de l'évolution, pour qu'elle parvienne finalement à l'extrémité bienvenue où nous sommes situés.

Nul ne peut prédire ce qu'il adviendra de la particularité de l'humanité par rapport à toute autre manière d'être. Mais si l'on prend conscience de ce phénomène, à savoir la tentative volontairement active d'éradiquer toute intervention naturelle en l'homme et par l'homme, il se peut que cela devienne enfin le point crucial sur lequel tout un chacun pourra baser ses remarques sur l'orientation effective à donner à l'humanité dans le temps.

Nul doute que la vérité accouchée de la confrontation multiple des opinions sur ce problème sera, sinon la bonne, du moins la seule raisonnablement envisageable.

Mais n'est-ce point là, dans cette tentative naïve de gruger la nature sur son propre terrain, une forme, désormais apparente, du ludisme orchestré par la cognition de l'homme, face aux travers, et autres exemples d'adversité, rencontré dans son parcours vital ? Il est néanmoins défendable de penser qu'il y a là matière à repenser les fondations de notre morale d'obédience judéo-chrétienne.

Le jeu de la vie apparaît ainsi comme le meilleur moyen, et le plus apte à apporter matière à construire son bon heur intime, de présenter ouvertement et avec grand bénéfice les caractéristiques de la vie humaine sur terre. Considérer cet infime instant face à l'éternité comme l'occasion inespérée, pour un entendement formé arbitrairement, de jouer, de s'amuser, de se divertir est la panacée pour se remettre des nombreux maux découlant de la désespérance, ayant suivi l'ultime révélation de la place inopportune de l'homme dans l'être.

Il faut donc, pour s'offrir la possibilité d'accéder à un palier supérieur de son être, s'efforcer de concevoir ces instants de jouissance de la volonté et de la sensibilité, telle les éléments disparates d'un processus visant à divertir les sens, combler de réussite la volonté active, et apporter à l'existence les bienfaits revendiqués par la connaissance originelle de la position véridique de l'homme dans le cosmos.

Et pour que le jeu y gagne en intérêt, en pouvoir d'établissement d'un bonheur tout en mouvement et en simplicité d'approche, il faut déshabiller conventionnellement la république pour ne lui faire porter que le strict nécessaire de ses apparats.

Ainsi, de la liberté, de l'égalité et de la fraternité revendiquée manifestement au fronton de ses établissements, seule la fraternité sera maintenue, car elle seule détient l'honnêteté, et la potentialité d'une création d'un élan suffisamment stable, requise finalement pour se permettre de pavoiser ainsi, marquant son identité à la république.

La liberté est malheureusement un concept illusoire, une vue de l'esprit à l'origine de pas mal de considération fausse, engendré par la méconnaissance de la réalité, et source d'une morale désormais obsolète. L'égalité est avant tout un élément à bannir des vues élaborées sur la base d'une volonté de perfection, car elle sous-entend la réduction critique de l'entropie nécessaire au grouillement de la vie sur terre.

C'est ainsi, d'une république axée sur l'évidente corrélation effective de la société et de l'individu au travers des accès dégagés à la morale par la fraternité, que pourront naître au cœur de toutes les entités du groupe républicain les multiples accès à un bonheur franc et durable.

C'est pourquoi il faut prétendre hisser la fraternité au pinacle des vertus humaines consciemment envisageables. Ainsi nous aurons peut-être la chance de ramener dans le champ du possible le bonheur absolu pour tous ces frères unis dans une même dynamique ascendante.

Car là où règne la fraternité, nul ne peut être laissé en arrière.

Désordre extatique

Désordre extatique

C'est en décrivant pas à pas le déroulé temporel d'une modification de ma conscience que j'ai découvert l'ivresse du désordre extatique.

Ayant puisé au plus profond de mon manifeste de concepts la structure de mon délire, je me confonds dorénavant en argumentations velléitaires.

Comment se résigner à engranger des croyances en l'Etre ?

Alors que je me présente comme le héros des temps à venir, temps d'élévation vers la justesse de l'anti-révélation !

Oh manichéens passés, ajustez vos transes sur les réflexes troubles de vos idoles !

Quelles sortes d'idées peuvent bien venir à bout des basses pensées religieuses ? Personne ne veut faire l'effort de la juste opinion, le refus des affects dérivés de l'instinct animal de conservation.

Hommes déphasés, seuls êtres conscients de l'insécurité de l'émergence du dualisme biologique vivant ! Au fou ! Comment s'asservir de ses propres actes quand les derniers emprunts aux lointaines légendes s'épanouissent en toute quiétude au fond du lac des terreurs humaines ?

Je suis incapable de servir cette cause illégitime en mon sein. Je ne puis pas supporter d'emporter mon corps vers la déchéance répugnante de l'accès à la viabilité.

Je préfère pénétrer l'outrage Surhomme. Abject Surhomme ! Perdu dans la poisseur fébrile de mes illusions ! Perdu pour mon sexe ! Perdu pour ma gorge ! Mais jamais je ne céderai par compromission pour des broutilles de concepts.

Il reste à définir dorénavant la conduite à tenir devant l'abjecte Entité-Dynamiques-Cycle, conduite immensément sordide, fausse et libre ! Il faut en finir, résister aux assauts des pauvres d'esprit et intenter une exécution pour les violeurs Surhumains. Terrible EDC ! Maudite révélation, maudite charogne !

Exécution !

Du point d'origine

Arrivé au terme d'une étrange entreprise d'anéantissement, je me retrouve enfin libéré de l'emprise d'une morale que je ne comprends plus.

Seulement autre chose s'est détourné de moi, autre chose que je réalise être indispensable, sans quoi je vais probablement disparaître moi-même, l'essence de mon pouvoir d'exister, le fondement de mon être-au-monde.

Je sais maintenant que je viens d'atteindre ce qui va me servir de point d'origine. Ce point est tel que ma position y est inconfortable, déséquilibrée. De ce point ne peut subsister qu'un seul élan, sublime dans son unicité et sa simplicité, après la sublime destruction, la construction du nouvel absolu.

De cette extravagante aventure, j'ai réalisé l'importance de la fabulation.

Il y a quelque chose d'indispensable quand l'imagination s'aventure au-delà des préceptes raisonnables, dans des plaines encore vierges de quelconques systèmes raisonnés.

Je ne peux longtemps aller à l'encontre de ce fait, mon être entier repose sur les possibilités qu'entretiennent les délires de mon imagination. C'est la divagation et l'oubli qui permettent à la vie consciente sa viabilité, sans quoi elle s'anéantirait évidemment d'elle-même.

Je crois, qui plus est, que raison et imagination se retrouvent mêlées quand l'esprit s'engage aux confins de ses possibilités. Voyez le Surhomme ! Il n'y a donc pas d'opportunités de réussite pour un esprit trop emprunt de rigidité argumentaire.

Il faut, je crois, accepter la compromission au flou de la sensibilité, tout en choisissant le dessein candide d'un absolu à sa propre mesure. Tel sera le seul choix qui permettra de survivre en subvenant aux secrètes ambitions de la partie de l'espèce qui réside en chacun.

Car il est dorénavant convenu que, seuls les élans ascendants menant à l'amélioration et à la perfectibilité de la définition des caractères de l'espèce humaine seront encouragés.

Les autres, ceux qui chercheront à mettre en péril l'intégrité des qualifications fondamentales de l'espèce, et ceux qui n'entreront pas dans la catégorie sus décrite seront niés, voir combattus.

C'est à ce titre seulement que l'acte de l'homme entrera dans la catégorie supérieure, à savoir l'acte Surhumain. Et, de la même manière, l'humanité pourra espérer entrer d'un pas glorieux dans un espace lumineux, berceau d'une Surhumanité naissante.

Comment accepter un tel mysticisme et se résoudre à engranger l'acceptation d'individus imaginant retrouver dans ces idées l'hypocrisie qu'ils ont divinisée dans nombre d'autres ?

Et pourquoi chercher à renforcer l'existence d'une espèce qui se caractérise par l'impossibilité d'affirmer sa propre possibilité d'être, à savoir la conscience de l'individu prenant l'avantage sur la conscience de l'espèce. Voilà tout le problème !

On ne peut pas glorifier un supra individu dont la force vitale s'affirme dans la réduction de celle de chaque entité qui le compose.

A partir de l'instant où l'individu a pu se représenter partie d'un tout duquel il partage l'appartenance avec un nombre considérable d'autres, auxquels il cherche assurément à opposer sa propre individualité, un terrible destin s'est engrangé : l'individualisme, la dispersion de l'élan supra humain en multiples extraits.

Conséquence de quoi, un problème de survivance globale s'affirme, et l'espèce s'abstrait de la conscience des individus, entraînant sa propre dégénérescence.

Tel est l'avenir à combattre et le moyen est l'apparition et la dispersion d'une nouvelle idée, une sorte d'humanisme, mais non pas un humanisme de l'individualité et de la personne, mais un humanisme de l'espèce, un humanisme génétique.

Probable

Il y a trop longtemps, c'est oublié, ils ont eu peur instinctivement du noir autour d'eux.

Ces hommes, ces lâches, ces bêtes ont agressé leur corps nouvellement conscient. Et, soutenus par le dit instinct de conservation, ils ont développé leur imagination afin de combler le vide qui les entourait.

Et seuls ceux-ci ont survécu.

Les clairvoyants, eux, évidemment sont retournés au néant.

Le mimétisme, instinct primaire, est passé devant. Les autres ont suivi, les générations futures.

La conscience de soi, propre à l'homme, appelle la religion. Non comme clairvoyance révélée, Mais comme recul de sauvegarde de l'individu, puis par mimétisme, de l'espèce.

Conscient de sa place au milieu de rien, un homme qui commence à comprendre les éclats de sa condition se laisse mourir. Il n'a plus le courage, il n'a plus l'envie, de résister à la décrépitude annoncée.

Et l'instinct de conservation qui s'oppose à la raison consciente s'allie avec elle pour créer de toute pièce l'illusion qui va permettre de conduire le cycle à son terme : la religion.

A la première génération, tous ceux chez qui la raison nouvelle a pris le pas sur l'instinct primaire s'anéantissent. Les autres, eux survivent à cette ultime épreuve. Certains par mimétisme, d'autres par « voile de survie » plus ou moins conscient.

Dés la seconde génération, l'apprentissage traditionnel construit en chaque nouvel homme le « voile de survie » de façon profonde et durable. Le nouvel homme, l'homme religieux ne peut plus penser autrement sa condition que légitimée par un être supérieur anthropomorphe.

Si parfois l'idée claire du néant peut transparaître dans l'esprit conscient d'une personnalité, elle est aussitôt réfrénée par la culture traditionnelle, et par le détournement de l'attention, légitimé par l'accumulation des occupations humaines, encouragées par la conscience timorée du genre humain.

Et que faire ? Se laisser entraîner dans le rêve plus ou moins cohérent de l'humanité qui craint pour ses enfants, ou bien jouir du touché de l'ultime limite de sa propre conscience et risquer l'anéantissement.

Et pourtant, j'ai la conviction que l'humanité qui dépasserait l'appréhension du vide devant la conscience de sa place au milieu de rien, pourrait construire une Surhumanité, en incitant la nature à modifier rapidement sa conscience pour l'étendre au-delà du néant à peine tangible.
Pour cela il faudrait que tous saisissent simultanément l'idée du néant dans l'existence humaine, et peut-être que...

Je pourrais avoir peur… avoir peur d'avoir tort.

Question d'échelle

J'étais curieusement étendu aux côtés de mon félin de service, quand un saut de conscience a brutalement interrompu le parcours nauséeux de mes pensées. J'ai soudain conçu mon échelle en regard des multitudes de l'univers.
Ou plutôt, j'ai réalisé mon emprisonnement macabre dans les filins d'une certaine échelle de grandeur.
Car me voilà figé dans une appréciation comparative de mon corps et du cosmos.
Alors que ma main s'approchait doucement de la fourrure de mon chat, mon avant-bras s'est mollement pressé contre les fibres du revêtement de sol. A cet instant précis, un minuscule insecte s'est glissé au plus profond de son monde pour éviter la sinon inévitable implosion.

Ce petit être a été à l'origine de certains de mes phénomènes de conscience car ma tête reposait sur la moquette du fait de la fatigue qui régissait mes actes.
Ainsi, pendant un tout petit instant, je suis rentré d'une certaine manière dans son échelle de perception. J'ai soudain pris conscience que mon avant-bras aurait été un terrifiant message punitif du petit dieu des insectes, s'il avait été doté de conscience du même ordre que celle des hommes.
Non pas que je fusse un dieu pour lui, mais les extraits de mes actes qui mettaient mon corps en relation avec son corps auraient définit les paroles divines de son créateur.
Dans l'éventuel petit extrait de conscience d'insecte, naissait l'organisation d'une fatalité en accord avec mon échelle de perception. Aucune possibilité de conscience, aucune possibilité de croyance, mais une phénoménologie comparée.
A force de penser à ce terrible enjôlement, une caricature de désespoir s'est laissé

flotter au centre de mes préoccupations. J'ai pris conscience de mon infirmité de demi-dieu.

En reprenant ma place dans mon échelle de cohérence, j'ai rejeté à jamais l'existence de ce petit insecte dans les méandres d'une réalité relative, effroyablement relative.
Et moi, être relatif, j'ai soudain été pris d'une terrible nausée, et du plus profond de mes chairs a surgit l'incandescente union de ma conscience relative et de mon innocence absolue.

Pourquoi et comment accepter une telle appréciation de l'univers ? Comment attribuer consciemment et sérieusement une quelconque valeur aux parties de l'univers ?
La morale réformée doit s'appliquer à répondre à ces questions.
D'abord accepter son échelle et la défendre en regard des autres. S'appliquer à la rendre bénéfique aux progrès de son genre. S'élancer dans une quête civilisatrice de ses proches espaces relatifs afin de préserver son identité collective.

Concevoir l'échelle relative de l'être humain.

Intimité analytique et introspective

J'ai voulu tout connaître, tout savoir sur tout. Mais la tâche est devenue plus ardue avec le temps. Une telle entreprise, dans sa simplicité, est désormais devenue si complexe qu'elle tend à affirmer ouvertement son impossible occurrence. Il est donc utopique d'imaginer connaître absolument tout, les actes humains étant au fur et à mesure plus prolifique encore, et les hommes simplement plus nombreux. Alors que faire aujourd'hui pour parvenir tout de même à maintenir un extrait d'absolu au cœur de cette infâme et ordinaire progression vers le néant reconstitué ?
Tiré d'un côté puis de l'autre par ma désillusion et la persévérance des caractéristiques de mon être, j'ai décidé de toucher à toutes les disciplines et de tenter une synthèse prudente et teintée de mon innocente jeunesse.
Je commence à en tirer de lourdes conclusions :

Toutes les passions qui touchent actuellement à l'espèce humaine sont les conséquences de l'instinct naturel de conservation. Tout ce qui effleure la conscience d'un être humain découle en droite ligne de son statut particulier d'entité en quête de positionnement bénéfique dans l'Etre total. Ainsi l'être humain progresse dans la perfectibilité en action qu'incarne sa propre vie.

La multiplicité des activités humaines, la spécification, l'avancée vers la particule, est aussi une conséquence de l'instinct de conservation de l'entité humaine. Ainsi les hommes ont-ils passé le cap de la conscience de l'illusoire connaissance absolue, qui correspond en outre à la création de la religion.

Ensuite, leurs consciences se croyant libérés du problème récurent du néant alentour, les hommes ont fracturé la connaissance, délaissant à jamais la question, où plutôt canalisant leur imagination délirante dans la croyance en l'être supérieur, une solution de pleutre au problème fondamental, mais tellement bénéfique au bonheur humain.

La fracturation de la connaissance est sans nul doute irrémédiable si l'on ne contredit pas ouvertement l'instinct de conservation. Or cela semblerait possible dans l'acte artistique.

L'artiste ayant la connaissance de tout est l'avenir idéal de l'humanité, l'acteur nécessairement principal du prochain cycle humain…

Comment faire pour en arriver là ? Et surtout quel est le nouvel instinct qui m'incite à m'opposer au précédant, l'instigateur du phénomène religieux, si ce n'est l'instinct de conservation du cycle suivant ; ou bien du cycle supérieur. Et dans ce cas, ne suis-je pas déjà en quelque sorte en train de prétendre intensément à la Surhumanité ?

Chaque cycle décrit normalement la vie d'une entité de sa naissance jusqu'à sa mort, c'est à dire depuis sa particularisation jusqu'à sa refonte dans une entité supérieure, une entité contenant la première.

Et chaque cycle sous-entend une dynamique de persévérance dans son être (l'instinct de conservation) et une dynamique de refonte dans l'ensemble supérieur (l'instinct tribal). De plus chaque cycle se répète à l'infini, identique et différent, selon la hauteur du point d'observation.

Et ces cycles d'entités qui s'imbriquent entre eux, qui se tiennent les uns dans les autres, ou à leurs côtés, finalement donnent l'illusion de la cohérence dans le chaos.

Si les cycles se répètent identiques et différents c'est parce que leur réapparition prend en compte l'activité des autres cycles décentrés. La somme des cycles inférieurs modifie le cycle qui les comprend, et de ce fait implique sa répétition sur la même strate, mais modifiée.

Cela donne l'illusion d'une évolution globale. Evolution qui ne peut aboutir puisque elle-même cyclique…

Originalité

J'en reviens d'un, qui ne m'a pas du tout plu. Le premier d'une courte lignée, j'espère. Qu'en sais-je réellement ? Je me sens perdu au milieu d'un tissu exécrable d'instincts et de violence sordide. Si au moins tout cela avait dans sa définition quelque chose de réel…

Au bout de ce temps qu'il m'a fallu pour vivre, je me suis enfin décidé à passer à l'acte. J'ai, dans une désinvolture totale, choisit posément de contredire ce à quoi je m'étais tenu jusqu'à maintenant.

Oui je l'ai fait ! Et alors ? Me sens-je un autre homme maintenant que j'ai transgressé ma limite ? Il y a, dans cette ultime démonstration de trivialité profonde, comme l'appel au secours de la nature au travers de mon corps. Je la sens qui baille, qui s'ennuie à mourir.
Et bien, justement, qu'elle meurt enfin, qu'elle s'écarte de moi, qu'elle quitte cette écorce qui m'encage !
Je me sens abandonné par les élans vitaux qui me définissent.
Ce que j'ai fait était si différent de ce que j'étais normalement en droit d'attendre, après une si longue et heureuse période d'hésitation. Je n'ai malheureusement aucune fierté d'avoir effleuré l'écœurante banalité, l'acte partagé par deux milliards d'hommes.
J'ose espérer que le moment est maintenant venu d'avoir sur la vie humaine un regard d'une honnêteté scrupuleuse.

Il est clair que, si l'on n'a pour la société de consommation aucune espèce d'accointances, on est voué à la disparition, au milieu du tumulte orgasmique de l'enrôlement du vouloir dans une danse féroce, terrible danse !

Il semble que j'ai, à l'égard de la vulgaire chair organique, autant de mépris que pour l'obligation interne de la continuation de la vie. Il y a quelque chose d'infect dans l'instinct primaire qui rapproche les corps et éloigne le reste.

Alors que je m'apprête à transférer la multitude de mes gains sur l'évolution dans une nouvelle écorce plus brillante encore, un événement se produit au moment où je m'y attends le moins.
Quelque chose de farouchement sordide transparaît de mon ennui. Une pluie argentée recouvre mon propre vouloir jusqu'à en entraver ses mouvements. Je suis là, las. N'aurais-je pas du m'abstenir ?

Quand je pense que l'écriture chaotique découle d'un automatisme forcené des fonctions régulatrices, transcendé, j'ai encore la nausée. Ainsi, sur une infime portion de l'éternité, je peux chercher à m'ébattre sans fin, si ce n'est ma propre mort, celle qui me sera toujours, et à jamais, étrangère.
S'il faut tout cela pour se donner le courage d'exister, alors déduisons-en la fin de la partie, la fin du jeu, la fin... Dorénavant, après cette douloureuse expérience, il me sera possible d'accélérer les longues secondes qui vont me conduire aux portes de la dispersion.

Je sais au moins ce que je n'aime pas !

Maintenant que s'est embourbé ma volonté dans cette mélasse argentée, je décide de rendre abscons chacune de mes paroles décalées, chacun de mes rôts sémantiques, qui défigure à jamais l'image glorieuse d'un passé douteux, et pour la continuation duquel des générations d'aconscients ont osé se battre.

Je crois vraiment étendre ma volonté de puissance en omettant intentionnellement d'indiquer la clé qui permettrait de rentrer délicatement dans mes délires portant sur une lubie intolérante...

Je veux croire que tout ceci n'est qu'un mauvais rêve, un cauchemar qui se présente à mon entendement afin que la nature puisse, par son intermédiaire, m'indiquer la voie correcte de mon étalement.
Non ! Je ne consentirais jamais à m'aligner sur les milliards de sensations qui s'écoulent par delà les nues. Il m'en faut beaucoup plus. Je dois m'élever au dessus du groupe pour exister.
Et ce n'est pas comme ça que j'y parviendrais. Jamais une entité n'est apparue différenciée des autres en ayant à l'égard de la norme que peu de mépris.

Pourquoi devrais-je m'en tenir à ça ?

L'absurde légende

Je pourrais commencer par exprimer mon plus profond mépris à l'égard de cette vaine agitation, mais je vais simplement courir au devant de la plus grande paresse en m'avouant vaincu.
Non.
Je ne suis pas de cela.
Je vais me reprendre.
Ca ne se passera pas comme ça.

Il y a très longtemps, vivaient en harmonie avec l'éther, les prémices d'une possibilité dénudée de conscience, l'avant-garde métaphysique d'une épopée majestueuse. Ils vivaient comme les simples outils du réel qu'ils étaient.
Et puis un jour, la conscience s'est formée.

Terrible jour, en fait, que ce jour là. Il n'y eut pas de remous officiellement, mais le renversement, qui allait mener cet arrangement de forme à mon existence, allait être sordide, sinon monstrueux. La suite qui s'élèverait encore, parviendrait à briser tout les aprioris dissimulés derrière les traditions, les légendes.
Cette triviale agitation de molécules, nommé la vie, a de ça de si original qu'elle semble se mouvoir sur un pied d'égalité avec le feu. Voilà qu'elle suit pas à pas les inflexions du chaos géométrique, et qu'elle en soutient même les infimes modifications.
Alors comment oser se considérer comme autre chose que la matière en mouvement que nous sommes ?

Il y a quelque chose de dégoûtant à prendre la forme qui ne nous est pas dû. C'est comme s'il prenait l'envie au feu d'apparaître dénudé et spongieux. Pourquoi

accepter de nous fourvoyer dans notre inacceptable condition de limace perdue au beau milieu d'un tas de lames aiguisées ?
Ce n'est pas raisonnable. Ce n'est pas humain. Ce n'est pas naturel.

L'entité bleue, qui apparaît tel un prétendant à la perfection, ne pourra jamais atteindre l'extase de ses sens par le chemin ombragé de l'entraînement de sa conscience à la transcendance. Il ne pourra que lui arriver des bricoles !
L'entité bleue, cette entité, transfigurée depuis sa chute dans l'inavouable vérité, parviendra à s'en sortir si elle accepte de se plier au difficile exercice de sa passion coordonnée avec ses instincts bruts.
Dés lors, il faudra encore attendre, attendre sa propre libération, attendre l'hypothétique limite de ses accès au merveilleux.
J'ose encore penser que ces instants ne sont pas si lointains que cela. Il faudra attendre encore un peu, mais la joie de retrouver son équilibre sera si grande qu'adviendra de sa raison un tumultueux mélange corrosif.
Pourquoi encore renier ses accès au summum de l'art du guerrier d'une conscience peu à peu révélée à elle-même ?

Je me suis déjà réveillé avec l'angoisse de n'être plus rien. Si cette angoisse persistait, je ne serais pas certain d'éviter le soulagement évident de ma raison à l'appel de ma conscience. La folie s'emparerait de ma vie, et la soupèserait jusqu'à lui faire cracher la vérité de son essence improbable.
Mais toutes les fois que j'ai repris conscience, jusqu'à maintenant, l'angoisse métaphysique impérieuse s'est effacée sensiblement pour disparaître, jusqu'à sa prochaine occurrence, de mes pensées subjectives.
Qu'est-ce que cela veut dire ?
J'ai la ferme intention de le découvrir avant que ce petit stratagème ne m'importune encore une fois.

Si bien que me voilà rendu à l'extrémité du développement mouvant du chaos en moi, et je ne sais toujours pas pourquoi je suis conscient de ce phénomène.

L'absurde légende raconte, à qui est prêt à écouter, que le cycle total finira lorsque la deuxième phase, la phase de régression, qui découle de celle d'expansion actuelle, s'achèvera. Dés lors que la matière se sera combinée à nouveau, le temps s'arrêtera de couler, et l'univers disparaîtra.
Dés lors, il n'y a plus d'époque, le néant est instauré de retour, et l'énergie emmagasinée n'est plus qu'un illusoire concept appartenant au rien qui subsiste…

Quel jeu joue la nature sur ce tableau ? Elle qui s'amuse à entretenir de la persévérance à outrance ?
Encore un peu de temps pour se poser la question.
Mais le définitif anéantissement général arrivera.
A qui sait l'attendre.

Pourvu qu'il n'entraîne personne à la désespérance absolue. Car il n'est pas encore l'heure de désespérer. Mais plutôt celle de vivre.

Vivre...

D'obscures illusions

Je m'avance, lentement mais d'un pas bien amorcé, vers les quelques formes familières qui trahissent encore l'état raisonnable de mon entendement. Ma raison s'éparpille. Ne suis-je point en train de rêver ?
Finalement, après un instant réparateur, un instant de doute, une masse d'indices, plus probants les uns que les autres, excite ma sensibilité songeuse. Aussi, cet amas de confidences me porte-t-il à conforter ma première opinion. Oui, je suis en train de rêver. Oui, tout ceci n'a autant de réalité qu'une de mes idées les plus abstraites.
C'est un songe, pour lors, qui me sert d'espace nécessaire à mon étalement. Ainsi, je rêve de ces hommes qui se reposent à l'orée des territoires ordonnés de ma raison. Je rêve de celui-là qui se retourne vers son ami. Il y a tant d'harmonie dans ses gestes. Et sa parure semble sortie tout droit d'un livre d'image. Vraiment, il me plaît de contempler cet homme et ce lieu.

Celui là même, vers qui toute ma conscience était un temps tournée, se redresse fièrement et vient à ma rencontre. Un sourire ambigu se dessine sur son visage d'ange.
J'ai décidé d'être honnête. J'ai décidé de faire preuve d'extrême probité en ces temps de moisson des illusions perdues. Je vais parler. Je me lance.
« Comment te sens-tu réellement ? Est-ce que tu te plais au cœur d'un état de mon imagination ? Car, sais-tu que tu n'es rien de plus que le produit de mon entendement à l'égard de l'attribut abstrait de l'Etre ? Tu n'es qu'un élément issu de mon processus cognitif, qui joue en dehors de l'emprise castratrice de ma raison. »
Comment peut-il réagir à tant de nouveauté impromptue pour son petit extrait de conscience ? Je m'amuse encore à vouloir l'écouter me répondre. Au lieu de cela il sourit, et d'un regard accusateur il me fixe.
Je reprends mon monologue, contraint et forcé.
« N'as-tu pas compris le sens de mes paroles ? Je te dis que tu n'es rien, et tu continues à me sourire d'une façon qui ne me plaît guère.
Tu n'es rien qu'une interprétation hasardeuse d'un processus électrique à la surface de mes neurones. Tu n'as pas plus d'existence tangible que l'hypothèse invérifiable du sens de la vie. Réagis, que diable ! »
Je crois qu'il a compris, une partie au moins des implications qui découlent de la validité de mes arguments. Je remarque comme un changement imperceptible dans la brutalité de son regard. Il se reprend, va réagir. Il parle.

« Que me chantes-tu là, sur tes airs de mélopée ? Pourquoi viens-tu troubler mon repos, alors que tu devrais t'assoupir toi aussi ? La vie est trop courte pour asseoir tes divagations peu courtoises sur le lit sec de la vérité. »
Il rit, puis reprend.

« Tu n'es pas fatigué de proférer de telles insanités.
Au lieu de profiter largement des plaisirs dispersés dans l'occurrence de ta vie, tu t'attaches à résoudre, honnêtement comme tu dis, les tourments et les peines impliquées dans la recherche éperdue des raisons ontologiques. Tu me déçois, quand bien même quelque chose pourrait bien me décevoir. »
De rage, je lui réponds.
« Mais as-tu bien compris ce que je viens de te dire ? Tu n'existe que grâce aux progrès entrepris par ma cognition envers la pratique des illusions. Tu n'es pas un être réel. Tu n'es que le fruit de mes pensées. Tu n'es rien... »
Il m'interrompt.
« Quand bien même il y aurait un soupçon de vérité dans ce que tu viens de me dire, peux-tu m'expliquer à quoi cela sert-il que tu me jette à la figure cette assertion. Je ne vais pas disparaître du fait de la reconnaissance de mon état dégradé. Moi qui te parle, je suis aussi immortel que tu peux l'être. »

Bien sûre il a raison. Bien sûre...
Je me retrouve ainsi dans une posture inadéquate, en face de vérités qui me tendent la main. Je ne sais plus comment réagir. Je sais que je peux encore me réveiller, que je peux encore m'extraire des vues de ces apparitions, mais quand ?
Et lorsque j'aurais réintégré la réalité concrète, celle que je m'amuse à décrire en m'assurant que c'est la seule qui le mérite, je n'aurais plus l'occasion d'être en contact avec cet homme pour lui prouver son erreur.
Que faire ?
M'aplatir à lui répondre, tout en sachant que je réponds à mon corps, et profiter encore un peu de ce lieu privilégié ou mon âme parvient à s'ébattre gentiment ? Ou bien me pincer violemment, et réintégrer l'ère des évidences bafouées, l'espace privilégié où nulle illusion n'a jusqu'alors été ignoré.

Je crois que je ressens comme une impression de déjà vu. Comme si cette scène, je l'attendais aussi de l'autre côté du miroir...

Politique et morale

Un projet d'urbanisme dégoulinant de probité

Contraint de vivre pour un temps au milieu de la nature chaotique, et désireux d'y vivre le plus heureux possible, nous voilà parvenu à un point crucial de compréhension et d'intégration des règles qui régissent délibérément l'Etre.
Dorénavant nous acceptons docilement la nature chaotique de l'Etre si, en retour, cela nous apporte matière à élaborer un heur des plus opportuns pour l'ensemble des hommes qui fondent la communauté.
Car il est bien entendu possible de vivre heureux dans un univers chaotique.
Ainsi, c'est en adoptant une éthique de vie basée sur la réalité du chaos, établie sur des règles similaires à celles réussissant à commettre l'évolution normée de l'Etre, que l'on parviendra à ce que les communautés européennes, dans un premier temps, extériorisent leur joie de vivre, au travers d'une activité ou nulle gravité ne semble réguler la teneur explicite de leurs actes.

Une solution, une des premières sans doute, réside dans le fait de réquisitionner des lieux géographiques naturels, en cela chaotiques, et d'y organiser l'édification d'habitations, toutes différentes, prenant exemple de l'agencement des entités naturelles, faisant du chaos organisé leur plan de construction.
L'écologie, qui incite à la préservation radicale des lieux dont l'esthétique est tributaire d'une organisation chaotique, passe certainement après le bonheur des hommes.

En aménageant ces lieux de manière à respecter le chaos environnant, c'est-à-dire en faisant des sentiments arbitrairement inspirés des lieux le moteur de l'édification de ces demeures, on fournira aux hommes un travail permettant à leur humanité de s'étaler, et l'habitation effectivement idéale pour pouvoir vivre heureux.
Les lieux ainsi créés seront assortis des divertissements et des services qui font d'un petit village une ville, tous élaborés suivant le même principe, à savoir la constance de l'application du modèle chaotique dans les rouages de leur établissement.
Des commerces, des lieux de divertissement, ainsi que tout ce qui fait la vie d'une petite communauté seront disséminés dans chacun de ces emplacements, et fourniront un travail divertissant, et moins sporadique, aux habitants.

Nous aurons ainsi créé des villes à taille et à structure humaine, des villes où la vie trouvera l'espace pour étaler son agréable et heureuse occurrence.

Aussi l'expérience de ces villages au nombre d'habitants suffisant sera-t-elle reconduite, et provoquera ainsi, par un effet de vases communiquant, l'abandon des cités dortoirs des banlieues des grandes villes, irrémédiablement et malheureusement édifiées sur la base d'une raison exacerbée. Celles-ci pourront alors être délicatement détruites et remplacées par les adaptations de ce concept nouveau à l'organisation monotone de leurs paysages originels.

Ceux qui viendront habiter les premiers de ces lieux seront ceux pour qui la situation géographique importe peu, ceux pour qui le télétravail, le travail à distance autorisé par la particularité efficacement grandissante de la communication, par exemple, est possible.
Ils libéreront ainsi le centre ville des grandes agglomérations où pourront se regrouper ceux pour qui la présence près des lieux de production est indispensable.

Ainsi, d'opposition ville/banlieue, on passera à une juxtaposition de villes à petite et grande population, où la différentiation des habitants ne se fera plus sur l'importance du revenu effectif mais sur la nécessité d'être proche ou non du lieu de production.
Les villes de petite taille, retirée dans des décors naturels esthétiquement supérieurs, verront leurs populations se former autour des télétravailleurs et de certains commerçants et acteurs de service.
Les villes de grande taille, autour desquels se fixent les moyens de productions, construites de façon à offrir aux habitants un rapport équitable entre l'esthétisme manufacturé et l'utilitaire, verront leurs populations se former autour des protagonistes directs de la production, et d'autres commerçants et acteurs de service.

Ainsi on aura rétabli l'équité entre un télétravail dans un lieu agréable et naturel, et un travail effectif de proximité dans un lieu distrayant et équipé.
Le prolétariat aura de nouveau accès au centre vivant, animé et intéressant des villes, et certains cadres détachés de leurs lieux de production pourront à nouveau travailler dans l'harmonie de lieux dans lesquels la nature expressive et impulsive sera omniprésente.
Il sera possible pour tout un chacun de choisir la primauté de l'animation, ou de la sérénité, à chaque étape de sa vie en fonction de la teneur explicite de son occupation principale.

Cet idéal d'urbanisme original peut être celui du troisième millénaire. Il ne tient qu'à nous de le rendre possible, ceci par l'adhésion active et productive à son projet.
Alors que l'exacerbation des vues raisonnables absolument, d'une raison décuplée, a montré ses limites quant à offrir un lieu de vie agréable, et susceptible de révéler des occurrences de bonheur, aux hommes, il est temps maintenant de réformer notre conception initiale de la vie.
Pour pouvoir accéder, chacun dans ses particularités, à un heur des plus opportuns sur la continuité, au bonheur de vivre agréablement, matériellement et moralement, dans un lieu qui nous plaît, il faut apprendre à traiter avec le chaos.

Finalement, il suffit d'accepter que l'instant rêvé de notre dénaturation totale reste un idéal. Il suffit d'aller à sa rencontre en s'alliant au chaos plutôt qu'en le défiant continuellement. Il suffit de s'intéresser enfin aux moyens réels d'édifier sa propre niche environnementale de façon à préserver l'insinuation sournoise du chaos au travers des effets de cette édification.
Il suffit en fait de se servir de sa raison et de sa conscience pour endiguer l'apparence néfaste de leur plus pure application...

Paradoxe expérimental, et seulement utile au concept...

Res publicae

Avec l'arbitraire frénésie ubuesque qui me caractérise, je dois avouer que, précisément en ce temps, je sens poindre en moi le désir d'avancer encore un peu le terme de ma vie.

Non pas que je souffre d'une quelconque maladie pathologique qui rongerait mon énergie vitale, mais j'ai atteint un point où toutes les occupations humaines, toutes sans exception, m'apparaissent dés lors comme dénuées d'un quelconque intérêt.
Et je ne peux que, malheureusement, pour répondre à cette complète désillusion, marcher la tête basse et le cœur battant, vers mon inévitable anéantissement prématuré.

J'ai effleuré nombre de ces occupations proprement humaines que sont les disciplines artistiques, littéraires et scientifiques, mais l'absolu, derrière lequel je m'étais lancé pour tenter d'y dédier l'intégrité de ma vie, s'est effacé insensiblement dans un brouillard d'incertitude, largement dominé par le maître de céans, le despote chaotique.
Alors que je croyais encore en l'existence d'un sens global qui régirait l'Etre dans son entier, est apparue aux pupilles de mon entendement l'évidence même d'un déploiement général axé sur la prédominance d'une possibilité, au détriment d'autres, sur la base d'un détail de faible taille, en regard de l'échelle employée pour visualiser le phénomène.
Ce déploiement, qui est régit par les lois définitives du chaos mathématique, j'en avais longtemps craint l'existence
Et pourtant, seul, perdu au milieu de ce processus sauvage qui anéanti toute idée de libre arbitre, j'ai été contraint par cette révélation à une profonde désespérance absconse.

J'aurais pu éventuellement survivre, avec à l'esprit l'absolu de ce sentiment infect, seulement un autre amas de faits probants m'a conforté dans ma triste opinion du fonctionnement de l'Etre, de la substance, du monde.
Si exister c'est conforter son être, alors c'est conforter la particularité qui fait qu'on existe détaché des autres entités.

Pour l'être humain, cette particularité est la raison humaine, agrémentée de la conscience paroxystique. Ce qu'il faudrait donc étendre pour l'amplifier, pour exister en tant qu'exception humaine, c'est la présence et l'utilisation de la conscience raisonnée dans toutes les occupations humaines.

Or, l'apogée de l'utilisation appliquée de la raison dans toutes les instances de la vie a eu lieu lors de deux révolutions, la révolution française de la fin du dix-huitième siècle, et la révolution russe du début du vingtième.

L'esprit de la révolution française, le culte de la raison absolue, a été outrageusement trahi par la tentative de retour aux valeurs traditionnelles orchestré par Napoléon, premier du nom.

Heureusement, cet esprit tente encore vaillamment de subsister au centre des rouages de la communauté, tout de même la plus raisonnable au monde, la République Française.

La révolution russe, elle, a malheureusement abouti, après maintes péripéties, à la mise en évidence de l'impossibilité pour l'homme de vivre dans la plus absolue des raisons, contraignant ceux qui en ont adopté les effets d'une telle position à vivre dans l'attente d'un retour improbable des illusions passées.

Conséquence de quoi, l'homme s'est découvert pusillanime quant à tenter, ce qui est pourtant hautement bénéfique pour son ego, de vivre raisonnablement, d'ôter de sa conscience toute trace d'illusion, donc de se dénaturer pour se détacher de la nature et créer une monstruosité spontanée : les fondements d'une communauté dont l'unique origine active serait la raison.

Mais que vouloir d'autre, si ce n'est chercher à se dénaturer pour édifier, à l'encontre de cette nature oppressante, une société basée sur des fondations raisonnable ?

Les exemples, qui sont offerts aux vues de nos cognitions, sembleraient malheureusement attester la parfaite utopie que reste cet élan éternellement désirable.

L'homme ne pourra jamais, et c'est un fait qui est conforté jours après jours, oublier les liens solides qui le rattachent à cette nature, violente et insensée, origine et état de tout ce qui est.

Et bien alors, ne vaut-il pas mieux chercher son propre bonheur au sein de la nature ? Ne vaut-il pas mieux oublier ces malheureux élans qui nous portent à croire en l'impossible ? Aussi pour cela, faudrait-il au moins objectivement considérer le genre humain pour ce qu'il est, c'est-à-dire la conséquence de l'application de l'évolution naturelle sur un effet du chaos : la vie.

Dés lors que cette considération honnête a lieu, il faut accepter la réalité de notre condition. Il faut accepter le mode de déploiement de la vie, qui s'étale suivant une procédure chaotique, qui s'applique à réguler simplement son avancée. Il ne faut pas chercher à agresser la nature dans ses derniers retranchements.

Car si nous cherchons à faire œuvre d'altruisme désordonné, en prolongeant la vie jusqu'à n'en plus finir, en permettant la survie au-delà de toute espérance, nous contredisons sans doute point par point la dynamique évolutive qui nous a menés là où nous sommes.

Conséquence de quoi, nous incitons à la perpétuation de la vie là où il n'y aurait pas lieu de le faire. La surpopulation et le vieillissement de la population sont les conséquences directes de l'application d'une telle morale.

En tentant de respecter arbitrairement la vie en chacun, nous avons anéanti la sélection naturelle.

Contrecoup de quoi, la nature, dans un ersatz de défense instinctive, a incité et développé, en quelques-uns, l'ultime désespérance pour se débarrasser, par l'entrefaite d'une éviction commune, du trop plein d'individu, vivant, et contredisant par cela son mode auto régulateur.

Il est peut-être encore temps de repenser notre mode de survie.

Pour cela, il faudrait que nous acceptions la réalité de notre position dans l'Etre pour pouvoir asseoir notre survivance en soutenant notre raison, dont l'importance particulière est mise maintenant en exergue par notre connaissance étendue de l'Etre et de ses attributs.

Je ne préconise nullement un abandon de l'altruisme fondateur des sociétés pour un retour à la sauvagerie d'antan, mais au contraire, la recrudescence de l'intervention positive de la raison, celle-là même qui inspire à la formation des cristaux, dans toutes les instances de la vie, pour contrer les trop futiles illusions apportées par trop d'années de religiosité.

Par cela, il sera sans doute possible de gérer adroitement les vies humaines, afin d'éviter le déclenchement intempestif du mode régulateur de la nature, directement aux dépens des plus conscients des hommes, ceux qui sont sensibles à l'inopportunité de leur place dans l'Etre.

Et par cela nous aurons approché de nouveau la dynamique ascendante sensée découverte voilà plus de deux cents ans à l'occasion de la révolution française, et qui incita à faire acte de raison dans tous les domaines.

Mais tout cela serait possible si notre conscience était libérée des contraintes infligées par une morale inadéquate, celle créée de toutes pièces, voilà deux milles ans, pour palier à un manque d'intelligibilité du monde.

La morale judéo-chrétienne, qui apparaît maintenant comme ayant été inspiré par une gentille fable ne correspondant plus au degré de compréhension de l'Etre auquel nous a lentement menés la recherche scientifique, est dorénavant impropre à servir le bonheur humain.

Il faudrait donc réformer cette morale, mais en sommes-nous capable ?

Je me surprends de plus en plus souvent à douter de la faisabilité d'une telle entreprise, voilà pourquoi, avec toute l'honnêteté et la conscience requise, j'ai dans l'idée de déserter la vie.

Si seulement plusieurs hommes pouvaient entendre les arguments que je leur propose, et décider de contrer la nature sur son propre terrain.

Si seulement ils pouvaient comprendre toutes les implications contenues dans ces arguments, et décider d'intervenir de tout leur pouvoir dans ce processus, que seule une décision commune pourrait endiguer.

Si seulement ils pouvaient remettre au goût du jour l'essence même de notre république, cette essence mise à jour il y a plus de deux cent ans, cette essence qui s'efface peu à peu devant les ersatz d'explications ivres de naïveté des religions officielles, cette essence, la raison.

Si seulement...

Tentative pour prendre le pouvoir

Je m'étais préparé à cet instant depuis des semaines.

Mon élocution n'avait jamais été aussi probante que ce matin là. Je n'avais, en effet, plus rien à perdre.

Je m'étais arrêté de marcher à l'angle de cette rue commerçante, et avais commencé à exprimer la substance de mon imagination. Et les gens s'arrêtaient par grappe pour m'écouter discourir sur l'être de la société.

Peu à peu, après le temps nécessaire à l'adaptation aux tournures sémantiques employées en ces élucubrations, il me semble qu'en fin de compte ils intégraient parfaitement la teneur de mon discours.

Mes paroles avaient été celles-ci :

« Approchez-vous, venez m'écouter discourir de la société !

J'ai à vous parler de la place singulière de l'homme dans cette communauté humaine fabuleuse.

Vous pouvez bien me prêter attention un court instant.

J'ai dans l'esprit de vous révéler une vérité incontestable sur l'être de cette communauté des hommes, dont la jouissance effective nous a été léguée par ceux qui nous ont précédés.

Je suis sûre que seule la révolution absolue semblerait bien être l'un de vos ultimes espoirs de voir enfin un élan singulier s'incruster dans les déterminations de votre si petite et si singulière vie...

Il est vrai que l'homme dispose du pouvoir de bouleverser la substance de la réalité, l'homme ou bien plutôt les hommes, lorsqu'ils sont liés par le même désir de changement. Mais que changer ? Et quelle direction adopter pour que ce changement soit l'origine d'un bouleversement opportun ?

Il est clair que, probablement, la société en l'état ne convient pas absolument à tout le monde. Mais convient-elle au plus grand nombre ?

Je suis convaincu que s'il était fait aux hommes la proposition d'une société originale, apportant la possibilité de l'emphase des individualités au milieu d'un groupe solidaire, le plus grand nombre envisagerait à bon escient de s'engager à reformer la société actuelle, pour concourir à l'instauration de cette originalité efficace.

Alors que faut-il changer pour connaître la chance de voir s'ériger les bases d'une société novatrice, une société qui offre à chacun le décuplement de son propre pouvoir de saisir pour son compte des instants de bonheur particulièrement intense

Commençons donc par la description de l'état des choses en ayant toujours à l'esprit la volonté de les améliorer…

Le dessein profond et déterminant de l'homme a été et sera toujours d'accéder à l'état de satiété pour ce qui concerne son propre bonheur. L'homme désire être le plus heureux possible, et il est prêt pour cela à user de tous les moyens.

On conçoit naïvement que, pour parvenir à ses fins, il hésite naturellement entre deux voies.

La première, la plus facile apparemment, le pousse à nourrir ses instincts individuels, l'amène à atteindre un bonheur extatique rapidement en assurant l'accomplissement de ses appétences les plus intimes, en comblant ses appétits de personne particulière.

Cette voie l'amènerait au bonheur absolu, s'il ne faisait pas partie intégrante d'une communauté contraignante, d'un groupe formé de sensibilités toutes différentes, et qui n'a de cesse de travailler à son établissement global dans la vie.

De fait, la société n'a de cesse de réfréner certains instincts des hommes, les plus basiques, ceux hérités des plus lointaines attitudes, pour permettre à tous ses membres d'effleurer un certain état de bonheur. Car dans le cas ou un individu se laisse porter par ses instincts primaires, c'est obligatoirement au dépend des occurrences de bonheur de certains autres.

Voilà pourquoi la seconde voie l'amène à construire son bonheur en s'appuyant sur les autres membres de la communauté. C'est sans doute la voie la plus difficile et la plus paradoxale, car elle met en jeux un certain nombre d'individu qui doivent, pour que ça fonctionne, être liés obligatoirement par une même idée du bonheur.

Cette voie est à l'origine de l'essence même de la société. Aussi, les membres d'une même communauté étatique doivent-ils avoir continuellement à l'esprit la teneur explicite du sentiment d'avoir en commun la même idée des moyens de parvenir au bonheur. Sinon, la société se dissout lentement au milieu d'un ramassis de divergences éparses.

Précisément, soit l'homme s'individualise à outrance et entre dans la clandestinité, soit il se tourne vers la communauté, et apporte à celle-ci ses espérances, pour construire une niche environnementale susceptible d'agencer un bonheur pluriel.

C'est la deuxième voie qui m'inspire à vous parler ce matin. Car c'est la voie qui me semble la plus apte à construire un bonheur durable et certain. C'est en outre une dynamique qu'il faut posséder en commun pour voir ses effets s'instaurer rapidement et durablement.

J'ai vraiment longuement hésité entre ces deux voies car elles m'ont semblé être deux façons d'atteindre un même contentement, ou du moins un contentement du même ordre. Ces deux voies peuvent, en effet, céder à un individu parcellisé, à une entité extraite de la communauté, la même dose de bonheur.

Alors qu'est-ce qui m'a décidé ?

C'est sans doute un sursaut d'humanisme. Parce que j'aime en fin de compte l'espèce humaine, et il me serait très âpre de passer à côté d'un bonheur partagé. Parce que l'idée même du bonheur chez l'autre fournit matière à mon propre bonheur égoïste. »

Ainsi je dévoile encore un peu les secrètes ambitions de tous ces acharnés de la pitié que sont les saints en puissance. Comme pour moi, comme pour tout le monde pour peu qu'ils en aient goûté l'arôme sauvage, le bonheur chez l'autre fait naître à la surface rocailleuse de notre entendement la douce torpeur saisissante, qui s'ébat à chaque fois que nous saisissons encore le besoin de connaître la suite.

Quelle ridicule odeur de sainteté !

« Nous avons donc l'idée d'un contentement commun, d'un bonheur dont la définition détermine la diffusion latente à l'ensemble des membres de la société. Et cet état de fait peut être atteint si l'on partage, chacun individuellement, dans un même élan, l'image de son accomplissement.

Il reste à définir les conditions exclusives de l'étalement singulier de ce bonheur particulier. »

Conditions exclusives... Voilà bien l'exemple de l'emploi suranné de tournures sémantiques vides du sens qu'on y a espéré. Comme si ce bonheur idolâtré, ce bonheur abstrait, méthodique et finalement suffisamment illusoire pour en devenir pathétique, pouvait s'étaler singulièrement si et seulement si il respectait ces conditions exclusives.

Je m'emporte encore, évidemment. Mais je parle, je parle...

« Le chaos est l'essence même de l'Etre. Nous sommes tous compris dans un processus chaotique, un déroulé temporel de l'affirmation de l'objet chaotique. Chacun de nos actes est le fruit de tout ce qui l'a précédé. Chacune de nos pensées découle en droite ligne de l'ensemble des événements qui ont déjà eu lieu. Nous sommes ainsi un lieu trivial d'expression du déterminisme des choses.

Alors que faire de cet état de fait ?

Nous pouvons tenter de l'oublier, et nous en remettre au déterminisme inconscient.

Ou bien alors, en toute conscience des tenants et des aboutissants de nos actes, nous pouvons nous persuader arbitrairement de tenter et de parvenir à infléchir le cours des choses.

Nous pouvons nous donner l'illusion du fonctionnement du libre-arbitre. Nous pouvons nous donner l'impression, d'agir sur notre environnement raisonnablement, de créer librement, dans le cadre de cette liberté qui nous obsède, des produits de l'entendement, des considérations gratuites et effectives.

Et c'est cette illusion consentie consciemment, en connaissance de cause, qui nous donnera la force nécessaire à la vie consciente.

Parce qu'il faut que la vie soit chargée de quelques illusions bien choisies pour permettre l'affirmation dans son être de l'homme conscient, et que ces illusions soient consenties, pour impliquer l'honnêteté requise par l'élan originel dont cet essai de conceptualisation est la suite logique.

Nous devons aboutir à l'édification d'une société dont les illusions sont officiellement présentées comme telles.

Une vie dénuée des délires de l'imagination, dévouée à la raison pure, ne peut que déboucher sur une impasse.

L'esprit de l'homme n'est encore capable de saisir qu'une infime partie de l'Etre. Ses plus intimes conditions d'existence sont et seront encore longtemps inaccessibles à l'entrelacement de neurones et de synapses qui lui sert d'entendement.

Il faut donc palier ce déficit informationnel, car l'intelligence humaine ne peut rester inerte dans un monde obscur. Elle se doit d'avancer des concepts novateurs sous la lumière de ce dont l'homme a la sensation.

Elle ne peut qu'alléguer intentionnellement des images, des notions, des faits de l'imagination, pour se conforter dans son appréciation de l'existence.

Ces illusions servent donc la cause de la viabilité de l'être humain parce que, tout d'abord, l'homme ne peut simplement vivre sans elles.

Mais quelles illusions peuvent servir cette cause ?

La religion la sert apparemment bien. Elle offre au plus grand nombre la possibilité d'écarter de leur conscience l'accès à la confrontation directe avec la froideur des concepts ontologiques, et de s'astreindre, concernant la métaphysique, à une douce torpeur libératrice des élans productifs de l'être humain.

La religion est donc la plus importante illusion qui ait été plus ou moins consentie par le plus grand nombre, mais d'une manière malhonnête, les principes de sa fondation étant dorénavant niés.

Cependant, elle a servi l'humanité depuis la nuit des temps, et a permis l'évolution matérielle, tout en freinant malencontreusement l'évolution honnête et consciente vers l'ultime et illusoire vérité de l'Etre.

C'est grâce à la religion, et à son ersatz d'explication métaphysique, que l'homme a pu reconduire toute son intelligence à des tâches plus concrètes, en élevant ainsi la matérialité de l'humanité à son niveau actuel.

Malgré cela, ayant atteint un certain niveau de compréhension de l'être, l'homme moderne ne peut qu'être porté à se méfier des explications approximatives de toute religion, créée de toute pièce pour palier au déficit informationnel prodigué par l'inaccessibilité de l'Etre par l'extérieur. (Car c'est à partir d'un point situé à l'extérieur d'un système qu'il est possible de l'étudier globalement, donc, logiquement, il ne nous sera jamais donné de connaître parfaitement et globalement toutes les lois qui régissent l'univers).

Dés lors s'inscrit en filigrane l'origine de la désespérance qui touche l'homme conscient d'un tel état de fait. Désespérance qui, déclarée, ne trouve pas de frein dans la réalité de la religion, du fait de son trop approximatif et naïf enseignement des raisons de l'Etre.

Il est possible, maintenant, de remplacer les délires institués par l'imagination aux dépends de la raison souveraine, par un système regroupant l'ensemble des connaissances actuelles sur l'Etre et ses attributs, et débouchant sur la manifestation de l'évidente trivialité de l'entité homme au milieu de la nature chaotique.

A partir de là, l'homme recouvrera sa liberté originelle, et sera prêt enfin à construire consciemment une humanité supérieure en honnêteté intellectuelle et déficiente en illusions non-consenties.

Une seule illusion sera, à l'origine, officiellement consentie, celle relative au sens donné à la vie, celle amenant l'homme à concevoir que sa propre vie soit incluse dans un processus de déploiement, visant la réalisation d'un objet abouti dont la nécessité est comprise dans sa définition.

A partir de cette image illusoire, sera indiquée toute la nouvelle éthique de vie, la morale réformée, qui amènera l'homme à rechercher son propre bonheur pour l'instant présent et non pour une éventuelle et illusoire vie post-mortem future.

Car voici la révélation du troisième millénaire, on ne vit qu'une fois et il faut extraire de cette vie tout le plaisir offert par la confrontation de l'individualité et du chaos. »

Voilà une formule choc, annoncé suffisamment brutalement pour provoquer inévitablement les répercussions souhaitées !

Et maintenant ? Après avoir professé tant de vérités originales, il faut qu'assurément je dévoile les raisons intimes de ce discours de fou. Il faut que je m'aventure aux confins des possibilités d'extension de ma raison, celle, malade ou bien trop en vue, qui accapare mon énergie vitale.

Alors je continue dans mon délire.

Et cela va bon train...

« Ce que je vous propose de suivre est une idée originaire de l'exploit définitif de la quintessence de la conscience moderne.

Ainsi l'homme retrouve la place qu'il n'a jamais effectivement quittée, honnêtement situé à l'extrémité d'un enchaînement d'effet qui détermine toute son originalité. Mais il ne l'est que pour un temps, qui suffit à la vie pour préparer l'entrée en lice de l'homme supérieur.

Cela correspond point par point au niveau de conscience établi par ces temps passés. Toutes les formes de religion sont ainsi rendues absconses et inutiles en regard de la raison exprimée dans les postulats de la morale réformée.

Et c'est à partir d'un terrain dégagé des valeurs morales, enseignées par la religiosité aux consciences émergentes, que vont pouvoir surgir les préceptes nécessaires à la réalisation d'une nouvelle morale honnête et déficiente en métaphore.

Cette morale, unanimement acceptée comme telle, c'est à dire comme l'effet de la seule illusion consentie, sera apte à devenir l'origine d'une législation tendant à orchestrer les rapports humains en vue de l'immersion de toute l'humanité dans un profond bonheur agité.

Il ne s'agit nullement d'espérer connaître les vicissitudes d'une douce torpeur immobile, mais d'aller, tête haute, à la rencontre d'événements susceptible d'entraîner des bouleversements à la surface de notre entendement. Bouleversements qui peu à peu formeront l'évidente plausibilité d'une occurrence de bonheur, le plus opportun qu'il soit possible d'envisager.

C'est ce en quoi la morale réformée est définitivement souhaitable.

Quand la nouvelle éthique de vie sera enseignée et pratiquée par le plus grand nombre, une nouvelle ère aura débuté. Le Surhomme ne sera plus une éventualité envisageable par les plus clairvoyants, mais la réalité d'un avenir relativement et favorablement proche.

Cet avenir séduisant est, dans la continuité des choses, une éventualité qu'il convient d'envisager avec la plus grande attention afin qu'elle se réalise entièrement, en toute conscience. En d'autres termes, si l'on souhaite la voir s'accomplir totalement, il faut que cette éventualité soit l'objet d'une attention toute particulière.

L'entendement des hommes, qui espère en sa validité, devra orienter les effets de son travail vers la compréhension et l'intégration de l'EDC, ou de tout autre système aboutissant à la révélation de la place inopportune de l'homme dans l'Etre.

Cette révélation correspond à la compréhension et à l'intégration des fondements de la morale réformée. Et c'est grâce à l'honnêteté d'une conscience, à qui seront révélés les attributs de la réalité de l'Etre, que pourra débuter le processus de Surhumanisation pour l'humanité entière.

Car, par Surhumanité, on entend l'humanité entière portée à être consciente de la réalité de l'Etre. Et, dans une optique humaniste, la Surhumanisation ne pourra évidemment que concerner l'humanité entière.

Nul ne pourra être tenu à l'écart de ce changement radical de la définition de l'ensemble des entités conscientes qui peuplent la terre, nul homme répondant à la plus louable des définitions.

Cette globalisation des attendus de la Surhumanité fait partie de son rang. Aucune humanité supérieure n'est désirable, pour un temps étendu, aux côtés d'une humanité médiocre.

La Surhumanité totale est tentante si elle remplace à jamais l'humanité un tant soit peu décadente.

Il est entendu que durant le temps d'apprentissage de la vérité de l'Etre et de ses attributs, se côtoieront les prétendants Surhommes et les aconscients.

Mais, dés lors que l'enseignement aura été total, les consciences humaines ouvertes au phénomène chaotique, tout homme dont la définition laissera transparaître la possibilité de s'épanouir sous le couvert de la réalité de l'Etre, pourra prétendre à la Surhumanité naissante.

Les autres n'auront même pas été des hommes dignes qu'on s'intéresse à leur traité d'infortune...

La réalité de l'Etre est ainsi. Tous les hommes ne sont définitivement pas égaux devant les possibilités qu'ouvrent leurs consciences.
A nous de placer la définition de l'homme suffisamment haute et d'en préciser l'essence de manière à mettre en avant sa complexité, non pas pour exclure les pauvres d'esprit de cette définition, mais en premier lieu pour permettre à tous les hommes répondant à la plus précise des définitions de prétendre à la Surhumanité.

Dorénavant, si vous osez me suivre sur les terrains, vierges de quelconque empreinte manufacturée, de l'aventure Surhumaine, vous devrez vivre avec à l'esprit les avantages offerts par cette nouvelle approche du cosmos sur l'expérience que vous ferez de votre merveilleuse vie. Il reste ensuite à imaginer le prolongement inopiné que vont prendre les événements.
J'ose espérer que vous trouverez le courage nécessaire à une refonte de votre système de valeur, et que vous arriverez à imaginer les apports positifs que la Surhumanité pourrait vous apporter au quotidien et pour tous les instants de votre vie active.
C'est à vous de choisir entre la continuation d'une vie médiocre en heur positivement valide, et l'aventure de l'édification d'une société humaine riche en nouveautés morales et en possibilité d'heur extatique.
L'incertitude réside dans la possibilité que vous avez de refuser sans retenue, sans réfléchir, par référence au médiocre passé, l'idée même de l'existence plausible d'une humanité supérieure. Ou bien, c'est en accord avec votre conscience que vous vous soumettez volontairement à la naïveté des idées novatrices développées par l'EDC.
Ainsi, la Surhumanité devient votre ultime dessein, et vous appliquez librement ses préceptes pour atteindre un bonheur plus grand que tout ce que vous aviez osé imaginer jusqu'à maintenant. »

Quel avenir merveilleux en réalité !
Les hommes en quête de perfection, la tête relevé, fier et ironique, avançant à grands pas vers les plaines étendues de la conscience révélée à elle-même, se mettant à découvrir les procédés idéaux pour s'approcher du bonheur parfait, se mettant à rêver de l'accomplissement en son être de la nature désormais alliée indéfectible...
Nul ne peut hésiter ! Aucun de ceux chez qui la malléabilité de la conscience a rendu possible une telle approche du monde. Mais pourquoi alors, un effet de l'éternel chaos peut-il venir enfreindre cette évidence ?

« Le choix revient en définitive à chaque individualité.
Ce choix pourra évidemment être conçu, comme tous choix irrévocable et déterminant, en tenant compte de sa valeur ludique, à savoir qu'il s'agit d'un bouleversement audacieux des codifications morales, enseignées tout d'abord par la religion, et reprises ensuite par la morale républicaine.

Il faut accepter de jouer l'entière capacité de sa vie à se déployer pour connaître le plaisir de voir son heur le plus opportun s'installer en adéquation avec le mérite d'avoir tenté l'impossible.

Ayez l'imprudence d'essayer de conquérir votre bonheur, en suivant la route aventureuse dessinée par l'application concrète des enseignements, maintes fois répétés, d'un ardent défenseur de l'honnêteté des consciences, traduit en terme simple par ce jeu de l'esprit innocent qu'est l'EDC.

Voilà ce que je vous propose, quitter vos repères moraux issus de l'application des préceptes enseignés par la religion aux valeurs républicaines, et entrer de front dans une vue de l'Etre enfin susceptible d'apporter au bénéfice des hommes qui auront tenté l'expérience un bonheur supérieur.

Cette vue de l'Etre peut être résumée ainsi : la révélation de la place inopportune de l'homme dans l'Etre par une approche relativiste du phénomène chaotique de l'existence.

Ensuite, de cette révélation, va être tirée un axiome dont l'évidence découle du fait même de la validité rétroactive de cette révélation : L'homme est semblable en tout point, excepté un, à toute autre entité. Cette exception en fait le centre d'une conscience de soi étendue aux autres objets. Et c'est cette exception qui fait de l'homme l'origine du système, mais bien heureusement rien de plus.

A partir du moment où cet axiome est intégré, et validé par la conscience de la définition actuellement plausible de l'Etre, un certain nombre de règles morales peuvent être édifiées.

Toutes ces règles visent à renforcer le pouvoir, pour chaque homme, d'accéder à un bonheur grandissant. Car la visée du bonheur ne peut être que l'axe de son déploiement, envisageable par l'homme conscient de l'ultime vérité.

L'homme conscient recherche ouvertement et honnêtement à être heureux pour les temps à venir. Il ne vit pas prostré en attendant l'avènement d'une hypothétique vie post-mortem plus heureuse.

Il ne construit évidemment pas les fondations d'un bonheur susceptible de le gagner après son anéantissement. Il connaît l'unicité de sa vie, et en tire toute la sève avant de disparaître.

Cette morale, dite reformée, est encline à proposer aux hommes qui y adhère le maximum de bon heur de leur première prise de conscience jusqu'à leur mort. C'est un idéal que l'on doit chercher à atteindre. Et qui peut être atteint si le maximum d'hommes s'attelle à la quête de son accomplissement. »

Voilà qui devrait convaincre les plus réticents.

Pourvu que je m'exprime suffisamment simplement pour que tous puissent intégrer la sève ardente de mon déroutant monologue. En espérant, donc, je vais conclure ce ramassis d'objectivité arbitraire par la description résumée de mes vues personnelles sur la planète Terre et l'une de ses communautés.

Je continu de placer ma voix à défaut de placer mon âme.

« L'esprit que je défends décrit donc l'incitation à l'élévation de tous ceux qui le désirent à un niveau de conscience supérieur par la réflexion menée autour du système EDC.

Il s'agit de réfléchir sur la place de l'homme dans l'univers, pour connaître la révélation de sa position inopportune. Dés la prise de conscience d'un tel état de fait, la vue de l'esprit comprenant la liberté totale de l'homme, consécutive à sa trivialité, est envisageable.

L'homme qui a progressé par l'entremise de cette démarche intellectuelle, effleure alors de l'entendement sa liberté absolue recouvrée.

L'homme conscient et libre peut s'avancer, des lors, en toute confiance dans les territoires inexplorés de l'avenir.

Il n'a bien entendu plus rien à craindre quant à l'intégrité de son âme illusoire, étant donné qu'il reconnaît en être évidemment dépourvu du fait de la reconnaissance honnête de la place jouée par l'expression des chairs neurales quant à dépeindre son existence et toutes les illusions qui s'ensuivent.

Au contraire, il ne vit plus que pour combler de bonheur l'expression de son entendement incarné pour un temps.

Il devient un citoyen modèle car il sait que son bonheur ne sera complet qu'en permettant au bonheur collectif de s'accomplir.

Il recherche honnêtement le bien-être de la société dans laquelle il vit, car cela rendra indubitablement son propre bien-être plausible. Il vit, consciemment et honnêtement, dans la recherche de son propre bonheur par l'entremise des moyens offerts par la société. Et il offre en retour à la société la justesse de ses actes, bénéfiques à l'entière communauté.

Il n'est pas pensable d'imaginer que vous pouvez hésiter à rencontrer un tel bonheur.

Donc, je vous le demande, permettez-moi d'accéder aux possibilités décuplées de mon expression pour appliquer l'essence même de cet esprit au pouvoir politique, et permettre ainsi aux hommes qui sont partie intégrante de cette nation d'effleurer enfin l'honnêteté de leurs consciences, et le bonheur extatique qui va avec.

Emmenez-moi vers les hauteurs d'un absolu, le pouvoir de communiquer... »

Singulière conclusion à un discours étonnant. Je rêve que tout m'est permis, et je m'endors encore une fois au pied des possibilités qui me sont offertes par le chaos d'accéder à une vie sublimée.

L'assurance que j'ai de disparaître à jamais, bientôt, favorise mes élans osés vers la continuation d'une merveilleuse aura.

J'ai tout à gagner dans la recherche de l'absolu, tout, y compris la légitimation de ces heures passées à triturer mon entendement pour en extraire l'essence même d'une conscience paroxystique.

Car ce qui contraint ma vie vers son extrémité, c'est justement l'instant passé où pour la première fois j'ai effleuré de ma conscience l'inopportunité de ma position dans l'Etre, l'inconfortable élan qui me poussait à vomir brutalement mon adhésion brutale aux préceptes vitaux.

J'ai peur. Et ma peur ne fait que grandir mon admiration des grandeurs passées. Si je pouvais, moi aussi, instaurer de la mémoire à l'égard d'un système apportant l'idéal d'une vie dégagée des illusions et ouvert au vide métaphysique qu'elles sont censées voiler, bien maladroitement, aux regards inquisiteurs des hommes conscients absolument.

Aussi,
Aussi, laissons le chaos nous dévoiler pas à pas ce qu'il nous a déjà préparé pour l'avenir, et préparons-nous à attiser la flamme qu'il pourra avoir fait naître en nous.

Lettre ouverte à mon bourreau

Il y a trop longtemps que j'essaie de saisir ce qu'est la vie, en tant qu'être humain, à mon niveau de conscience. J'ai peur de comprendre.
L'infini qui nous entoure de toutes parts, l'infiniment grand, l'infiniment petit, et moi, au centre, un homme conscient de lui-même et de l'Etre, chaque chose qui semble contrarier ma quête d'absolu m'est définitivement insupportable.
Il ne semble rien avoir sur quoi asseoir les fondements d'une raison exacerbée par la présentation des possibilités que son être suppose.

C'est pourquoi à présent j'écris ce que mains entendements ont eu la possibilité de faire, quand de toute leur puissance ils ont intégré la terrible et sublime révélation, vecteur d'une absolue liberté et d'une désespérance absolue.
Cette intime reconnaissance, l'inopportunité de la position de l'homme dans l'Etre, sera semble-t-il l'ultime révélation offerte à l'humanité par un genre de conscience destructrice et finalement révocable.

Ainsi, en ce jour bénit des quelques dieux qui subsistent, j'écris cette lettre à un adepte de l'altruisme gratuit, à un professeur émérite dispensant ses talents pour la continuation de la vie, à un transplanteur d'organes, à mon bourreau...

« Monsieur,

Cette lettre va vous paraître bien étrange, elle n'est curieusement que le fruit de mon évolution personnelle.

J'ai décidé d'offrir mon corps à la science, mes organes au prélèvement, tous mes organes exceptés mon cerveau que je désire pouvoir imaginer réduit en cendre.
Jusque là vous ne pressentez pas ce qu'a de particulier ma requête. Mais si je vous dis que j'entends mettre à disposition de la science mon corps dans l'instant immédiat, vous en saisissez toute l'originalité. (C'est, curieusement, la seule idée qui

m'est apparu concrètement, afin de provoquer en vous, avec ce qu'il faut d'adresse pour que ça en devienne intéressant, les relents du doute absolu…)

Je ne suis pas fou, bien au contraire, j'estime avoir atteint un certain niveau de conscience à partir duquel il m'a été possible d'effleurer l'idée de la position inopportune de l'homme dans l'Etre.
Car j'en suis dorénavant convaincu, l'homme n'est que le produit du chaos qui le contient, et n'a d'autres desseins que de persévérer dans son être. Il n'y a rien de plus haut, de plus absolu, que cet état de fait.

Le sentiment intime qui découle de cette singulière découverte est la désespérance la plus profonde. Je suis profondément désespéré. Et si j'ai décidé de mettre fin à ces éternelles journées d'introspection, c'est parce que la vie, avec toujours à l'esprit cet infâme sentiment, m'est apparue évidemment comme insupportable.
La seule parade à cette désespérance est l'amour. Cette affection de l'esprit, donc de la matière, est la seule chose qui puisse sauver un être honnêtement conscient de l'Etre des tourments impliqués dans cette révélation.
L'amour provoque l'oubli du vide métaphysique dans lequel l'individu est plongé. Il conduit l'homme vers un état de son être, ou il se retrouve occupé à de basses besognes salvatrices, productrices de bienfaits palpables.
Mais l'amour, ce sentiment hissé au pinacle des vertus humaines, n'est finalement que la traduction, imaginée par l'homme, de l'instinct de survie exprimé dans l'attirance mutuelle de deux individus du sexe opposé, appelé ainsi à se reproduire et à provoquer la continuation de l'espèce.
Ce n'est que l'expression de la nature désirant plus que tout persévérer dans son être.
Difficile après une telle considération d'être enclin volontairement à découvrir l'être aimé.

Singulièrement, j'ai voué ma courte vie à découvrir des vérités derrière les voiles levés par les illusions. Je me suis sérieusement attaché à anéantir ces illusions.
Et ceci, pour découvrir, derrière la barrière protectrice offerte par ces produits de l'imagination, un vide de sens monstrueux, un vide d'absolu, contraignant l'être qui s'y aventure à retourner sur ses pas, et retirer le rideau de ces illusions, ou bien à disparaître aspiré par ce vide.
Je suis trop fier pour accepter mon erreur et me replonger à corps perdu dans l'illusion. Je préfère garder la tête au-dessus de ces effets de l'entendement hors de l'emprise de la raison, et me résigner à la vérité de l'Etre sorti du néant. Je préfère m'accomplir dans mon propre anéantissement.

Etant en possession de telles vérités, qu'est-ce qui m'incite, me direz-vous, à vouloir léguer mon écorce charnelle à ce futur qui n'entre pas en considération dans l'absence évidente de possibilité d'existence d'autre chose que moi après ma mort ?
Et bien, c'est le doute. Car après avoir ôté toute trace de délires imaginatifs de mon raisonnement, les effets de ma raison se retrouvent encore confrontés au doute absolu.

Suis-je suffisamment fou pour arriver par un raisonnement, que je prétends infaillible, à cet extrême, provoquer intentionnellement ma propre disparition de l'Etre et de ses affects ?

J'ose considérer encore ne l'être point, mais dans le doute autant que ma mort serve la vie de quelqu'un de plus méritant que moi, quelqu'un dont la vie soit la chose la plus belle dont il ait été le récipiendaire, quelqu'un, enfin, qui veut vivre au-delà de ce que le chaos lui a réservé.

Ma requête n'est pas celle d'un fou, mais au contraire celle d'un être que la clairvoyance a blessé dans le plus profond de ses chairs.

Car je suis arrivé, au bout de mon périple, à cette intenable vérité, à savoir que la vie absolument consciente n'est pas viable. Et du fait de sa non-viabilité, je me vois contraint, au risque d'attaquer de front le paradoxe de ma vie, d'aller d'un pas fier vers ma propre destruction.

La conscience, que j'avais considérée comme l'exemple même de la particularité humaine, m'est soudainement apparue tel un gigantesque usurpateur d'élan vital.

Je pense d'ailleurs que, comme la vie s'applique à persévérer dans son être, elle va certainement arrêter ses expériences de conscience absolue sur les hommes, et se rabattre vers les exploits connus d'un accomplissement dans son devenir de la vie inconsciente.

Dés lors que tous ceux qui auront palpé cette conscience maudite auront disparu, l'entendement humain sera contraint d'extruder sa puissance de vie sur d'autres chemins, d'autres affects, la conscience de soi malgré l'inconscience de l'Etre…

Je me retrouve donc à l'extrémité d'un des développements de la vie, développement jugé non apte à soutenir sa dynamique ascensionnelle, développement condamné à subir la fermeture du passage ouvert par ses soins pour d'autres voies plus praticables.

L'évolution de ma conscience s'affirme petit à petit comme un raté de l'évolution naturelle. Je suis à l'extrémité d'un chemin qui va s'arrêter à jamais, et les foules, entreprenantes de vie, vont s'élancer à la conquête d'autres possibilités de développement de l'arbre généalogique de l'espèce humaine.

Dés l'instant où j'ai eu conscience d'un tel état de fait, mon instinct de conservation a réagis.

Il est évident que nous ne pouvons pas vouloir délibérément mourir sans que la force vitale qui nous a amenés jusqu'alors à survivre ne se sente menacée, et veuille réagir en déployant l'arme la plus puissante qu'elle ait à sa disposition, les illusions, au travers des effets de l'imagination.

Alors mon imagination a bien fonctionné, j'ai édifié pierre après pierre les murs de la forteresse qui me permettrait de me protéger des aléas du chaos, incarné dans ces organes que j'ai plaisir à donner alors que ma vie est encore active.

J'ai construit un système permettant de justifier la survie de toute l'espèce. J'ai inventé un moyen d'expliquer la nécessité pour l'homme de juguler sa révolte métaphysique en se plongeant entièrement dans les bienfaits prodigués par la vie.

Mais c'est encore une illusion issue du chaos qui s'exprime à travers mes actes. La vie ne peut pas justifier honnêtement son annulation.

C'est grâce au support des illusions que la vie parvient à persévérer dans son être. La vie absolument, et honnêtement consciente n'aboutit que sur l'éradication de celui des êtres qui porte en lui le germe de cette vérité de l'Etre, dégoûtante vérité en fait.

Et cela s'explique par le fait que l'élan qui nous anime tous n'a que faire du doute s'accomplissant avec l'avènement de la conscience absolu, il désire simplement s'affirmer dans la continuation de son élan.

A partir de là, quelles conclusions tirer de cet amas de probabilité ?

Probabilité, parce que j'ai toujours un doute, si infime soit-il, sur la véracité de mes postulats.

La première, j'ai sans doute été trop loin, beaucoup trop loin dans mes investigations sur la nature de l'Etre, aveuglé probablement par la fierté de mon entendement à l'égard de ses possibilités.

J'aurais du me méfier, et préférer la vie médiocre des gens heureux à la vie surprenante des curieux de tout, mais lourd de déceptions inéluctables.

La seconde conclusion est d'énoncer l'impossibilité de retourner en arrière, de se réintroduire dans la vie normale des gens de peu d'intérêt et de beaucoup de foi.

Je suis condamné à regarder vers le haut et à rechercher l'ultime soulagement de découvrir une justification plausible, même valide, de l'Etre et de ses affects.

Or, j'ai beau me forcer à édifier de nouveaux concepts, tous plus habiles et plus compliqués, aptes à parvenir à la justification d'un système qui me dépasse, je ne peux pas trouver de clé pour l'interprétation d'un tel système.

Alors peut-être que l'entendement dont je suis muni n'est pas assez évolué pour arriver à décrire l'unique loi qui contient en son sein les raisons nécessaires au fait que l'Etre soit, mais dans ce cas je préfère baisser les bras et disparaître plutôt que vivre avec le souvenir de ma définitive incapacité à expliquer l'accomplissement que représente la vie dans l'Etre.

Je suis sans doute trop fier pour accepter mon erreur, et continuer à vivre dans la plus parfaite des inconsciences qu'il soit possible d'espérer pour vivre heureux. Mais si je suis devenu ce que je suis, c'est par l'entremise d'un certain état du chaos qui m'a produit et qui n'aurait pu produire autre chose.

Je suis donc, et de façon inextricable, le fruit de tout ce qui m'a précédé, et j'ai peine à croire que je sois le seul être pour qui la conscience absolue soit le but ultime à atteindre pour toucher de l'entendement le bonheur d'être là.

J'ose penser qu'un jour prochain d'autres formes de révoltes seront fomentées par d'autres être, qui sauront les mener à leurs termes pour en récolter toute la teneur en heur le plus opportun.

Cela ne peut qu'arriver dans un délai relativement court, et cet instant béni des dieux, où l'homme en majorité connaîtra les affres de la conscience absolue, sera pour l'humanité l'aube d'un bouleversement tel que sa propre définition disparaîtra pour laisser place à celle, glorieuse et aimable au possible, celle tant attendue de la Surhumanité.

Je me risque à espérer que ces temps sublime sont à nos portes, et que l'homme, dans un dernier sursaut de fierté, va entreprendre rapidement sa lente et définitive Surhumanisation.
Car s'il persévère à aggraver la pente qui le mène à sa perte, il n'y a plus rien, plus aucune cause, qui pourrait rattacher encore l'homme conscient à la trivialité de la vie.

Le jeu que l'être humain organise autour de sa vie, le ludisme qu'il exprime à travers l'ensemble de ses actions et de ses pensées, semble peu à peu compromis face à la néantisation des êtres et des affects.
En effet, il est si difficile de regarder à la fois honnêtement et avec ironie la vérité de la position de l'homme dans l'Etre.
Ou alors, voilà le fait d'un Surhomme majestueux et détaché de la désespérance engrené dans la reconnaissance, la clairvoyance, de l'état de l'entité homme.
Mais il est trop tôt pour voir se manifester une telle organisation de chairs, un tel être. Il faudra attendre encore un peu.

Malgré cela, je suis encore là pour écrire cette supplique.
Il y a donc chez moi quelque chose du Surhomme. Ou bien est-ce la preuve de l'expressivité abondante de mon âme de débile léger ?
J'aime à penser que je suis à l'extrémité la plus en vue d'une possibilité de l'évolution humaine, je suis en quelque sorte l'éclaireur qui ouvre une nouvelle voie par où vont pouvoir passer tous ceux qui ont pour habitude d'explorer l'inconnu en souriant.
Je me faufile en dedans de la cité sublime, dont la porte s'est entrouverte pour laisser s'échapper le fumé goûteux des plaisirs promis par une telle conquête, et qui n'attend plus que l'aube pour se voir pénétrer de toutes parts par des hordes d'hommes en passe de se Surhumaniser.

Ai-je tout dit quand j'ai dit cela ? Ai-je participé à l'édification de cette cité bleue lorsque je m'avance à entretenir des croyances nouvelles par leur contenu, mais bien ancienne par leur contenant ?
Suis-je suffisamment humain pour prétendre m'élever dans les distinctions divines et m'accomplir dans la Surhumanité ? Ou bien n'est-ce que le délire prodigué par mon imagination hors de l'emprise de ma raison, et qui tend à prouver que la vie a un sens ?

Je me retrouve ainsi, dubitatif quant au réel, et confiant en un certain avenir qui pourrait bien produire un grand changement pour les hommes dans la façon d'envisager la vie.
Il m'arrive d'être émerveillé par les possibilités de la production humaine, mais de plus en plus souvent j'appréhende les effets pervers de cette production.

L'homme, semble-t-il, n'a de cesse d'opposer au sublime, la bassesse de ses instincts ancestraux. Il ne peut s'empêcher de déballer la masse des bénéfices engrangés par l'expression de ses instincts d'animal. Comme si la chaîne qui le rattachait à la nature ne pouvait être brisée !

Pourtant l'homme veut, plus que tout, se dénaturer, rompre avec cette nature qui l'induit en ce qu'il pense être l'erreur conséquente au manque d'ambition absolue, à la carence de regards lancés vers le haut.

A partir de l'instant où un homme entre en dissidence en ce qui concerne sa dépendance à l'être naturel, celui-ci décuple le particularisme de sa définition d'homme. Il exalte ainsi son humanité.

Il est humain, pour l'homme, de vouloir arrêter l'engagement de la nature au cœur de ses actions. En cela, l'expression de cette révolte intrinsèque est légitime.

Par contre, c'est la nature qui s'exprime à travers l'homme qui veut diaboliser les effets de cette révolte.

En légiférant pour instruire des faits du chaos de manière chaotique, l'homme, à travers qui la nature désire reprendre ses droits, oubli malheureusement d'encenser ce qui fait de l'homme une exception, à savoir la conscience de sa liberté face à l'élément naturel.

La découverte de la théorie du chaos a engendré un certain nombre d'effets néfastes à la survie de l'espèce humaine.

D'abord, en aboutissant à la démonstration de l'existence du chaos derrière certaines évidences mathématiques, l'entendement humain a dorénavant rapproché la raison de l'apparente déraison.

Ensuite, en amenant à l'esprit l'évidence de l'imprévisibilité précise du chaos, le découvreur de cet état de fait a plongé l'humanité dans un flou prévisionnel dont les chercheurs fondamentaux avaient toujours craint l'existence.

Enfin, en apportant la preuve de la nature chaotique de l'Etre, la théorie du chaos a entrepris un bouleversement majestueux de l'approche qu'avaient les hommes de la substance totale. Elle a transformé l'impression souhaitable d'avoir la sensation d'un sens régissant par dessus tout l'Etre, en une inéluctable reddition aux préceptes de la déraison.

L'accumulation de ces effets a provoqué, chez ceux qui en étaient conscient, un changement radical de l'opinion qu'il avait de l'Etre et de ses affects. Toutes les religions se sont retrouvées privées de la validité de l'axiome fondamental sur lequel elles reposaient toutes, à savoir l'existence d'un sens à la vie.

Le mode de fonctionnement de la persévérance dans son être de la nature, le mode du chaos, a provoqué l'altération des croyances vitales de l'être humain.

En réaction à cet état de fait, le vide ainsi créé peut malgré tout être comblé par l'enseignement d'un système explicitant la nature triviale et évolutive de l'homme, et l'incitant à promouvoir son propre bonheur avant tout.

Ce système Entité-Dynamiques-Cycle, à force de réflexions menées sur le paradoxal être des hommes, à force d'abnégation, fondamentale à la survie de l'espèce, peut parvenir à nous inciter à concevoir clairement que ce sur quoi nous avons construit nos propres valeurs est anéanti par l'expérience de la suffisance des attraits de l'EDC pour vivre parfaitement heureux.

Et même si ce nouveau système, qui s'appuie sur l'avancée scientifique entreprise depuis la découverte de l'existence universelle du chaos, apporte un cadre valide au bonheur humain, il est si difficile d'accepter de vivre au milieu du chaos qu'il est préférable d'avancer le moment de son propre anéantissement.

Il est en effet agréable de connaître l'illusoire impression d'avoir l'entier contrôle sur au moins une facette de sa propre vie, à savoir sa mort, et de ne laisser aucun effets du chaos prendre la relève sur l'événement qui arrivera et ôtera la vie à ce ramassis de matière qu'est le corps humain.

Ce plaisir illusoire est à portée de la main de tous les hommes, ils n'ont qu'à choisir le moment de mourir, au lieu de s'accrocher désespérément à la vie comme à une forme d'accomplissement pour une vie future.

Vie future qui s'est depuis peu révélé être un fantasme proprement et foncièrement humain.

Finalement, ça peut être le propre de l'homme de choisir le moment de sa mort. Et même, cela devrait être toujours le cas, car c'est le seul aspect de la vie qui donne l'impression de pouvoir être entièrement contrôlé.

La mort programmée est l'unique moment de la vie où il semble que l'on peut gruger la nature sur son propre terrain.

C'est une satisfaction pour l'homme de se sentir pour une fois supérieur à cette nature, tellement entreprenante dans d'autres temps pour instaurer la tyrannie qu'excite la persévérance dans son être.

Enfin, cet homme se permet de défier celle qui est à l'origine de sa propre possibilité d'être !

Du combat engagé envers la substance naturelle, à la naissance de la conscience de son être, l'homme permet par son geste suicidaire de laisser une impression de liberté, en regard de toutes les contingences naturelles, aux générations à venir, après son anéantissement.

C'est le geste le plus absolu, parce que le seul véritablement de consonance libertaire, qui s'adresse, dernier sursaut d'absurdité, à ceux qui restent mais qui ne seront plus jamais en contact avec son auteur.

C'est le geste de pure beauté esthétique, en cela qu'il incite le commun des mortels à s'impliquer dorénavant plus honnêtement dans la production de son propre bonheur pour l'instant présent.

Car si on accepte cet état de fait, on se rend vite compte de la nécessité de produire matière à son propre bonheur à chaque instant de sa courte vie, pour pouvoir prétendre à la justification finale de son existence.

C'est la seule condition valable qui peut amener l'homme à survivre. Toute forme de justification autre, telle que la religion, se révèle être des exemples de malhonnêteté intellectuelle et de fausses convictions prétendument productrices de bienfaits pour une vie à venir mais qui ne viendra dorénavant et clairement jamais.

La religion entend réprouver la révolte métaphysique qui fomente en chacun des hommes conscients, pour permettre aux plus adroits d'installer leurs propres bonheurs dans cet unique monde. En cela la religion est haïssable.

Et si la religion est haïe de tous, quel modèle d'explicitation de l'Etre va pouvoir la remplacer au chevet de la désespérance humaine ? Car il en faut un, au risque de voir retomber l'espèce humaine dans les obscurs chemins de la superstition.

L'homme possède un besoin intime de combler l'absence d'explication plausible concernant son existence, par une armada de faits issus de l'imagination, et qui se développent hors de l'emprise de la raison. D'où la constance des religions et autres croyances en un au-delà.

Le seul système plausible et honnête serait un système qui amènerait l'homme à concevoir la vulgarité de son existence en regard de l'étonnante variété d'entités mise à l'épreuve de la pluralité des faits du chaos.

Il permettrait à l'entendement humain de recentrer son activité sur l'essence même de la justification de la vie, la persévérance dans son être au travers des nombreux instants de bonheur. Un tel système porterait l'homme à cultiver la prééminence de son propre bonheur sur autre chose.

Et si cet homme rencontre de front l'incapacité à développer son propre bonheur, il devra avoir suffisamment de fierté pour tenter de prendre le contrôle de la situation, en en destituant l'inaliénable nature, et prouver par-là même l'exceptionnel du phénomène humain qui peut arriver à provoquer sa dénaturation.

Ainsi extrait de la nature naturante, l'homme suicidé parviendra à la finalité de sa condition d'homme, à savoir prendre le contrôle sur la nature.

Il rentrera dés lors, pour un instant, dans la caste des Surhommes, hommes absolument et honnêtement conscients.

Voilà que se dévoile l'issu de mon raisonnement.

Je suis, à ce jour, prétendant à la Surhumanité, contraint de reconnaître mon inaptitude au bonheur, et obligé pour signer ma requête de Surhumanisation de programmer mon propre anéantissement.

Je reconnais qu'il s'agit d'un acte désespéré de reconquête, un instant donné, de la possibilité d'entrevoir le bonheur de devenir Surhomme, le plus haut degré de l'évolution.

Mais tel est le cas où, ayant atteint un certain niveau de conscience, je me retrouve contraint d'appliquer mon ignoble théorie du Surhomme jusqu'à l'imminente éradication de cette conscience qui m'a fait tant espérer.

Je ne peux plus reculer, je ne veux plus, maintenant que tout s'illumine à mes yeux, je ne peux que m'en réjouir et aller d'un pas fier et ironique vers ma désespérante disparition.

Issue d'une conscience exacerbée, la dynamique qui me mène pas à pas vers le néant est logique et valide jusqu'à l'écœurement. Elle se sait misérable, mais d'un misérabilisme qui frôle la perfection.

Elle amène l'homme qui la supporte à douter de la validité de sa démarche, car la nature, dans un ultime état de sa persévérance dans son être, ne peut accepter qu'une entité aussi infime soit-elle puisse désirer du plus profond de ses entrailles disparaître.

Elle utilise alors l'un des moyens mis à sa disposition pour retarder indéfiniment l'instant où la soi-disant folie s'emparera du plus humble des éléments vivants, et l'amènera à contredire autant de certitudes vitales.

La nature exploite le doute pour faire capituler l'homme qui se prend à rêver de la libération absolue de sa conscience méritante. Ainsi, le doute surgit au détour d'un postulat approximatif, et divise l'entendement humain pour que la raison naturelle puisse vaincre.

C'est ainsi que je suis assailli du plus terrible des doutes. Et ma raison est à deux doigts de vaciller, et de tomber du côté du moindre effet.

Mais je dois, il faut que je réussisse à raison garder, et affronter du mieux que je peux la si triste réalité.

Car de là, en toute honnêteté, je pourrai affirmer au moins une fois dans ma vie ma puissance recouvrée, dans de si catégoriques circonstances.

Voilà pourquoi, en ce jour donné, je vous écris avec toute l'éloquence grotesque que je défends à corps et à cri, dans le but de vous amener à faire acte de la plus simple euthanasie sur mon être.

Et, pour palier aux tourments que le doute fait surgir en moi, je vous demande de bien vouloir permettre à une autre personne de vivre en lui donnant mes organes les plus vitaux.

De plus, du fait que je désire ne jamais avoir conscience de la suite donnée à cet événement, je vous demande de bien vouloir réduire en cendre le siège de cette conscience qui m'a fait tant souffrir, de bien vouloir réduire en cendre mon cerveau et qu'il ne serve jamais d'objet d'étude, ses connexions internes ayant prouvé suffisamment leurs derniers désagréments définitifs.

Je vous prie de bien vouloir prendre cette supplique avec tout l'indiscutable sérieux qu'elle mérite, et de faire ce que votre conscience vous incite à faire.

Je sais que le choix n'est pas facile, ou bien refuser en bloc et laisser perdre des organes qui auraient pu sauver une autre vie, et que le suicide certain va rendre impropre à quelque greffe que ce soit.

Ou bien accepter la mort programmé d'un homme valide en évinçant de sa conscience toute tentative de sauvetage métaphysique.

Je comprends que cela puisse révéler un paradoxe existentiel à votre entendement, et je m'appuie dorénavant sur votre jugement quant à prédire l'avenir de mon corps et de ses attributs.

Je vous laisse, dès lors, en discussion avec les effets grouillants de votre conscience... »

Mais si je me trompais !

Si la quête effective d'un profond bonheur pouvait remplacer toute tentative d'expliciter l'utilité de l'Etre. J'aurais alors commis une faute de logique, simplement...
Le système EDC, permettant l'acceptation de la révélation de la position inopportune de l'homme dans l'Etre, aboutit nécessairement sur la reconnaissance de l'absence d'indices portant à prouver que l'Etre est utile ou inutile.
Et puisque la vie n'a d'autres desseins que de persévérer dans son être, pourquoi aller à l'encontre de ses prérogatives à l'égard des hommes ? Pourquoi vouloir à tout prix se dénaturer et combattre point par point les effets de cette nature qui nous a édifiés au cours de l'évolution historique ?

Alors la solution d'une vie honnête, quant aux résultats du concours de la science à la connaissance de l'Etre, résiderait dans une approche utilitaire de la recherche du bonheur, seule quête honnêtement justifiable.
Le Surhomme, bien entendu areligieux, un homme absolument conscient de l'Etre et de ses modifications, serait le dessein nouvellement reconnu de l'homme sensible au paradoxe de la vie, à savoir son utilité à persévérer dans son utilité.

Ainsi la vie tente encore une fois de rectifier son erreur. Elle tâche d'instaurer, la persévérance dans son être malgré l'exacerbation de la conscience, la vie malgré la reconnaissance de l'anéantissement inéluctable.
Et si elle y parvient, c'est tout au bénéfice de la vie humaine qui est en jeu.

Il est impossible d'ignorer l'absence d'ambition réelle qui, chez l'élan vital, transparaît au travers de toute dynamique mise en œuvre pour sa persévérance.
Alors pourquoi faut-il pourtant tenter encore une fois de chasser de notre conscience ce vide de sens qui s'accomplit en chacun de nous ?

Pour vivre, assurément !
Pour vivre de la plus heureuse des façons...

Evolution contrainte

Si l'évolution naturelle semble à ce point avoir conquis un état d'équilibre intégralement néfaste à la définition de son être, c'est que la nature, avec la conscience partielle, a atteint un extremum supérieur au-dessus duquel il lui est si ce n'est impossible, du moins difficile de s'affirmer.

Les timides tentatives de colonisation des plaines inexplorées de la conscience élargie n'ont pas offert à la vie les moyens suffisants de s'accomplir dans un être supérieur.

Incidemment donc, l'évolution générale de la nature stagne, bloquée par le haut du fait de la non-viabilité apparente de la vie absolument consciente.

Or, j'ai l'intime conviction que l'humanité a tout de même atteint un niveau de conscience suffisant pour admettre seconder ouvertement la nature dans son œuvre.

Donc, dorénavant, il faut avoir le courage d'accepter la place inopportune que l'Etre nous prête, pour réussir à prolonger le décuplement des effets de sa conscience.

Il faut s'avancer, tête haute, au milieu du déroulé temporel chaotique, pour permettre à la vie de regarder en direction de cet exploit qu'est l'ostensible viabilité reconnue, au travers de la frontière indiquée par la conscience claire et pure de l'Etre.

Ce qui peut aider l'homme à faire état de son incommensurable fierté en regard du détachement affecté de la nature, c'est un système de présentation de l'Etre honnête, mais paradoxalement pourtant, optimiste.

L'EDC, par son aptitude à fomenter honnêtement la reprise de l'évolution naturelle, en faisant accepter aux hommes leur situation dégradée face au cosmos infini et chaotique, participe à l'exploit de faire reculer la limite supérieure de la viabilité reconnue en permettant à la conscience de l'homme de s'étaler sur un pan supérieur de sa définition.

C'est ainsi, que si la prise de conscience de la validité d'un système, qui place l'homme aux confins d'un territoire ordonné par le chaos géométrique, a lieu, la conscience de l'homme va pouvoir s'ébattre, gorgée de viabilité originale, dépassant en cela la limite de son ancien territoire de prédilection.

Ainsi va l'évolution, qui de déploiement contraint, s'inscrit dans une recherche éperdue des moyens pour persévérer, en accroissant l'honnêteté des hommes en face des effets particuliers de leur déplorable condition.

Alors que la vie cherche, au travers des êtres humains, un moyen pour s'étaler insidieusement dans une possibilité accrue d'existence, la puissante conscience des prétendants Surhomme semble lui indiquer une porte.

Elle permet, à ceux qui la franchissent, de découvrir un moyen de les maintenir en vie, alors que leurs consciences s'ébattent hors des sentiers reconnus valides par la pauvre morale en vigueur.

Il s'en faut de peu, pour que d'illusoire allégorie, la vérité se modifie en probité extravagante.

Et si les hommes ne se reconnaissent pas possesseur d'une identité partagée, reconnaissable par son aptitude à révéler ses attraits vers l'élévation de leur conscience, alors nul espoir n'est permis quant à la reprise hypothétique de l'évolution ascendante naturelle.

Il faut s'entraîner à traverser cette frontière momentanée, qui s'affirme comme celle de la conscience soumise au réductionnisme de la nature.

En d'autres termes, il faut s'échapper de la normalité reconnue, et tendre vers la supériorité de sa position.

Il faut que l'homme parvienne à s'immiscer dans une reconnaissance courageuse des sublimes pouvoirs de sa conscience révélée.

Dés lors, il aura permis la reprise de l'évolution, et il pourra prétendre au bleu de la Surhumanité.

M...

M...,

Il est si difficile de commencer une lettre comme celle que je veux t'écrire aujourd'hui, tant de choses à dire, tant de moyens aussi. Mais, si l'époque se prête bien au délire de la parole, il se pourrait bien que je m'en tire assez honorablement.

Enfin, si tu es prêt à m'écouter...

Je pourrais essayer de concilier mon honnêteté rigoureuse, ainsi que les débordements de doute de ma cognition malade, en exploitant encore les délires de mon entendement pour survivre, mais j'ai décidé autrement.

Je vais partir, tu sais ? Je vais partir loin d'ici, loin de tout, hors de toute atteinte morale, hors de toute contrainte éthique. Je vais partir en un lieu où je pourrais me résoudre à disparaître doucement, de la plus discrète des façons, comme une illusion propulsée au cœur des vérités inaliénables, comme l'hydre fabuleuse de mon étonnante volonté passée.

Je vais retourner au néant après cela. Peut-être un peu plus tôt...

Dans le doute je veux me souvenir encore, parfaitement, du premier regard que tu m'aies offert. Il contenait, j'en suis convaincu, déjà toute la beauté fragile et incandescente de ton être, celui qui frôle depuis le sublime. Et si je m'en souviens de la sorte, c'est qu'il m'a propulsé dans une aire fabuleuse, faite de sensations et de derme, une aire où j'ai pu maintes fois goûter aux joies composées d'un bonheur parfait.

Alors, passivement, j'ai compris que tout ton être m'était, si ce n'est à jamais, du moins pour le temps de mon activité d'élaboration de concepts honnêtes, lié par une bride qui m'empêcherait de sombrer trop rapidement dans le dégoûtant vide métaphysique alentour.

Et je me suis longtemps retenu à cet illusoire brin de lin, à cette ultime chance de prolonger mon apparente existence dans la mascarade, qu'incarne la vie.

Enfin, après de longues périodes de jouissance de mon merveilleux état, tout cela a fini par m'amener à soupçonner que je n'arriverais, par ce fait, qu'à enrayer la condition sublime et intemporelle de ton apparition dans la vie.

Alors, mieux vaut en finir...

J'ai eu un jour, après avoir bien profité des apports luxuriants de ma condition, une étrange révélation, qui s'est révélé, en fait, être une plus hideuse chose qu'il n'y paraît.

J'ai soudain, dans un brusque saut de conscience, effleuré de la zone tendre et malléable de mon entendement la synthèse pratique qui replace tous les étants dans une approche raisonnable de l'Etre.

Tout m'est pratiquement apparu, à la limite du délire, comme forcément ancré dans les dédales d'un cause à effet, fermé, entier et décidément monstrueux.

J'ai pris alors conscience de l'absence réelle de quelconque valeur a priori dans un monde entièrement voué à un paradoxe illusoire, la persévérance pour persévérer. Le fonctionnement intime du monde, de l'univers, m'est apparu ainsi tel qu'en accroissant son entropie, en s'agrémentant d'une agitation à chaque instant plus forte, plus dense, vers l'avenir, vers son état initial, passé, il évolue de manière inexorable...

Alors que faire ?

Que faire quand de tout son être transparaît l'évidente désaffection d'un quelconque sens voilé, potentiellement intégrable au travers d'une vue honnête de l'être et de ses atours ?

Voilà.

Je me retrouve ainsi recroquevillé sur les seules illusoires certitudes que semble décrire mon entendement, à ne plus savoir que penser, à ne plus savoir que faire... Si seulement je pouvais encore me perdre, me noyer dans l'encre aveuglante des délices cachés dans l'affirmation de sa propre et complète allégeance aux préceptes naturels, l'amour...

Mais je ne peux sans doute pas retourner en arrière...

Non !

Dans la suite logique de mon raisonnement, je suis obligé d'admettre qu'il n'y a évidemment pas de dieux, pas d'être sensé qui régirait l'univers comme un enfant tient à son jeu. Les seules soit disant certitudes sont celles décrites par nos sens, eux qui ne sollicitent pas l'intervention de la raison pour nous venter les mérites d'une structure aléatoire, disposée aux vues de ces amas de matière animée que sont les hommes.

Voilà bien la plus grande gageure de l'humanité, parvenir à survivre consciemment dans un monde apparemment dénué de sens, conserver toute l'honnêteté arbitrairement requise dans les concepts élaborés pour expliciter sa niche environnementale.

Une gageure ou bien une méprise ?

Et puisque la quête du bonheur nous conforte dans notre apparente humanité, puisque rien d'autre ne peut ni ne doit nous dérouter de notre objectif, sensiblement et clairement invisible, une seule solution s'offre à nos caricatures de divinités, poursuivre encore et toujours la route sinueuse de nos existences reliées entre elles par les rapports de la vie en commun...

Je délire, je me méprends sur mes objectifs... Je délire !

Quand bien même il y aurait du vrai dans ce que j'avance, cela ne sert pas à grand chose de le partager. Il n'y a aucun bienfait à en retirer pour s'accomplir profondément dans une survie totale, aucun apport bénéfique...

Alors voilà pourquoi j'ai décidé de me retirer, de déserter, de m'en aller de cette mascarade obsédante que fragilise cette hypothétique vérité inaliénable. En me retirant, je veux effacer toute trace de mon anéantissement, et ceci pour éviter de polluer de mon sang les plaines radieuses de l'innocence et de la naïveté humaine.

Crois en le sens de la vie ! Cela te sera plus utile que de reconnaître dans les indices, récemment exposés à nos regards, les traces de la déraison au cœur de l'univers. Oublies vite la voie sans issues dont je t'ai offert, traîtrise infâme, la clé pour ta perte !

Si j'ose encore imaginer une porte de sortie honorable à mon raisonnement par l'absurde, je pourrais, en m'appuyant sur les délires bien affûtés de ceux qui ont écrit au présent dans le passé, ébaucher les fondations d'un courant fondateur d'une société honnête en m'amusant à décrire par l'origine le concept novateur du Surhomme.

C'est en effet le seul et unique moyen à mon sens de concilier, dans un même élan profitable à la vie, l'honnêteté d'une reconnaissance effective de la si absurde réalité, et le profond désir d'endiguer la désespérance absconse, qu'une vue trop éclairé de sa propre existence a pu révéler au cœur de l'homme.

Exprimer chacune des dynamiques humaines comme les modifications d'un seul et même élan, comme l'appétence de pénétrer fièrement en la Surhumanité, permet à l'homme de conserver toute l'honnêteté de son regard et de choisir ouvertement d'être le plus heureux des hommes.

C'est parfait...

En fait, c'est plus parfait que beaucoup ne croient...

Si bien que je t'écris ce jour pour te faire mes adieux, même si je sais délibérément que cela n'a qu'une signification abusive, pour de trop faibles illusions.

Cela m'est toujours très difficile à intégrer en réalité. Je ne vais plus te voir. Mais je ne vais plus voir. Je vais ne plus être. Retourner au néant...

Evidence

OK, ça fait du bien de le dire...

Mais maintenant que s'approche le crépuscule final de cette œuvre, je continue à faire une place accueillante aux agaçantes occurrences du doute absolu. Il se conceptualise en ces termes :

Alors que nous avons vu que la raison s'exprime aussi bien dans le genre humain qu'à l'extérieur de son genre, pourquoi ne pourrions-nous pas faire des illusions, qui sont elles proprement humaine, l'aspect de l'humanité qu'il faudrait chercher à étendre ?

Pourquoi ne pourrions-nous pas préconiser un retour amplifié aux superstitions passées ?

Je m'embrouille.

Ce qui mérite qu'on s'y intéresse, pour essayer de la mener dans la voie de son émancipation, ce n'est pas la raison mais la conscience raisonnable. Et les illusions, si utiles soient-elles à la viabilité de l'individu, obscurcissent passablement l'accès à une conscience étendue de l'Etre et de ses atours.

Il faut donc effacer ces illusions, les rendre inutiles, pour qu'enfin s'ouvre aux pieds de l'humanité la possibilité de concevoir le plus clairement possible la réalité de sa condition.

Ainsi, en agissant de la sorte, les hommes connaîtront enfin une conscience supérieure, et ils auront progressé dans leur genre. Et ils auront progressé vers la Surhumanité.

Mais le Surhomme n'est-il justement pas une illusion comme les autres ?

Non ! Présenté ouvertement comme telle, ancré dans une réalité indubitable, le Surhomme est une illusion vraiment différente des autres. Utile à la viabilité de l'individu, il voit son statut d'illusion instamment déprécié, et réévalué à l'image d'un objectif idéal à atteindre.

Il faut donc avoir à l'esprit l'image incarné de la visée opérée, ceci pour pouvoir rassembler consciemment toutes ses forces, et progresser dans l'inconnu, l'œil fixé sur la lumière de ce phare métaphorique.

Ma vision s'éclaircit enfin.

Je peux toucher de mes paumes cognitives la réalité d'un système que je suis en mesure, dorénavant, de défendre de tout mon être. Je peux me détendre.

Ce doute, surgissant au détour d'un concept, n'a servi qu'à renforcer ma détermination. J'ai la volonté indéfectible de parvenir à exprimer la substance de cette nouveauté, face aux entendements avisé de vos êtres en quête de perfection.
Enfin...

Un rêve d'absolu

L'aube de la Surhumanité...

Il ne faut pas désespérer !

Le moment est venu d'avoir sur sa propre condition un peu de recul. Quant bien même elle inciterait a priori à l'absconse désespérance, on se doit de trouver la force de la contempler avec ce qu'il faut d'ironie...

Si bien que...
Si bien que, ce que je me propose de faire, concrètement, par la présentation de ces textes, c'est de vous mener vers l'honnêteté d'une reconnaissance amère de la réalité. C'est de vous amener à retenir les préceptes dévoilés par le système EDC, pour effleurer de votre entendement la conscience éclairée de la position inopportune de l'homme dans l'Etre.

Cette prise de conscience collective permettra, et j'ose toujours l'espérer, la résurgence de la liberté originelle en chacun, et l'apparition de fondements honnêtes pour la vie en communauté, dont le but logiquement mis en avant sera la recherche éclairée de multiples accès au bonheur personnel.

Cette prise de conscience, après son suffisant partage par toutes les consciences en action, annoncera probablement l'imminente émergence du niveau supérieur de l'évolution humaine, la Surhumanité.

En effet, l'honnêteté de la prise de conscience de cette révélation, pour un temps pessimiste, sur la place de l'homme dans l'univers, devra inciter l'humanité à tendre vers la sublime Surhumanité. Ainsi, cette dernière devra être le projet à long terme vers lequel s'élanceront tous ceux qui auront eu accès à la vérité de leur position dans l'Etre.

Elle restera telle jusqu'à l'éventualité de son accomplissement, dés lors une nouvelle étape sera expressément envisagée. Ainsi, l'évolution naturelle sera relancée, et l'homme conduira simplement son être sur les traces inaccessibles et désirables de sa perfection.

L'idée simple et bénéfique du Surhomme, dans son exemplarité avenante, s'est laissé porter au cœur de mon entendement à la suite d'une prise de conscience. Celle-ci a eu pour objet l'erreur affectant le raisonnement de l'homme envers la découverte de sa position, en regard de l'évolution naturelle. Erreur, consécutive à la suprématie obsédante de la morale judéo-chrétienne, qui a eu pour conséquence de troubler la bonne intégration de ce concept particulier.

En effet, l'homme n'a, jusqu'alors, eu de cesse de se considérer comme l'aboutissement ultime, irrémédiable et fixé, du processus évolutif, s'accomplissant généreusement dans l'extremum de la perfection active.

Pourtant, un simple regard honnête en direction de ce qui nous a précédés dans l'ordre de l'évolution, nous révèle, par analogie, la place ordinaire de l'homme dans cet ordre.

Cependant, il est vrai qu'au point où nous sommes rendus sur le déroulé temporel de l'Etre, la place de l'homme apparaît, par un jeu savant du chaos, comme l'exception fondamentale de la vie : l'homme est le seul être qui puisse douter ouvertement de sa place dans l'univers !

Mais il est certain aussi, qu'en regard de toute l'évolution qui s'est déroulé avant nous, l'homme apparaît bien situé au sein d'une branche normale du déploiement de la vie, et même sur une branche triviale, ordinaire de ce déploiement.

Confrontés aux aléas du chaos, pour assurer honnêtement notre survie, nous devons donc décupler les effets de notre imagination, et, dans la suite indémontrable du déroulé chaotique, abdiquer les derniers soubresauts de notre raison absolue au profit d'une illusion indispensable. Voilà ce qu'est évidemment le Surhomme...

Dans le maelström institué par l'accession au pouvoir du tout puissant et sublime chaos, nous autres, pauvres hommes, dont la tentation à être conscient se révèle supérieure à celle de se morfondre dans une acceptation béate des préceptes enseignés par cette stupide vie, sommes condamnés à subir les terribles affres d'une conscience ouverte sur l'Etre, et l'absence apparemment remarquable de ses fondations raisonnables.

Que faire sinon rêver de l'inutile révolte, qui risque d'aboutir au délestage trop rapide du corps de la si fragile étincelle vitale ?

Il reste cependant un espoir, celui d'imaginer, d'imaginer la parade de la vie à la terrible conscience comme l'émergence d'un genre nouveau, bien supérieur en vitalité, démesuré quant à son aptitude à la survie honnête et consciente. Cet espoir réside dans le pouvoir donné à l'illusion collective du Surhomme naissant.

C'est en acceptant, comme corollaire à la seule illusion consentie honnêtement (à savoir le sens de la vie), l'imminente avancée de la réalité du concept de Surhumanité, que dorénavant la quête d'un bonheur éperdu, seule quête résolument raisonnable, sera abordé avec toute l'honnêteté requise.

Et l'homme acceptera clairement et consciemment, enfin, que sa recherche de l'heur le plus opportun puisse passer pour fondamental à l'ordinaire de sa vie.

L'homme aura enfin atteint le niveau de conscience qui lui fera préférer l'honnêteté d'un raisonnement chaotique sur toute autre tentative de rigidifier la raison, la réalité subjective sur toute illusion d'objectivité.

Finalement, ce que nous enseigne le système Entité-Dynamiques-Cycle, c'est d'oublier la divinisation a priori de l'homme, et d'apprendre à encourager l'expression de ce qu'il y a de supérieur dans l'être humain, pour le tirer vers le haut.

La lutte interne qui doit s'engager consiste en un affrontement direct entre la nature triviale de l'homme et ses valeurs portant à la supériorité de sa position dans l'Etre.

L'homme, s'il veut caresser un jour le pouvoir de se Surhumaniser, doit conforter l'expression des aspects supérieurs de son être, il doit s'exprimer en tant que prétendant Surhomme, et combattre les effets triviaux de la nature, qui peuvent instamment s'exprimer à travers lui.

Le problème actuel de l'homme, regroupé en communauté, est de ne pas saisir toutes les implications que nécessite son adhésion à cette société.

En faisant le parcours intellectuel passant par l'intégration des préceptes enseignés par l'EDC, l'homme, pour un temps conscient, reconnaîtra dans les attributs de la société civile les fondements moraux de cette société. Il sera apte à fomenter l'expression de l'accomplissement dans l'être supérieur, de cette communauté, par l'exercice d'actes d'une extrême justesse.

Il sera le citoyen modèle qui participera à la vie de la communauté en agissant suivant des règles reposant sur les fondations intimes de cette chère société.

Car l'EDC permet à l'homme, dégagé de ses anciens attributs moraux et religieux, de jeter un regard clair et impartial sur le devenir de sa niche environnementale, en général, et de la société qui est la sienne, en particulier.

C'est le système de reconnaissance de la position inopportune de l'homme dans l'univers le plus honnête, et c'est celui qui développe à l'extrême sa prétentieuse conscience intime de l'Etre.

En cela, il se révèle être un procréateur de consciences acérées et équilibrées, et les rend susceptible d'offrir au groupe le summum d'effets bénéfiques par l'entremise d'actions particulièrement justes et précises.

La société idéale, composée d'individus tous particuliers et dissemblables, en un mot, inégaux, n'aura de cesse de renforcer à la fois le particularisme de ses citoyens, et leur sentiment d'appartenir à un groupe solidaire cherchant le bonheur dans un même sens.

En cela, elle provoquera sans répit la constance dans l'application des deux dynamiques internes de l'homme, compris comme entité, à savoir la volonté de se particulariser et celle de se fondre dans un groupe solidaire.

La perfection de cette entité supérieure à l'homme, la communauté, est tributaire de la valeur des hommes qui la composent.

Pour qu'elle puisse tendre vers la perfection, il faut que les hommes formant la masse de ses citoyens aient conscience de la valeur réelle de cette super-entité. Il faut qu'ils soient ouvert à la conscience de la particularité chaotique de l'Etre, pour pouvoir en extruder l'irrémédiable nécessité de cette communauté de sens, et pour pouvoir approcher un bonheur complet, un bonheur total.

Car voilà la première des constatations vers laquelle nous porte la révélation de la place inopportune de l'homme dans l'Etre.
Pour atteindre le bonheur revendiqué par tout un chacun, il faut apparaître comme une identité remarquable au milieu d'une formation solidaire. Il faut s'individualiser dans un groupe d'individus particuliers, se particulariser dans le pluriel.

Le système, lequel je vous convie d'adopter, repose sur la dénonciation dans un cadre chaotique de la valeur triviale de l'homme, son aptitude, comme toute autre entité, à se particulariser et à se fondre dans une pluralité.
C'est là l'ordinaire de toute entité étudiée au travers d'un entendement, et c'est là ce que la société doit conforter pour ne pas agresser le chaos qui l'a fait naître, et qui l'entretient.
Il y a bien d'autres domaines où la fierté de l'homme peut en son temps traumatiser les affects du chaos, et ceci pour ressentir sa capacité d'entrevoir l'illusion de l'éventuelle fuite possible devant le phénomène fondateur de tout ce qui est.
Car ce serait dommage, et irrévérencieux pour certain de ceux qui nous ont précédés, d'abandonner l'espoir, un jour, de sortir la tête haute de l'éternel chaos. Même si, apparemment, ce n'est pas gagné…

En conséquence de quoi, nous, simples hommes, possibilités de prétendre à la Surhumanité, sommes contraints de vivre encore quelques temps illusoires sous le couvert de l'ordre impliqué par l'étalement du chaos.
Nous nous devons, s'il est convenu que la seule quête fondamentale soit la quête d'un profond bonheur, de côtoyer avec le plus grand plaisir les aléas des affections du nouvellement ostensible chaos.
Et la connaissance, la prise de conscience, de la part illusoirement incomplète du chaos dans les effets de la réalité nous apprendra à le concevoir tel un élément indéfectible de la possibilité d'être du bonheur humain.
Quelles que soient les possibilités d'être du Surhomme, au travers de l'étalement de la vie, la préparation de sa possibilité d'être aura été par-dessus tout vecteur d'une montée irrémédiable de l'heur de chacun des hommes, qui se seront mis à croire à cette éventualité.

Le Surhomme est cette illusion, corollaire de la seule convenue, le sens de la vie, qui sert l'homme en lui permettant de focaliser ses forces créatrices dans l'optique d'accroître définitivement l'espace de son accès à l'heur le plus opportun.
Il faut, en effet, convenir d'une étape à atteindre pour permettre à toutes les forces humaines en présence de s'ajouter au processus déjà en fonction, la dynamique évolutive.
Il s'agit en fait de la reconduction du sentiment impliqué dans la préparation d'une vie post-mortem, illusion initialisé par toutes les religions, dans un fait plus que probable, la prochaine finalité de l'évolution naturelle, le Surhomme.

Dés lors, a lieu l'avancée notoire de l'honnêteté intellectuelle dans les rapports que l'homme entretient avec le vide métaphysique qui le contient.

C'est ainsi que l'on parvient à reprendre et à inciter la marche déterminante de l'espèce dans le temps, l'évolution naturelle. Car c'est le fait qui doit être mis sous le regard inquisiteur de la conscience pour que son développement prenne la première place dans la liste des préoccupations de l'être humain.

Considérer les entités comme origine des deux dynamiques, par analogie tribale et individualiste, c'est envisager le phénomène observé par l'entendement, à savoir le rapprochement entre des entités de même ordre et la particularisation de chaque entité, en y effectuant la glissée du point d'origine, de son propre entendement, vers l'entité observée.

Cela permet l'omission, pour un temps, de la particularité humaine, à savoir l'entendement conscience de soi et de l'Etre, au profit d'une considération de la trivialité de l'existence humaine au milieu du divin chaos. Cette considération est nécessaire à toutes révélations portant sur les buts, devant être entretenus par l'homme, dans son accomplissement prochain.

Car voilà le but de ce système, renforcer la part proprement humaine en l'homme pour le mener vers sa possible Surhumanisation, le faire accéder à un état où sa conscience âprement développée sera le cœur d'un aboutissement de l'heur le plus opportun qu'il soit possible d'espérer, du profond bonheur dont la réalité, en dehors de toute connotation mystique, sera irrémédiablement inscrite dans la matière.

Et ceci, du fait de l'élévation générale de l'être des hommes en passe de se Surhumaniser.

Mais avant de préciser toute la valeur paradoxale des élans issus de ce système novateur, il faudrait parvenir à clarifier toute la masse de signifiants que l'on peut placer sous l'unique dénomination du bon heur. En fait ce bonheur, imbriqué largement dans les dynamiques qui s'appliquent à exciter la matière, peut s'appréhender en ne faisant intervenir que deux ou trois acteurs d'essence exclusivement biologique.

Si, apparemment, il y a plusieurs moyens d'atteindre un même large bonheur, tous recouvrent finalement un processus semblable. Ainsi il s'agit, pour provoquer une de ses occurrences agréables, d'inciter son corps à générer, ou bien juste à utiliser, les molécules chimiques qui, au contact de leur récepteur, vont produire pour la conscience de l'homme un plaisir relatif à leur quantité et à leur qualité.

Si l'on observe juste l'origine du processus de ces échanges de molécules du bonheur, trois moyens principaux semblent résumer la somme des occasions de ressentir une occurrence de ce sentiment plaisant.

En premier lieu, par le moyen opportun de signifier un bonheur diffus mais plus emprunt à s'étaler sur la durée, le rêve reste le moyen le mieux partagé d'effleurer un bonheur tangible. C'est dans les songes et les spéculations imaginatives que l'homme, cherchant à se créer un imaginaire fécond en effets positifs, et ceci pour se protéger de l'influence néfaste des aléas de la vie, se ressourcera en possibilités offertes de conforter son être. L'imagination vaquant en cela au secours de la survie de l'entité humaine.

En second lieu, le jeu, qui consiste à jouir si possible de l'éventuelle corrélation entre une préalable prévision personnelle, un songe, et le point actuel de développement de l'étalement du chaos, reste la plus aléatoire des possibilités d'accès au bonheur. Seulement, du fait même qu'il est amplifié par la fluctuation de sa définition, il reste aussi le moyen le plus efficace d'atteindre ce bonheur revendiqué, lorsque la corrélation s'annonce hautement favorable et profitable.

Le jeu est en outre un acte bien souvent inconscient, parce que voilé des vues de l'entendement par les effets d'une morale inappropriée. Aussi, il faudrait que dans l'optique de la Surhumanité, il devienne l'un des moyens officiellement reconnus offerts par le chaos pour apporter aux hommes, honnêtement et consciemment, des instants de bonheur complet.

En dernier lieu, le sexe ou certaines drogues permettent par leur action spécifique de connaître un bonheur tangible extatique sur un temps relativement court.

Le sexe est par ailleurs une résurgence de l'animalité qui aida à la fondation de l'homme. Il convient donc de l'embaumer pour le présenter aux vues des enfants afin que ceux-ci ne le renient pas et se servent de ses attraits à bon escient, c'est à dire, corrélativement, pour inciter à la persévérance dans son être de l'espèce, et pour se procurer des instants de bonheur extatique.

Mais, les quelques secondes de jouissance propre à l'acte sexuel ou bien à l'ingestion de drogues, ces instants de pure félicité, peuvent malheureusement nous inciter à oublier tout ce qui s'enseigne, et même à renier les préceptes d'une morale quelle qu'elle soit. Ce qui impose, évidemment, pour peu que nous attachions une quelconque importance à la préservation de la définition de l'humanité, que dans l'espoir de s'éloigner encore un peu des attributs naturels, nous n'y dédions pas l'intégralité de notre vie.

C'est, des trois moyens utilisés pour effleurer de la conscience un profond bonheur, celui qui fait le moins appel pour le mettre en œuvre à cette conscience qu'il ravit. C'est le moyen le plus animal, le moins proprement humain, de parvenir à l'extase. En cela, il émane de son exercice une tentative innocente de rejoindre la nature dans sa brutalité sèche et amorale.

Ainsi, quels qu'ils soient, tous les moyens de parvenir à un profond bonheur sont légitimes à différents échelons. Et dans le cadre d'une Surhumanisation, le choix à opérer, pour déterminer lequel de ces trois médiums sera utilisé, ne se fera qu'en fonction des circonstances de ce choix, et de la qualité des effets de la conscience recherchés.

Le rêve, mais surtout le jeu, par leur capacité à influer sur l'aptitude à recevoir consciemment la réalité, et éventuellement à y influer, seront préférés au sexe ou aux drogues. Car les premiers peuvent user de la particularité proprement humaine, à savoir la conscience, au travers de ses effets, alors que les seconds enferment cette conscience dans les dédales de l'attente impatiente d'une jouissance extatique.

Mais les hommes sont suffisamment formés, par cette nature toujours avide de récompenses, pour faire, sinon le meilleur, du moins le plus gratifiant des choix…

Isolée au centre d'un tourbillon de matière, la Terre abrite de bien curieux agencements d'atomes. Ces lots éphémères préfigurent ce que le chaos a fait de mieux pour créer du mouvement. Ils n'en sont que plus fiers.

Cependant, à force de perfectionnisme, cette nature enjouée a doté ces êtres actifs par définition d'un bien malheureux attribut. La conscience de l'Etre, la conscience du cosmos, de l'univers, a renversé l'élan qui menait petit à petit l'homme vers son illusoire divination.

Ils n'osent bouger encore que pour s'en dégager, les petits futés…

Alors, combien reste-t-il de place pour l'émancipation de l'homme, dans l'espace infini où repose, bien seule, sa niche environnementale ? Il est tout à fait plausible d'imaginer que l'évolution naturelle s'est stabilisée pour, justement, éviter aux hommes de se perdre dans les méandres inopinés d'une effroyable conscience du vide.

Ou bien alors, et je veux continuer à oser l'espérer, ce ne serait qu'un effet issu de la célérité des processus de conscience en regard de la lenteur évidente de la vie pour prendre parti.

La vie humaine est trop courte pour permettre à l'homme de sentir autour de lui les modifications sur ses semblables, provenant de la prolixe évolution naturelle. Ainsi, s'évapore la douce impression d'une stabilité évolutive contrainte.

Si bien que nous voilà rendu à l'extrémité de l'avancée du chaos dans le temps, la conscience effroyablement développable en puissance, et notre élan vital mis en péril, justement, par les effets loquaces de cette conscience.

Que nous reste-t-il à faire ?

Nous pourrions, c'est entendu, choisir arbitrairement de conforter notre vitalité, en expulsant des vues de nos entendements les divers sursauts de conscience absolue, dont nous sommes sans doute les victimes.

Ou bien alors, fièrement et peut-être imprudemment, nous pourrions décider d'accroître avec largesse le champ d'investigation de cette conscience, pour lui permettre de s'ébattre librement entre les vestiges bafoués des vieux garde-fous moralistes.

C'est sans nul doute le mieux à faire, du reste c'est ce qui élève l'homme à un rang d'illusoire égalité avec la nature chaotique. Et l'illusion préfigure sur tout, pour alimenter le cœur des hommes d'un heur à chaque fois plus opportun.

Attention tout de même de ne pas renier ces aspirations vers les hauteurs d'une humanité nue. Il ne faudrait pas que ce système ressemble, par les illusions qu'il met en avant, à tous ceux dont l'exécration est à l'origine de son édification.

Finalement, on pourrait faire porter à la systématisation d'un système beaucoup de soupçons légitimes, mais le vide de sens subsiste. Ce vide est naïvement l'écrin de notre activité.

Alors acceptons tous, pour une fois, de remplir ce vide de concepts présentés ouvertement comme des illusions. Le système, dont ces fantasmes traduise l'essence, n'en ressortira que plus honnête ! Entraînons-nous à parfaire l'objet tendancieux de cette quête qui préfigure, figure hautement symbolique, de la passivité avenante de l'Etre à notre encontre.

Quelle délicieuse agonie de l'esprit dualiste !

Maintenant que les entrailles du fonctionnement intime de tout ce qui est nous sont offertes, dénudées, à la sensibilité passive de notre entendement, nous pouvons, avec ironie, regarder enfin en face notre condition instamment dégradée au milieu d'une tornade d'effets distincts issus de la rencontre de la matière et du mouvement.

Voilà encore bien une raison de s'asseoir au pied de la désespérance humaine...

« *L'Etre dans son entier, l'univers, connaît actuellement la phase expansive de son cycle. On peut considérer qu'il entraîne la prédominance de la dynamique parcellaire chez chacune des entités qui en compose l'essence. Chacune d'elles, par l'accroissement du vide autour de leur définition, parvient à appuyer son individualisation, au fur et à mesure de l'évolution générale.*

L'univers entier connaîtra ensuite, il est tout du moins possible de l'imaginer, une recrudescence de l'importance des effets de la dynamique tribale chez chacune des entités. Ainsi, l'univers va décroître, amenant l'espace, qui délimite l'individualité de chacun de ses éléments, à s'amenuiser.

A la fin de cette phase décroissante centripète, où la dynamique tribale ne sera plus que la seule à avoir encore suffisamment d'effet, chacune des entités constituant l'univers ne formera plus que l'univers dans son entier.

La multiplicité des entités portées à l'individualisation ne sera plus, et l'univers sera implicitement indivisible dans son unicité. Il se préparera sans doute un nouveau cycle d'expansion, puis à nouveau un de régression, et ceci sans doute indéfiniment... »

Cela reste de la prospective gratuite et naïve de tenter d'émettre des hypothèses sur le fonctionnement intime de l'univers dans son entier.

Mais le fait de voir des accointances se former entre les bases d'un système et la réalité perceptible d'un mouvement céleste peut nous amener à penser que ce système est peut-être le plus apte à introduire de l'harmonie entre les vies humaines et leur niche environnementale, maculé définitivement des effets indissociables du chaos.

Seuls êtres conscients, apparemment, dans l'univers, nous sommes donc mues par des forces qui peuvent être résumés, par l'entremise d'un entendement, en deux dynamiques complémentaires et opposées.

Il y a là tout pour que nous nous sentions bien seul, et perdu au milieu du chaos, finalement assez justement divinisé.

Depuis le début de sa prise de conscience, l'humanité est divisée sur les suites à donner concernant cette probable révélation de la place de l'homme dans l'Etre.

Certain, le plus grand nombre, préfèrent oublier les affres d'une conscience exacerbée en se plongeant à corps perdu dans les occupations matérielles.

D'autres, une petite part, sont au contraire attirés par le vide qui s'offre à eux. Ceux-là prennent le risque d'être irrémédiablement engloutis par l'épaisse froideur de leur dorénavant irrémédiable découverte.

J'ai fait ce voyage vers les frontières de la conscience, j'en suis revenu.

Je veux entretenir ma ferme conviction qu'au lieu de détruire les fondements intimes de la vie consciente, ce voyage peut servir au contraire à amplifier la part humaine en l'homme, la conscience de soi et du reste.

Il ne reste qu'à faire partager ce récit à tous les hommes pour qu'enfin ils souhaitent d'un commun accord la reprise et l'encouragement profond de l'évolution naturelle, et ceci pour élever l'être des hommes, et pour les amener à effleurer un profond bonheur.

Pour parvenir au point de départ de ce périple qu'est la prise de conscience de la position triviale de l'homme dans l'univers, pour réussir à établir honnêtement les fondations d'une réflexion positive, le moyen le plus simple est de s'imprégner des préceptes naïfs mais néanmoins odieusement valides, enseignés par l'EDC.

Ces préceptes nous révèlent que l'homme est une entité semblable aux autres dans sa soumission aux deux dynamiques qui semblent régir arbitrairement l'ensemble des entités, dynamiques rendus sensibles par l'entremise d'un entendement.

Quand la majorité des hommes aura accepté de vivre en ayant la conscience honnêtement informée, la prochaine étape du développement humain sera perceptible. Et la Surhumanité, humanité faite d'homme tous conscient de leur position dans l'Etre, sera envisageable.

Car voilà le but proposé, recourir à l'apprentissage de son humanité pour pouvoir pénétrer dans l'humanité supérieure.

Et c'est un but louable, en ce qu'il provoquera par sa mise en branle l'apparition de multiples opportunités de bon heur. En cela, ceux qui l'auront adopté et qui verront s'étaler en force la Surhumanité sur toute l'humanité, auront accès à une possibilité d'heur des plus opportuns.

Ce n'est peut-être qu'un rêve de vouloir voir évoluer l'humanité dans son ensemble, pour que l'être de chaque homme puisse s'élever, et provoquer par cela l'apparition d'un profond et solide bonheur en chacun.

Mais le rêve fait partie des médiums utilisés pour effleurer un certain bonheur. Il fait partie des attributs de l'imagination pour fomenter les actes à venir. Et il doit être utilisé à des fins de construction mentale conduisant la conscience de l'homme à envisager un avenir probable et bénéfique pour lui et ses semblables.

Il est difficile de nos jours d'avoir ce genre de vues de l'esprit, les dernières idéologies ayant malheureusement basculés dans le camp des vaines tentatives. Et pourtant il est pratiquement impossible de survivre dans un monde, vide du sens que l'on peut tenter d'y apporter.
Au lieu de se perdre dans la pratique facile d'activités qui nous permette d'oublier pour un temps la réalité de notre condition, mais qui risque de nous amener à contempler un jour, choqués, la vérité toute nue, ne vaut-il pas mieux ériger une nouvelle idéologie s'appuyant sur les découvertes récentes de ce qui concerne l'Etre et ses attributs ?
Ne vaut-il pas mieux espérer, comme d'autres dans le passé l'ont fait, espérer en l'accomplissement bénéfique du rêve, des délires imaginatifs indiquant la sortie définitive du chaos de l'homme supérieur ?
Car un problème survient chez qui creuse un peu les aspects tendancieux de sa condition d'homme. Nous voilà clairement noyés dans les effets incontrôlables du définitif chaos, à quoi cela sert-il de se démener pour tenter vainement de s'en sortir ? Ne vaut-il pas mieux s'y cantonner en s'arrangeant pour que ce soit de la plus agréable des façons ?
J'ai essayé de décrire un système dans lequel toutes ces questions trouveraient des réponses paradoxales, adéquates et optimistes. Y suis-je parvenu ?
J'ai l'outrecuidance d'oser encore penser que le système sus décrit, dans sa tentative d'entraîner les hommes vers une reconnaissance honnête de leur position dans l'être, même si c'est au travers d'artifices de grossière apparence, pourra trouver une place légitime dans les avancées notoires de la conscience humaine.
Il ne reste plus qu'il soit accepté et reconnu par le plus grand nombre, pour qu'enfin de rêve conscient il se transforme en réalité probante de sa propre validité.

Dés lors, et je me permets de rêver, se seront érigées les fondations de l'intention première de ce système, la Surhumanité.
L'instauration de cette Surhumanité, entités post humanitaire en regard de l'évolution naturelle, est le dessein ultime entreprit par mon entendement, à la lumière de ma confiance intime dans les avantages palpables de la continuation logique de l'évolution.
Cette évolution ne peut avoir été stoppée. Elle ne peut qu'avoir été juste ralentie par l'entremise d'actions humaines dictées par la soumission aux préceptes des religions obsolètes.

L'imagination au secours de la raison confronté au vide de sens évident, un délicieux fantasme organisé pour aider à l'édification des fondations de son élan vital, la fuite dans le brouillard issu de la confrontation du réel et des illusions souveraines, voilà toute la teneur du radical instinct de religiosité.

Il est fort probable que sur la création spontanée d'un système, comme celui-ci, pourra se porter un profond soupçon légitime, mais il devra être suffisamment honnête pour accepter d'être réduit à néant quand la validité d'un tel système aura, qui sait, été rendu irréfutable par les élans vertueux qu'il aura fait jaillir au cœur des hommes.

Finalement, le système Entité-Dynamiques-Cycle est une tentative pour élever les consciences des hommes vers la perception de l'exception de leur position dans l'Etre, à savoir qu'elle est triviale par sa nature et sublime par sa possibilité d'être.
Et l'importance prise par leur refus de vivre au milieu du chaos peut se révéler être une erreur monstrueuse tout en restant la plus belle des gageures. Quelle contradiction ! Il y a tout pour penser que j'en fais décidément l'éloge...

En entraînant l'homme à se fier à sa détermination pour postuler au rang de Surhomme, l'EDC permet l'acceptation de cet état de fait, et participe à l'élaboration d'une humanité plus humaine et supérieure à la notre en ce qu'elle porte au faîte des préoccupations humaines la reprise et l'accélération de l'évolution naturelle.
La Surhumanité se rapproche dés lors de l'olympe des demi-dieux incarnés en ce qu'elle est habitée d'être exceptionnels en regard du présent, et qu'ils ont conscience de vivre éternellement en ce qu'ils savent n'avoir jamais conscience de leur propre mort.
Sûrement que la Surhumanité possède déjà des entrées en chacun de nous, mais il faudrait une prise de conscience collective pour qu'échoie l'apparition bienvenue du premier Surhomme.
Celui-ci pourra s'avancer fièrement au milieu de la foule rassemblée pour le fêter. Il viendra annoncer l'aube d'une nouvelle ère, faite de résurgence du seul heur reconnu comme bénéfique pour tous. Il annoncera l'ascension prochaine, dans les strates des valeurs de l'être humain, de la conscience de chacun des hommes capables de vouloir le bonheur pour tous.
Bien entendu, mon imagination a pris le pas sur ma raison, mais qu'il est bon de rêver...

En définitive, il faudrait qu'une majorité d'homme ait la force et l'honnêteté de se rallier aux faits sus décrits, pour envisager avec espoir le moment où s'érigeront enfin les fondations d'une humanité supérieure.
Mais jusqu'alors, il est possible de préparer l'avènement de la Surhumanité, en entraînant sa conscience à s'ébattre aux confins de sa propre possibilité d'être. Ceci, pour réaliser la prise de conscience de sa véritable position dans l'être, et s'amener à côtoyer la plus radicale des libertés, celle absolue contenue dans l'évidente désaffection de l'Etre à notre égard.

L'EDC, l'Eloge De la Contradiction, est une possibilité d'apport structurel à l'intégrité des états de conscience de l'humanité.

Ce système déploie ses arguments de manière à ce que l'étalement chaotique de ses branches ne puisse en aucun cas être ignoré.

La contradiction fait partie des artifices utilisés pour y enseigner la valeur relative des faits, aussi probant qu'ils soient. L'éloge qui y est fait participe à l'éducation des consciences en y faisant rentrer en compte la relativité des arguments avancés, quant à la réalité effective des faits décrit par ce système.

L'analyse, portant à considérer l'origine des dynamiques agitant virtuellement une entité comme étant au cœur de cette entité, ne nécessite pas de validation catégorique. Elle fait appel au concours de l'imagination pour s'en persuader.

Mais c'est à l'issue de ce ludique exercice de raisonnement que se mettront en place les connexions matérielles nécessaires à une vue épanouie et honnête de notre niche environnementale.

Pour percevoir la vérité simplement, il faut parfois s'efforcer de connaître l'apport bénéfique des hypothèses à l'amélioration de la malléabilité des consciences humaines.

Qu'en est-il de l'homme chez qui la révélation de sa position inopportune dans l'Etre a eu l'effet escompté ?

Cet homme, dégagé des préceptes de tout a priori de morale, cultive sa vitalité sur d'autres bases. Il a pour vivre un détachement absolu vis à vis des épreuves qui se présentent à lui.

Comme le déroulé chaotique de l'Etre suit son cours et ne peut que suivre celui-là, aucune espèce de regret n'est envisageable. Seul l'envie et le besoin de découvrir ce que l'avenir lui a préparé est à l'origine de son énergie vitale.

Cet homme, ce prétendant Surhomme, détaché honnêtement des aléas naturels, cultive un rapport sensible au monde. Ce qui lui permet de l'apprécier dans toute sa diversité élégante, issue d'un traitement chaotique de l'essence même de ce chaos.

Il en apprécie l'esthétisme complexe, ainsi que ce qui y transparaît, à savoir la vérité tangible de sa place inopportune dans le cosmos.

L'homme en passe de se Surhumaniser connaît la valeur relative de ses actes et de ses actions en regard de l'éternité et de l'Etre entier. Il effleure en cela sa liberté absolue recouvrée après plusieurs millénaires de référence à une morale inadéquate.

Il vit dans l'émerveillement constant consécutif à la découverte progressive du déroulé chaotique temporel de l'Etre. Il vit l'entendement tourné vers le futur inconnu que sa progression va rendre tangible. Il vit dans l'attente bienheureuse des contingences du chaos. Il vit heureux, simplement.

L'inopportunité de sa place dans l'Etre n'est pas pour le nouvel homme une révélation difficile à supporter, car cela lui procure toute la liberté rêvée auparavant, lorsque cette liberté lui était rendue inaccessible par son propre accomplissement dans une morale inadéquate.

Cette liberté, il en a saisit toute la force et l'absolu, et la préserve de la macule d'une utilisation outrageante, au bénéfice d'un savoir.

Car il se sait doté d'une liberté absolue, mais ne l'utilise pas pour sauvegarder sa propre possibilité d'être, d'être libre au milieu du divin chaos.

L'homme qui, dans un accès de sa conscience à la réalité de sa position dans l'Etre, adoptera les préceptes enseignés par la morale réformée, ne reniera en aucun cas l'intégralité des effets de la morale judéo-chrétienne.

Il en défendra même certains aspects en en réaffirmant l'origine honnête ancrée dans le système découlant de la révélation de sa position inopportune.

En effet, la vie en communauté s'est élaborée sur des bases imprégnées d'un altruisme issu de la deuxième dynamique, la dynamique tribale. Et cet altruisme, conforté par la religion, a permis l'édification de la société telle que nous la connaissons.

Il n'est donc nulle question de renier ce principe de fraternité à l'intérieur de la communauté, mais de l'asseoir sur un fondement honnête, à savoir l'application de la deuxième dynamique sur l'homme comme sur toute autre entité étudiée au travers d'un entendement.

En définitive, le système EDC entend apporter aux hommes prêts à l'entendre une considération honnête de l'Etre, faisant appel à une conscience récemment révélé à elle-même, qui devrait, si elle est bien comprise, déboucher sur l'instauration d'une nouvelle morale.

Cette morale, dite réformée, sera le premier pas en direction d'une humanité supérieure, impliquant en cela la reprise et l'accélération de l'évolution naturelle.

Le bonheur apparaîtra dés lors que l'être de tous les hommes s'élèvera vers les strates inexplorées de celui du Surhomme.

Et si…

Et si je me trompais ?

Si en fait, tous les hommes étaient sensibles à la perception de la place inopportune de l'homme dans l'Etre. Ils auraient alors posément choisi de conforter leur existence, en s'offrant l'agréable illusion de jouer à l'être éternel…

La religion serait une sorte de construction mentale, semblable aux châteaux de cartes censés agrémenter la vie d'un peu d'occupation et de quelque esthétisme, pour finalement ne pas durer dans le temps, pour finalement pas grand chose…

Mais les hommes, d'un commun accord, aurait trouvé dans cette religion matière à étendre leur vitalité par delà les contingences naturelles. Ils se seraient servis de ses rites pour accroître leur emprise sur le temps, et avoir l'illusoire impression de le contrôler pour un instant.

Merveilleux effets de mon imagination ! Je me retrouve, d'un seul coup, bâtisseur d'une humanité rétroactivement honnête, et je déploie patiemment ce qu'un autre aurait pu appeler un sens caché…

Ainsi... ainsi je continue à rêver du sens de la vie qui, s'il n'est pas absolument validé par les découvertes récentes des sciences, n'en reste pas moins indispensable à notre survie. J'ai tout à y gagner de penser qu'il y en ait un.

Et j'ai tout à y gagner de penser que *L'homme abstrait* permet d'y participer...

Un idiome de plus

Je prolonge ainsi toutes les fonctions qui décrivent, par le geste, mon irrésistible envie de vivre, de prolonger mon étalement, dans la vie, dans l'Etre, dans le chaos...

Ne vais-je pas ressentir encore une fois la quintessence de ma cognition, étalée outrageusement dans ma réalité, au travers des chairs improbables de ce jeune homme qui me fixe des yeux depuis un petit moment. Je ris encore un peu plus de mon incroyable maladie, celle qui dans une désinvolture totale m'invite à articuler des propos à mon propre encontre !
Ainsi, pour la première fois surtout, je parle le premier.

« Ai-je raison d'espérer en l'accomplissement d'un songe d'adolescent, quand de toutes parts ils essaient tous de s'élever dans les profondeurs de leur propre maturité ?
Je te le demande à toi, qui suis depuis des mois ma progression dans cette mascarade éclatante de jeunesse et de renouvellement. Si tu avais le choix entre connaître les plaisirs accessibles d'une vie triviale et surannée, et dépendre du bon vouloir d'un chaos décérébré pour accéder aux multiples possibilités expansives d'une vie sublimée, quel serait ton premier vœu ?
Je n'ose imaginer quelles sordides exclamations vont sortir de ton entendement, toi qui ne lance que des regards désespérés vers le bas. Mais essaie tout de même de m'étonner encore un tant soit peu ! »

Un large sourire, qui n'a d'innocent que la forme rigoureusement calculée, traverse en le transfigurant mon visage fatigué par tant de complexité. Je l'attends au tournant, lui et ses mauvaises habitudes.
Un silence, un lourd et long silence, s'appesantis sur ma conscience en attente. Va-t-il parler ? Va-t-il oser me répondre ?
Voilà qu'il se lance !

« Tu as bien raison de te poser la question. Qu'est-ce qui pourrait justifier ta terrible entreprise, si ce n'est la quête éperdue d'un profond et tenace bonheur ?
Et que peux-tu donc prédire après l'accomplissement de ton œuvre insensée ? Et de toutes façons, comment peux-tu bien t'imaginer que les hommes, avec l'innocence revendiquée qui les caractérise, vont accepter de s'en remettre à une

illusion officielle, à un raisonnement trop raisonnable, et à une finalité que tu seras bien le seul à considérer comme bénéfique à l'espèce humaine ?
Ta naïveté prête à sourire ! »

Voilà qu'il se moque de moi, de mon entreprise, et de tout le sérieux que je déploie pour la mener à bien !
Je vais lui répondre qu'un objectif est nécessaire pour canaliser les forces vitales qui en d'autres temps s'éparpillent sur des tâches improbables. Je vais lui dire que ce qui manque à mes congénères, c'est un idéal vers quoi lancer toutes leurs appétences. Et c'est ce que j'entends leur offrir, pour satisfaire leur merveilleuse volonté intrinsèque.
Ou bien non, je ne vais rien lui dire.
Parce que je sais bien qu'il est uni à ma conscience par le plus solide des liens, l'unité. Je vais arrêter de tenir ce genre de discours à mon petit démon personnel. Je suis prêt maintenant à parler ouvertement à d'autres consciences. Il faut que j'arrête d'écrire, de rationaliser, de conceptualiser.

Il faut maintenant, après de si longues secondes de tergiversations, que j'agisse.

Simplement agir pour le plus beau rêve, le mien…

C'est ainsi que, ayant ébauché les traits caractéristiques d'un système original et suffisamment novateur pour être d'actualité, je tente posément d'en faire partager l'essence aux nouveaux entendements avisés et suffisamment curieux.
Il n'y a rien là qu'on puisse encore me reprocher. Il n'y a rien là dont je ne puisse être intégralement fier.

Et seul l'avenir, encore inconnu pour un temps, nous révélera suffisamment tôt si cela était utile à quelque chose…

L'absurde vérité

Etonnamment oublié, perdu dans le processus d'extension de la vie, je me retrouve finalement à l'extrémité d'une branche sans avenir.
J'ai tellement essayé de toucher du doigt l'absolue vérité, que dorénavant, comme punition à ma prétentieuse quête, je suis condamné à disparaître, et avec moi mon code génétique.
La nature, dans un procédé aboutissant à la persévérance dans son être, a jugé bon de m'extraire du déploiement de ses ramures !

Qu'ai-je donc fait pour mériter cela ?

Il n'y a sans doute pas beaucoup d'avenir pour celui qui se met en tête d'effleurer l'absolu, pas beaucoup d'avenir non plus pour celui qui cherche l'absurde vérité de l'Etre, la vérité du néant.

C'est ainsi que je m'aperçois du terrible paradoxe de ma vie.

D'un côté, ma recherche de réponses probantes, l'envie, le besoin de trouver une stabilité apte à supporter les fondations de ma cité bleue, de ma lubie moralisatrice.

De l'autre, le probable futur de ma quête, à savoir l'anéantissement vraisemblable de toute la conscience de l'humanité, par la faute d'une conscience exacerbée.

Je m'en rends compte maintenant, l'espèce humaine est pareille à toute autre espèce. Elle cherche à s'étendre, à persévérer dans son être, et rien que ça.

J'ai longtemps cru qu'il s'agissait d'autre chose, qu'il y avait, par delà les nues, un idéal, un absolu...

Je suis dorénavant conscient de mon erreur. La nature vivante de la vie sur terre n'est qu'un hasard malencontreux, un effet du chaos.

L'homme n'est qu'une prise de conscience de soi, l'Etre qui prend conscience de l'Etre, mais pour quelle fin ? Cela n'est sans doute pas à notre portée, ou bien alors il n'y a pas de fin...

Alors pourquoi continuer à survivre petitement de la sorte ? Il n'y a malheureusement plus d'absolu, ou plutôt, le véritable absolu semble être au delà de notre portée.

Je souffre de cet état de chose, comme un enfant à qui on aurait retiré son jeu.

Pourquoi essayer de s'élever au-dessus de la masse si c'est pour ça ? Nous existons, sans doute, pour jouir de nos sens, pour persévérer dans notre être. Alors pourquoi ressens-je le besoin de parfaire cet état de fait en m'accomplissant, comme la plupart des hommes, dans mon propre anéantissement ?

J'ai l'impression de m'être engagé dans une impasse vitale, une voie que la vie a prévue comme devant m'être fatale, pour moi et toute ma descendance. Ainsi le gène de la conscience exacerbée, terrible gêne, sera éradiqué. Jusqu'au jour où, un autre connaîtra le même sort, et tout recommencera, et un nouveau cycle prendra place à la suite du précédent.

Car il n'est pas possible que l'humanité entière passe à côté d'un tel bouleversement.

Un jour certain viendra, où l'importance des masses sensibles à cette inopportunité sera telle qu'il faudra bien que la vie trouve une solution au problème, sinon... sinon, ce sera la fin de la vie consciente sur terre...

Si je continue malgré tout à vivre, à m'agiter innocemment de la sorte, c'est que je suis capable encore d'imaginer une humanité différente, une humanité consciente de l'inopportunité de sa position, et qui en jouerait.

Car je pense que l'on peut en jouer pour gagner en liberté ce que l'on a perdu en soumission à un absolu. Mais c'est bien entendu immoral, du moins pour la morale actuelle.

Il faut donc créer, inventer, imaginer une morale réformée.

Et dés lors que cette morale existe, qu'elle contient les nouvelles données concernant la place de l'homme dans l'Etre, qu'elle se suffise à elle-même, et qu'elle apporte un semblant de satiété en bonheur à l'homme qui l'applique, dés lors, il sera possible d'envisager de l'étendre à tous les hommes, quelles que soient leurs morales initiales, pour leur permettre d'entrer fièrement dans l'aube naissante de la Surhumanité.

Car là se trouve l'ultime but à atteindre : entrer glorieusement dans la cité bleue pour connaître l'extase inouïe d'une conscience acérée.

Pour pouvoir effleurer l'absolu reconstitué, et le bonheur des retrouvailles, il faut que d'hommes nous soyons devenus des Surhommes.

Je me suis mis, un jour, à rêver de l'accomplissement de la vie dans une humanité supérieure, capable de s'élancer à l'assaut de son absolu, la conscience dégagée des lourds fardeaux de ses illusions.

Et depuis ce jour, cette idée me traverse à chaque fois que j'envisage la réalité de ma condition, et par analogie celle de la vôtre, au centre de cet ostentatoire chaos.

Est-ce raisonnable de pouvoir imaginer comme cela la Surhumanité à notre portée ? Si c'est bien là le fait d'une reprise et d'une accélération de l'évolution naturelle, comment l'imaginer apparaître en un temps aussi court ?

Nul doute que, là encore, les illusions salvatrices ont fait leur office, à savoir dégager ma conscience des contingences de la réalité.

Mais je veux pouvoir penser que cette idée en chacun va être à l'origine d'une nouvelle ramure de déploiement de l'objet vital, par l'irréductible chaos.

Finalement, ce système, Entité-Dynamiques-Cycle, traduit une volonté de remplacer cet absolu inaccessible par un dessein peu ordinaire, mais à notre portée.

La Surhumanité est un rêve de grandeur de l'homme apparu en Surhomme censé donner à cet amas de matière, qu'est l'être humain, toute la force nécessaire de renforcer cet élan qui nous conduit lentement mais sûrement vers une perfectibilité en action.

L'évolution naturelle, car c'est comme cela que cet élan se nomme, est une apparence de la vie qu'il faut s'employer à conforter dans son être, si l'on veut poursuivre le désir intime de l'entité vie, à savoir la persévérance dans un être de plus en plus multiple et perfectif, dans un être qui s'exprime par de plus en plus d'individualités et qui s'approche alors de l'ultime impalpable perfection.

Il n'y a rien de plus grand pour une entité, c'est-à-dire de plus propre à son essence d'entité, de vouloir par-dessus tout persévérer dans son être, et de s'accomplir dans la persévérance dans l'être de l'entité supérieure à elle-même.

C'est ainsi qu'apparaîtra l'homme qui souhaitera reconquérir son propre pouvoir de s'accomplir en prétendant Surhomme pour préparer, virtuellement, l'avènement de la sublime Surhumanité.

Il croira à la réalité, vecteur d'une probable définition de l'homme tendant à faire sous-entendre celle du Surhomme en devenir. Il participera ainsi à tout ce qui fait l'homme en l'animal conscient, à tout ce qui doit être conforté pour que d'homme il prenne l'apparence et l'essence même du Surhomme.

Le Surhomme né de cette révélation, la place inopportune de l'homme dans l'Etre, aura la conscience si développée que le chaos sera pour lui le plus tendre des alliés.

Les difficultés rencontrées pour concilier une approche honnêtement naïve de l'Etre, telle qu'elle est décrite par le système EDC, et la vie en communauté, telle qu'elle se conçoit aujourd'hui, réside dans le nombre important d'illusions actuellement usitées pour permettre à la vie de persévérer dans son être.
La société actuelle repose, en effet, sur des bases qui ont été édifié sur des concepts issus de fantasmes proprement humains. L'amour, la religion, le sens de la vie, semblent tirer vers le haut les aptitudes à vivre des individus, qui les considèrent comme étant les armatures absolument valides de leur cohabitation prolifique.
Peut-on en révéler les fondements raisonnables sans risquer d'anéantir l'élan que ces illusions plus ou moins consenties semblent instituer au cœur de chaque membre de la communauté ? J'ai l'intime conviction qu'il y a là matière à élaborer une nouvelle approche de l'Etre, qui ferait ainsi de la propre viabilité des hommes une entité renforcée.

C'est d'une mise à plat des éléments, provenant de la somme des connaissances issues de l'empirisme, qu'un nouveau système honnête, en regard de ces connaissances, s'instituera dans le processus menant à la représentation de l'Etre, débuté voilà plusieurs millénaires par les premières croyances.
Et ce système, novateur par la particularité de son approche de la question de la place de l'homme dans l'univers, soutiendra une nouvelle dynamique de viabilité accrue.
Les hommes qui se le représenteront comme valide détiendront la force de connaître effectivement la réalité relative des faits, et en retireront les aptitudes à leur survie consciente et certainement heureuse.

Quelle que soit l'outrageante naïveté qui transpire d'un tel ordonnancement de probabilité, il est juste de penser qu'un système, qui permet aux hommes, qui le conçoivent comme autre chose qu'un simple idéal bafoué, d'effleurer la vérité de leurs existences, soit un bien qui transporte l'humanité aux portes idéales de la Surhumanité, entité que l'on s'imagine post humanitaire dans le déroulé temporel de l'évolution naturelle.
Aussi, en vue de renforcer la détermination des hommes à lancer des regards vers les hauteurs de leur humanité, le système, duquel je vous ai mis en présence, peut parvenir, à grand renfort d'illusions consenties, à transmettre un élan vertueux aux individualités qui ont été initiés à la valeur relative de leurs actes.

Ceux-là qui ont compris ce système, et l'ont intégré pour bâtir les fondations d'une nouvelle vie prompte à rendre de merveilleux moments de bonheur total, connaîtront l'ultime possibilité d'apparaître en Surhomme.

Cette exaltation de l'être humain deviendra le parangon commun de l'homme heureux.

Aussi...

Aussi je fatigue à vouloir vous dévoiler la substance de ce que j'estime être une chance pour l'humanité, jusqu'alors apparemment endormie et passablement inconsciente.

Cela ne mènera pas loin de prolonger le repli des consciences sur l'aspect directement jouissif de l'existence des hommes.

Il va bien falloir que certains de ceux qui refusent l'aliénation à la doctrine du plaisir premier, se réveille de l'engourdissement moral, dans lequel les ont tenus enfoncé ceux qui actuellement dominent le monde par les résultats matériel qu'ils retirent de cette compromission aux préceptes professés par les religions théistes, et même non théistes, à savoir l'acceptation béate d'une grosse et facile illusion.

J'espère pouvoir réussir à faire entendre mon cri, revendiquant un ultime changement !

J'espère pouvoir réussir à mener l'humanité vers autre chose que ce vers quoi elle tend, l'inconscience totale. Cette humanité va sans nul doute devoir souffrir du surgissement de l'ultime paradoxe de la vie, quand sera confrontée sa réalité aux froides vérités que vont faire apparaître au grand jour les avancées concrètes de la science fondamentale.

Il est temps d'arrêter de se voiler la face, et de reconnaître une bonne fois pour toutes que nous, hommes, sommes situés à l'extrémité d'une branche de déploiement de l'entité totale.

Qui, n'ayant d'autres finalités que d'instamment clore la première partie de ce cycle en assurant sa persévérance dans un nombre toujours plus grand d'entités, évolue encore.

Et la seule chose à quoi nous pouvons et nous devons consciemment dédier notre vie, est la recherche du bonheur le plus parfait que nous puissions espérer. Et pour qu'il puisse encourager l'apparition d'autres de ses occurrences, ce bonheur devra être de préférence édifié sur les bases d'une vue honnête de l'Etre.

Les religions théistes ont permit l'évolution matérielle des hommes en dégageant de leurs consciences l'accès sublime mais effrayant au vide métaphysique qui les contient.

Par cela, ils ont pu reconduire toute l'acuité de leur entendement sur l'étude de la matière. Ils ont ainsi accru leur connaissance des effets fixés du chaos, avec lesquels ils étaient en contact.

Cette évolution a montré ses limites quant à l'accès au bonheur des hommes qui y ont participé. Le fait de contrôler les effets du chaos par l'utilisation d'objets manufacturés ne procure pas une élévation durable particulière de l'être des hommes qui ont accès à ces illusions de nécessité.

Seule l'évolution génétique naturelle, qui possède dans sa définition le pouvoir d'élever l'être des hommes qui la subisse, peut amener ceux-ci et les générations futures à connaître, sur la durée, un intense bonheur.

Il faut donc que, consciemment et avec toute l'honnêteté requise, chaque être humain exprime sa volonté d'entrer dans un processus évolutif qui mène tout son être à un niveau supérieur.

C'est ainsi que toutes les religions, ces illusions plus ou moins consenties, censées apporter une explicitation de l'Etre capable de rassurer l'entendement humain pour lui permettre de jeter son dévolu sur d'autres occupations, permettant en outre à certains d'asseoir leur pouvoir au détriment d'autres en assurant un contrôle des consciences, seront expulsées du cercle des réalités humaines pour laisser place à un système honnête de présentation de l'Etre.

Ce système cherchera, par l'emploi d'illusions toutes officiellement consenties, à introduire au cœur des consciences une volonté de participer ouvertement à l'évolution naturelle.

L'humanité visant la Surhumanité sera le prochain assemblage de prétendants Surhommes, capable de ressentir un état qui fera du bonheur son ultime guide.

Les prétendants Surhommes seront enfin heureux, et ceci du fait de l'illusoire élévation lente, mais durable, de leur être vers les sommets de celui du Surhomme.

Ainsi nous aurons atteint notre but, à savoir produire l'heur le plus opportun au sein des sociétés humaines, rassemblées pour encourager l'émulation de leur être en vue d'atteindre celui du Surhomme.

Le manichéisme qui a cours, issu de la désaffection des entendements à l'égard de la vérité métaphysique, provoquée par la naïveté navrante des tentatives d'explicitation de l'Etre orchestrées par les religions, restreint l'accès à une vue honnête de l'Etre.

Il est ainsi préjudiciable, à l'élan qui tente de mener l'homme vers l'exaltation de son être, de traduire les multiples effets du chaos de manière à révéler innocemment la nature antagoniste des choses.

La réalité, dans toute sa grâce, est relative, et mène son déploiement sur les traces d'un effet posé du chaos.

Si les hommes veulent entreprendre leur durable Surhumanisation, il faut qu'ils relativisent chacune de leurs opinions afin d'en extraire la palpation directe du doute absolu, vecteur d'un irrésistible élan qui, seul, pourra mener les hommes, par l'entremise du recouvrement de leur liberté originelle, vers l'état du bonheur absolu...

Je sais bien que tout ceci à l'allure et la prestance des illusions récemment bannies de la conscience collective. Et je ne doute pas qu'il y a là de réelles illusions.

Mais, à l'orée de ce nouveau système, je prends enfin en considération la valeur essentielle de ces illusions, qui forment la structure interne de la vie des hommes. Sans elles, la vie ne trouve aucun sens.

Je comprends que par un mimétisme enfantin ces illusions puissent être reconduites de génération en génération.

Mais lorsqu'elles n'effleurent plus l'adéquation entre elles et la somme des connaissances raisonnables humaines, il faut avoir le courage et l'abnégation de les résilier fermement et de les remplacer par d'autres plus adéquates en leur temps.

C'est ce que ce système entend proposer, une réforme des illusions consenties correspondant aux attendus toujours d'actualité en ces temps de quête de vérités inaccessibles.

Ayons l'honnêteté pour une fois d'accepter l'état de fait, à savoir la place reconnue inopportune de l'homme dans l'Etre, et adaptons nos illusions consenties à un tel état des choses.

Dés lors, libérés des contingences d'un dogme ne correspondant plus au niveau d'acuité de la raison actuelle, nous serons aptes à rechercher par tous nos actes ce pour quoi nous acceptons la vie, à savoir la recherche d'un bonheur, le plus complet, sur la plus longue durée.

Enfin, il sera possible d'entrevoir enfin l'ultime création, l'insaisissable sens de la vie, ce pour quoi nous acceptons de nous soumettre aux aléas du chaos, le besoin de nous contenter, nous, les hommes, d'un heur des plus opportuns.

Le bonheur vers lequel s'élance le prétendant Surhomme s'annonce réellement propice en ces temps promis à l'exacerbation des consciences !

J'ose croire que la vie va s'accomplir dans une reconnaissance effective de ces multitudes de consciences acérées, et provoquer dés lors un heur bénéfique, durable et certain.

Voilà...
Voilà la substance du système que j'ai, peu à peu, depuis ma première prise de conscience de l'immensité infinie de l'Etre, édifié pour essayer de m'accaparer l'univers. J'en propose la teneur singulière à vos entendements pour que vous puissiez y baser vos objections.

J'ai conscience de l'originalité d'un tel système, que son aspect novateur est particulièrement déroutant, mais je n'arrive pas, personnellement, à lui objecter honnêtement quelque argument qui le mettrait durablement en défaut.

C'est un système qui me semble valide objectivement, et qui a le mérite de se fonder sur les récentes avancées de la science.

Aussi, me semble-t-il suffisamment attractif, pour peut-être devenir l'origine d'un nouvel élan apte à produire de multiples occurrences d'heur appréciable, au cœur des hommes qui auront le courage et la volonté d'appliquer ses préceptes originaux.

C'est pourquoi, avec toute l'honnêteté requise, j'offre ce système à votre compréhension afin de vous permettre d'y puiser matière à fonder l'élan majestueux qui vous mènera vers un bonheur entier.

Si bien que, ayant atteint la limite supérieure du déploiement de ma réflexion, et étant soucieux de ménager la raison que je supporte maintenant avec difficultés, j'ai pris la décision irrévocable de vous soumettre ce traité d'une morale réformée pour tenter, avec la naïveté que requiert les grandes avancées, de vous inciter à asseoir votre existence sur des bases conscientes et honnêtes.

Et j'ose enfin avancer l'idée que cela m'a permis de mieux saisir les traces laissées dans cette source intarissable d'argumentation valide par le fonctionnement à la fois intime et apparent de la vie humaine sur Terre. Maintenant, subsiste dans mon esprit la volonté de découvrir, au delà des rouages inhérents à cette mécanique universelle, les raisons fondamentales et profondes de cet ouvrage. Pourvu qu'il en existe au moins une…

Car l'ultime révélation de la véritable condition humaine est loin d'être suffisante pour un esprit en mal de vérité absolue.

Aussi, il est si difficile d'apparaître comme l'élément d'une histoire lorsque l'on a, à la frontière de son entendement, aperçu une vérité si effroyablement basique qu'elle semble avoir toujours été à la portée de tous.

Cette sublime évidence, la place inopportune de l'homme dans l'être, ouvre à la conscience, en quête de viabilité, recouvrée à la suite d'une profonde désespérance, les portes d'une possibilité extatique de vivre dans le plus profond bonheur. Elle répond en cela à l'ultime attente du genre humain, honnêtement, imprudemment et d'une manière qui fait entrer l'inconnu en exposant, mis en exergue par le prétendant à la Surhumanité.

Vivre heureux reste le dessein intime de tout être humain, mais l'honnêteté avancée pour réaliser cet exploit est profondément nouveau.

Mais je suis certain que, en suivant la voie dessinée par l'EDC, ou en suivant d'ailleurs toute autre voie qui mène à la reconnaissance honnête de la place inopportune de l'homme dans l'Etre, les hommes vont bientôt être sensibles à toutes les implications relatives de cette révélation.

Car la science finira par apporter simplement, dans un souci d'extrême probité, matière à révéler, d'un développement hypothético-déductif, la véritable nature de la vie humaine sur terre.

C'est pourquoi, c'est confiant que je m'en remets à votre esprit critique, qui permettra dans le nombre, j'en suis certain, de qualifier ce système de la bonne et heureuse manière.

Par ailleurs, j'ai l'impression de toujours me répéter sans fin, quand de toute mon honnêteté consciente, j'annonce l'élévation du concept de Surhumanité comme étant une authentique chance pour les hommes. Mais, comprenez bien les raisons d'un tel étalement de sémantique. J'ai l'intime conviction que cette illusion d'édification impétueuse exalte toutes les possibilités que connaîtra l'humanité de continuer à avancer dans le temps, sans toutefois se délester de sa particularité originale, la conscience raisonnable.
C'est là toute la force d'une telle illusion, et ce serait dommage qu'à la lecture d'un seul de ces avertissements, vous n'en reteniez, au lieu du merveilleux fond, que la forme rigoureuse.
Alors, oui, j'ai pris la décision de rabâcher cet état de fait, cette allégation qui préfigure l'intensité d'une telle démarche, afin qu'elle en devienne forcément valide. On ne peut définitivement pas me reprocher de ne pas avoir donné son importance légitime à une révélation de cet ordre.
J'ai professé une vérité inaliénable, hors de moi l'idée d'en défendre chichement l'évidence…

Ainsi…
Ainsi peut-être verra-t-on, dans un futur plus proche que ne le prédestinait sa définition, le mythe du Surhomme se réaliser, largement, fièrement, et en toute conscience.

Mais peut-être finalement que tout ceci n'est qu'un rêve,
ou bien un jugement apocryphe et suranné…

Mais dans ces lignes illicites, se déploient en tout cas les franches et bénéfiques aptitudes à mon immortalité et à mon possible bonheur, ici-bas.

C'est déjà ça…

L'homme abstrait

Réflexions compromettantes

Le doute à l'origine de mon raisonnement   7
L'optimisme d'un système honnête   13

Du chaos naît la conscience

La folie encensée   29
Argumentation   30
De l'heureuse prévisibilité   31
Encore   33
Conscience et chaos   34
Raison et spiritualité   35
De la conscience   37
Titan   39
Lutte naturelle   40
De l'imagination   41
La conscience exaltée   42
La conscience piégée   44
Illusions salvatrices   45
Manifeste   46
Brutalité intrinsèque   49
Monstrueux cristaux   50

L'entité bleue

L'ode au Surhomme naissant   55

Avant la morale

La ferveur contenue   63
L'homme défaillant   65
Le rêve, l'imagination et la raison   66
Chaos mathématique   68
Le paradoxe libertaire   69
Du concept   70
Humanité d'enfant   72
Une certaine idée de l'Etre   73

Une démarche imaginative recouvrée X	73
L'heur Surhumain	75
L'approche conceptuelle de la vérité	77
Dieu, empire, émulation.	78
Instabilité	79
Délires futiles d'enfant	81
Prolégomènes à toute morale réformée	82
Une certaine idée de la vie	84
Horizontalité	86
Les illusions captives	87
La terrifiante essence du sentiment amoureux	89
Ruines	90
Délicieux ennui.	92
Le juste équilibre	93

Le doute absolu

Doute extatique et infâme	97
La force abstraite	98
L'appel	100
L'Eloge De la Contradiction	100
Je pars si doucement que…	102
L'antre de ma désillusion	102
De l'heur le plus opportun	104
Un parfait individualisme	105
Beauté adolescente	106
Pulsation vitale	108
Viol bleu	108
Désert métaphysique	110
Tristan	110
Désertion	112
Enfants dieux	113

De l'homme au Surhomme

De l'art et du chaos	117
Musique et chaos	118
Générations	120
Contre l'humanité décadente	120
Vaines tentatives	122
La Surhumanité contre les diktats moraux	124

Ultime résurgence en le Surhomme	126
L'homme, le chaos et le Surhomme	128
Politiques	129
Le choix naturel	130
L'évolution raisonnable	131
De la révolte évolutive	132
La liberté requise	134
Le doute et la discussion valide	135
La révolution pour se libérer de la nature	136
L'homme en regard du Surhomme	138
Abjecte condition	139
L'évolution et la Surhumanité	141

L'homme universel

Exécution sommaire	145
Testament	146
Atroce paresse	147
Collusion	149
Le sens caché	150

De l'EDC à la morale réformée

Les prémices de la morale réformée	155
Prologue	156
Concept velléitaire	158
Un espace redéfini	159
L'entité au centre de l'Etre	161
La dynamique parcellaire : l'individualisme	162
Se fondre dans l'unité supérieure	163
Servilité du système	164
L'EDC au travers d'un entendement	165
La conscience virale	166
La construction de la morale réformée	168
Arrivée majeure	169
La ressemblance et la différence	171
La fondation de la morale réformée	172
Le bonheur contrôlé	174
Imprudente vitalité	175
La fonction de l'Artiste	177
Validité compromise	178
La conscience étendue	179

Les instincts naturels dans la république 181

Désordre extatique

Désordre extatique	185
Du point d'origine	186
Probable	187
Question d'échelle	188
Intimité analytique et introspective	189
Originalité	190
L'absurde légende	192
D'obscures illusions	194

Politique et morale

Un projet d'urbanisme dégoulinant de probité	199
Res publicae	201
Tentative pour prendre le pouvoir	204
Lettre ouverte à mon bourreau	213
Evolution contrainte	223
M…	224
Evidence	227

Un rêve d'absolu

L'aube de la Surhumanité…	231
Un idiome de plus	244
L'absurde vérité	245

© Titan-Atlante

Dépôt légal : janvier 2002
ISBN : 2-9517961-0-2

Tous droits réservés. Toute reproduction, même partielle, de cet ouvrage est interdite. Une copie ou reproduction par quelque procédé que ce soit, photographie, photocopie, microfilm, bande magnétique, disque ou autre, constitue une contrefaçon passible des peines prévues par la loi du 11 mars 1957 sur la protection des droits d'auteur.

www.ingramcontent.com/pod-product-compliance
Lightning Source LLC
Chambersburg PA
CBHW050105170426
43198CB00014B/2469